ZU DIESEM BUCH

Wenn Menschen in ihren Liebesbeziehungen ständig gegen ihren Willen scheitern, kann das zu einem Leidensdruck führen, der psychotherapeutische Hilfe nötig macht. Um diese chronischen Beziehungsstörungen, das fortwährende Misslingen einer befriedigenden Zweisamkeit geht es dem Autor in diesem Buch – nicht um den alltäglichen »Beziehungsfrust«. Häufig ist eine neurotische Charakterstruktur verantwortlich, die den Aufbau längerdauernder Beziehungen geradezu systematisch verhindert: Wenn Konflikte immer nur partnerschaftsfeindlich ausgetragen werden können oder neurotische Kommunikationsstrukturen vorherrschen, wenn negative frühkindliche Erfahrungen die Erlebnismuster deformiert haben oder der Partner immer wieder selektiv, verzerrt oder falsch wahrgenommen wird. Anhand vieler aussagekräftiger Fallvignetten aus langjähriger psychotherapeutischer Praxis zeichnet der Autor ein gut strukturiertes und differenziertes Bild möglicher Störungsmuster, das durch seine große analytische Schärfe sowohl für die therapeutische Arbeit mit Paaren als auch mit Einzelnen hilfreich ist. Eine bereichernde Lektüre auch für Betroffene.

Dietmar Stiemerling, Dipl.-Psych., ist als Psychoanalytiker in eigener Praxis und als Lehranalytiker in Berlin tätig. Von ihm sind im Verlag Pfeiffer bei Klett-Cotta die Bücher erschienen: »Gestörte Zweierbeziehung« und »10 Wege aus der Depression«.

Dietmar Stiemerling

Was die Liebe scheitern lässt

Die Psychologie
der chronisch gestörten Zweierbeziehung

Pfeiffer bei Klett-Cotta

Leben lernen 139

Pfeiffer bei Klett-Cotta
© J. G. Cotta'sche Buchhandlung Nachfolger GmbH, gegr. 1659
Stuttgart 2000
Alle Rechte vorbehalten
Fotomechanische Wiedergabe nur mit Genehmigung des Verlages
Printed in Germany
Umschlag: Michael Berwanger, München
Titelbild: Max Ernst: Es lebe die Liebe
© VC Bild-Kunst, Bonn 2000
Satz: PC-Print, München
Auf holz- und säurefreiem Werkdruckpapier gedruckt
und gebunden von Gutmann + Co, Talheim
ISBN 3-608-89687-2

Die Deutsche Bibliothek – CIP-Einheitsaufnahme
Ein Titeldatensatz für diese Publikation ist bei der Deutschen Bibliothek
erhältlich.

Inhalt

Einführung

Unsere westliche Gesellschaft befindet sich zur Zeit in einer viel-
gestaltigen Umbruchsituation. Auch das bisher gültige Ehe- und
Treuemodell wird kritisch hinterfragt und hat teilweise auch
schon anderen Beziehungsweisen und Lebensstilen Platz gemacht.
In den Medien und der soziologischen Fachliteratur (u. a. G.
Schulze, 1992) ist von der sogenannten Konsum-, Wissens- und
Erlebnisgesellschaft die Rede, die eine »neue Offenheit« ihrer Mitglieder möglich und erforderlich macht. Der Mensch der Zukunft
wird als ein sehr flexibles und lernfähiges Wesen beschrieben, das
möglichst keine festgelegten sozialen Rollen und keine stabilen
psychischen Identifikationen mehr haben und je nach Situation
und Angebot in die unterschiedlichsten Sexualitäten und Beziehungsformen hineinschlüpfen können sollte. Nichtfestgelegtsein erscheint im Trend und optimalen Lustgewinn zu versprechen. Die
alte Ehe hat teilweise ihre Bedeutung verloren. Familien bestehen
nicht mehr unbedingt aus Vater–Mutter–Kind, sondern aus einem
alleinerziehenden Elternteil mit seinem Sohn oder seiner Tochter.
Die Heiratsrate hat ab-, die Scheidungsrate zugenommen. Es gibt,
wie V. Sigusch (1998) in seiner instruktiven Studie ausgeführt hat,
Singles, alleinerziehende Mütter, Drei- und Mehrpersonenhaus-
halte (deren Mitglieder nicht miteinander verwandt sind); Patch-
workfamilien; Dauerbeziehung mit Liebe, aber ohne Sex; Dauerbeziehung nur auf sexueller Basis; Intimbeziehungen mit drei und
mehr Akteuren; Partnertausch; Lebensabschnittspartnerschaften
(d. h. Heiraten und Scheidungen in Folge); One-night-Stands und
elektronischen Sex. Der »Vervielfältigung der sozial akzeptierten
Beziehungs- und Lebensformen« (V. Sigusch, 1998) sind anscheinend keine moralischen Genzen gesetzt. Auch die bisher als normal angesehenen heterosexuellen Beziehungen gelten heute als
»kulturell fabriziert«. Das heißt, die Aussage, Heterosexualität
falle mit Gesundheit zusammen (ebenda S. 1218), ist so nicht mehr
haltbar. »Generell kann man sagen, dass alle klassischen Sexual-
formen problematisiert und differenziert werden ...« (ebenda
S. 1218). Bisexuelle, sadomasochistische, fetischistische und trans-
geschlechtliche Sexualpraktiken, »die früher als krank angesehen

worden sind«, werden »gegenwärtig mit großer Selbstverständlichkeit in aller Öffentlichkeit als etwas Eigensinniges« angesehen (ebenda S. 1219). Geschlechtlichkeit gilt als etwas psychosozial Vermitteltes, deshalb »fallen Körpergeschlecht und psychosoziale Geschlechtsidentität ... nicht mehr fraglos und scheinbar natural zusammen«.

Intime Erlebnisse und Beziehungen werden heute »ohne das Korsett der alten mächtigen Moralinstanzen selbstbestimmt und selbstverantwortlich« gemanagt (ebenda S. 1220). Es gibt so etwas wie einen »Zwang zur Ungezwungenheit und zur Vielfalt« (ebenda S. 1220). Es existiert »kein Generalmodell« mehr, wie eine intime Partnerschaft heutzutage auszusehen habe, dafür aber eine nicht geringe Anzahl von Vorschlägen, wie eine Paarbeziehung idealerweise funktionieren könnte: »Verhandlungs- und Interaktionsmoral« (G. Schmidt, 1996), serielle Monogamie (H. Fisher, 1993), sexuell und emotional gleichberechtigte Beziehung (A. Gidden, 1992) usw.

Dabei wird verdeutlicht, dass es »für den Gang der Gesellschaft immer belangloser ist, was die Individuen tun und denken« (V. Sigusch, 1998, S. 1227). Als gemeinsamer Nenner für alle partnerschaftlichen Ambitionen des heutigen westlichen Menschen lasse sich in zunehmendem Maße »in ebenso raffinierter wie generalisierter Form« (ebenda S. 1223) die Eigenschaft des Egoismus festmachen. Heutzutage werde nach dem Nutzen und dem Ertrag einer Zweierbeziehung gefragt und nicht danach, ob sie auch im Interesse der Allgemeinheit ist (Großziehen von Nachkommen).

Wenn aber fast alles erlaubt, richtig und lebbar ist, welchen Sinn hat es dann noch, eine Zweierbeziehung in die Rubriken »gesund – krank oder normal funktionierend – gestört« einzuordnen? Beziehungsstörungen können doch nur dann als krankhafte Erscheinungsformen des menschlichen Zusammenlebens ausgemacht werden, wenn es einen für alle verbindlichen Normalitätszustand gibt. Durch »Perversionen« geprägte Daseinsweisen (z. B. Sado-Masochismus) werden inzwischen ja gesellschaftsfähig und als eher seltene, aber zulässige Spielarten der sehr variantenreichen Sexualität und menschlichen Charakterart angesehen. Das kann, wenn wir diesen Gedankengang auf die Spitze treiben, soweit führen, dass die langweiligen und spießigen Heterosexuellen von den Randgruppen mitleidig belächelt und als Individuen eingestuft werden, die sich nur aus Feigheit nicht getrauen, ihre auch vorhandenen »perversen« sexuellen Gelüste und Beziehungsformen auszuleben.

Trotz aller Buntscheckigkeit auf dem heutigen Beziehungssektor und in den sexuellen Präferenzen kranken Zweierbeziehungen – meiner Meinung nach – wie eh und je an den gleichen Grundproblemen, auch wenn sich die Modalitäten der Konfliktlösungen verändert und dem Zeitgeist angepasst haben.

Menschen leiden an ihren Beziehungen und sind oft verzweifelt, wenn sie scheitern. Daran hat sich nichts geändert.

Jeder soll, in Gottes Namen, nach seiner Fasson selig werden (und es auch dürfen), aber es sind gerade die neurotisch gestörten Menschen und die Borderline-Persönlichkeiten, die herzlich gern selig sein würden, wenn sie nur könnten. Ihre beeinträchtigte Persönlichkeitsstruktur ist es, die ihrerseits destruktiv in das Interaktionsgeschehen mit dem Partner destruktiv eingreift und die Beziehung unbefriedigend und konfliktreich gestaltet oder zum Scheitern bringt. In mancher Beziehung ist es für diesen Personenkreis heute noch schwieriger als früher. Gerade weil fast alles erlaubt und möglich ist im Bereich der Zweierbeziehung, wiegt ein Versagen desto schwerer.

Ein Werk über schwer gestörte Paarverbindungen ist also nach wie vor aktuell, um das Leid auf diesem Sektor zu mildern.

Wir fragen also nicht in erster Linie danach, ab eine Beziehung »pervers«, homo- oder heterosexuell, mit oder ohne Sex abläuft, für einige Jahre oder ein ganzes Leben halten soll, monogam ist oder nicht usw., sondern legen ihrer Beurteilung einen anderen Kriterienkatalog zugrunde.

Ich interessiere mich dafür,
- ob der Betreffende hinsichtlich seiner Paarverbindung unter einem erheblichen Leidensdruck steht;
- ob das diffuse, aber sehr intensive Gefühl besteht, »dass mit meiner Beziehung etwas nicht stimmt«;
- ob ein »großer Wunsch nach Dauer« existiert, obwohl seine Bekanntschaften nach kurzer Zeit immer wieder scheitern;
- ob das emotionale Erfüllungserlebnis trotz heftig ausgetauschter Intimitäten ausbleibt;
- ob der Betreffende ewig unzufrieden, getrieben-unruhig und auf ständiger Suche nach seinem Wunschpartner ist:

- ob suchtartige Zustände des Liebes- und Sexkonsums vorliegen;
- ob jede Beziehung nach kurzer Zeit an einem Übermaß an Konflikthaftigkeit zugrunde geht;
- ob heftige Beziehungswünsche nach Nähe und Intimität vorhanden sind, aber ebenso große Ängste, diese Sehnsucht zu realisieren;
- ob einer möglichen Paarverbindung ein extrem hoher Stellenwert im Sinngefüge des eigenen Lebens eingeräumt wird und total illusionäre Liebeserwartungen bestehen.

Ich will an dieser Stelle die Aufzählung möglicher Kriterien abbrechen, aber folgenden Schluss daraus ziehen:

Obwohl in heutiger Zeit die Palette möglicher Beziehungsformen ungemein facettenreicher ist als früher und obwohl es kaum noch moralische Schranken gibt, eine ungewöhnliche Liebe und Sexualität zu leben, kann trotzdem die Fähigkeit, sich überhaupt in befriedigender Weise in Beziehung zu setzen und erfüllten Sex zu haben, gestört sein. Eines lehren uns aber die Veränderungen im Paar- und Intimverhalten der heutigen Menschen deutlich: Es gibt keine von der Natur gesetzten, d h. angeborenen Standards. Der über viele Jahre haltende oder gar lebenslängliche Bestand einer Zweierbeziehung ist ebenso erklärungsbedürftig wie ein Scheitern einer Paarverbindung schon nach Wochen oder Monaten.

Individuen unterscheiden sich in ihrer Persönlichkeitsstruktur beträchtlich voneinander. Der Variantenreichtum der menschlichen Spezies hinsichtlich seiner Einzelcharaktere ist geradezu unübersehbar vielfältig. Was die Paarbeziehung anbelangt, so sind es ganz spezielle, individuell ausgeprägte Eigenschaften und Talente, die eine Person mehr zum Festhalten an einer einmal getroffenen Partnerwahl oder aber zum Wechsel des Intimpartners veranlassen. Es gibt Charakterformationen, die das lebenslange Beieinanderbleiben eines Paares begünstigen, ja geradezu determinieren, und andere wiederum, die eine nur begrenzte Dauer der Paarverbindung erzwingen. Eine befriedigende Partnerschaft zu führen erfordert eine ganze Reihe von Tugenden und Talenten, das Vorhandensein bestimmter Gefühlsfähigkeiten und Bereitschaften, den Wunsch nach Beständigkeit und die immer wieder bekräftigte Entscheidung für den anderen.

Das vorliegende Werk beschäftigt sich allerdings nicht mit dem Partnerwechsel auf dem Hintergrund einer freien Willensentscheidung, sondern mit dem Scheitern von Beziehungen, obwohl die betroffenen Paare grundsätzlich zusammenbleiben wollten und Dauer intendiert hatten. Es ist ja ein Unterschied, ob man sich jedes Jahr das neueste Modell einer Autoserie kauft, weil man ein Autofreak ist oder ob man sich einen neuen Wagen zulegt, weil man den alten zu Schrott gefahren hat. (Der Leser verzeihe mir bitte den wenig schmeichelhaften Vergleich.)

Es geht also um das Phänomen, dass Paare eine auf Beständigkeit hin angelegte Beziehung oder Ehe führen wollen und gegen ihren Willen in einen Strudel von Konflikten, Enttäuschungen und aggressiven Gefühlen gerissen werden, der sie letztlich voneinander entfremdet und auseinander bringt. Vorliegendes Werk beschreibt auch nicht die zeit- und kulturbedingte Gefühlsmisere der modernen Ehe an der Jahrtausendwende, nicht den Beziehungsfrust all jener »Normalbürger«, die trotz guten Willens mit ihrem Paar-Latein am Ende sind und nun die Scheidung als einzigen Ausweg sehen. Es geht vielmehr um jene Gruppe von Menschen (ich schätze ihren Gesamtanteil in der Bevölkerung auf mindestens 20%), die aufgrund ihrer besonderen seelischen Struktur und ihrer Interaktionspersönlichkeit zwangsläufig in jeder Zweierbeziehung scheitern und oft schon eine ganze Reihe trauriger Fehlversuche und fundamentaler Enttäuschungen hinter sich haben oder noch nie dauerhaft mit einem Partner ihrer Wahl zusammen lebten. Mein Thema sind die chronisch Beziehungskranken und das fortwährende Misslingen einer befriedigenden Zweisamkeit, obwohl das Bedürfnis nach liebevoller Verbundenheit auf Dauer nicht nur vorhanden, sondern oft sogar besonders stark ausgeprägt ist.

1. KAPITEL

Untersuchungsgegenstand Paarbeziehung

1.1 Wie sieht die Wissenschaft das Scheitern von Zweierbeziehungen: 16 Erklärungsmodelle

In grauer Vorzeit lebte die menschliche Spezies (frei nach Aristophanes) noch ungeschieden in Mann und Frau. Ursprünglich waren nämlich je zwei Menschen zu einem Doppelwesen zusammengefügt und fühlten sich in diesem Umstand großartig und vollkommen. Es war das Paradies auf Erden. Sie kamen sich so stark und mächtig vor, diese Wesen, dass sie in ihrem Übermut den Götterhimmel stürmen wollten. Das ließ Vater Zeus aber nicht zu. Auf sein Geheiß hin wurden sie für ihren Frevel halbiert – in Mann und Frau. Als sehnsuchtskranke Halbheiten suchen sie hinfort nun nach der zu ihnen gehörenden, das heißt abhanden gekommenen anderen Hälfte, um sich wenigstens in der Liebe und im sexuellen Akt zeitweise wiedervereinigen zu können.

Ich erinnere mich an einen Patienten, der an diesen von Aristophanes berichteten Mythos über die Entstehung des Eros glaubte, ohne ihn aus der Literatur zu kennen. Er malte sich das Wiederfinden seiner Hälfte in den schönsten Farben aus: Das sichere Wissen um die beiderseitige Zusammengehörigkeit macht keine Eroberungsarbeit nötig. Der andere ist der einzig Richtige und damit der Garant für das Gelingen einer Partnerschaft. Es müssen keine Anpassungsleistungen aufgebracht werden, um die Balance dieses Systems zu garantieren. Es regelt sich alles von alleine. Außerdem sind sich beide seit einer Ewigkeit vertraut. Keiner muss Angst haben, dem anderen nicht zu gefallen. Sie sind ja das Optimum füreinander. Auch die Furcht, jemals wieder verlassen zu werden, ist hinfällig, denn das geschieht einfach nicht.

Angesichts eines solchen Übermaßes an illusionärem Wunschdenken ist man geneigt, dieses Modell schmunzelnd ad acta, das heißt in die Schublade: »Naive Wundergläubigkeit« abzulegen und zu vergessen. Dass es dennoch – wenn auch in abgemilderter Form – auch heute noch die Gemüter und unzählige Illustriertenartikel beschäftigt, werde ich gleich beschreiben.

Die viel beschworene Idee von der sogenannten »Traumfrau« (»Traummann«) meint im Grunde etwas Ähnliches. Sie lebt von der Vorstellung, dass es irgendwo auf der Welt einen Menschen gibt, »der optimal zu mir passt und alle meine Wünsche in Bezug auf die ersehnten Attribute beim anderen (zum Beispiel schön, schlank, blond, sinnlich, treu, temperamentvoll, zuverlässig, familiär eingestellt usw.) erfüllt«.

Die Astrologie hat Tonnen von Papier mit ihren Ratschlägen und Ausführungen hinsichtlich dessen bedruckt, welches Sternbild (samt Aszendenten) zu welchem anderen passt und welches dies nicht tut.

Unzählige psychologische Untersuchungen beschäftigen sich mit der Frage, ob sich »Gegensätze anziehen« oder ob sich lieber »gleich zu gleich gesellt«. Es wurden Persönlichkeitsprofile aufgestellt und auf ihre Verträglichkeit oder Unverträglichkeit in Bezug auf Ehe und Partnerschaft hin untersucht. Soziologische Überlegungen weisen auf die Wichtigkeit gleicher Klassen-Zugehörigkeit von Mann und Frau hin und empfehlen, einen Partner zu suchen, der unter ähnlichen Sozialisationsbedingungen aufgewachsen ist und aus dem gleichen Kulturkreis stammt. In einer neueren Publikation von Kevin Leman (1994) werden Eheglück und »Geschwisterkonstellation in der Ursprungsfamilie« miteinander in Beziehung gebracht. Die Persönlichkeit eines Menschen – und damit verbunden sein gesamtes Verhaltensrepertoire – werde im Wesentlichen davon bestimmt, ob er ein Erst-, Letzt- oder Mittelgeborener sei. Das erste Kind in einer Geschwisterreihe sei – als späterer Erwachsener – ein kompromissloser Einzelkämpfer, der immer Erster sein wolle und niemanden neben sich dulde. Er habe den unbedingten Willen zum Erfolg, sei leistungsorientiert und verwirkliche seine Wünsche und ehrgeizigen Pläne mit eiserner Disziplin. Zu ihm passe – laut Leman – optimal das leichtlebige, an Spaß-Haben und Eskapaden orientierte Nesthäkchen, das um sich herum Chaos verbreite, leichtsinnige Geldausgaben tätige, keine

Karriere machen wolle und froh sei, wenn ihm ein anderer die mühseligen Geschäfte des Alltags abnehme. Angesichts schrumpfender Geburtenzahlen in Deutschland und den dadurch bedingten Fortfall der Existenz von Geschwisterreihen (wo gibt es noch drei oder mehr Kinder in einer Familie?) käme der Autor dieser Arbeit allerdings in arge Erklärungsnot.

Alle bisher vorgebrachten Überlegungen enthalten dieselbe Kernaussage: Glück in Ehe und Partnerschaft hängen von der Wahl des richtigen Partners ab. Für jeden Topf gibt es den dazu passenden Deckel und es kommt darauf an, beide Teile zusammenzuführen. Daraus ergibt sich die logische Schlussfolgerung: Beziehungsend resultiert daraus, dass man den richtigen Kandidaten für ein Leben zu zweit noch nicht gefunden hat und sich statt dessen mit einem untauglichen Objekt erfolglos abmüht. Ich möchte den eben vorgestellten, ersten Erklärungsversuch für menschliches Beziehungsglück/-unglück die »Topf-und-Deckel-Hypothese« nennen, die in der psychologischen Trivialliteratur fröhliche Urständ feiert. Sie ist eine monokausale Betrachtungsweise für ein sehr kompliziertes Phänomen. Sie verdeutlicht die Sehnsucht des forschenden Geistes, eine Grundformel für den Erfolg bzw. Misserfolg einer menschlichen Zweierbeziehung zu finden und das Komplexe und Undurchschaubare dieses Gebildes auf eine griffige und leicht verstehbare Ursache zurückzuführen.

Dem Leser wird im Folgenden eine ganze Reihe eindimensionaler Modelle vorgeführt, die alle von dem Bestreben beseelt sind, die Vielfalt miteinander vernetzter Bedingungsmomente zu leugnen und stattdessen einen einzigen Wirkmechanismus für die Haltbarkeit und die befriedigende Qualität einer Zweierbeziehung anzunehmen. In Wirklichkeit aber ist das Feld der menschlichen Beziehungen ein unendlich variantenreiches, von einer Vielzahl von Bedingungsmomenten determiniertes, von offenen und verborgenen Wirkkräften beeinflusstes Geschehen. Beziehungen, insbesondere die Zweierbeziehungen, sind nicht-lineare, vielfach rückgekoppelte, sehr komplexe Systeme mit einer jeweils ganz individuellen Dynamik und Entwicklungsrichtung. Hier überschneiden sich biologische Parameter, persönlichkeitsbedingte Eigenheiten, Einflüsse aus der Herkunftsfamilie, interaktionelle Faktoren, objektive Einflussgrößen der jeweiligen Lebenslage und soziokulturelle Momente.

Die eindimensionalen Erklärungsversuche schneiden aus der umfangreichen Palette miteinander verwobener Ursachenbündel jeweils nur ein Tortenstück heraus und erklären den Teil zum Ganzen. Sie versuchen alle eine Antwort zu geben auf die Frage: Warum zerbrechen Paarbeziehungen, warum sind viele Partnerschaften von ihrer Qualität her so unbefriedigend? Was hat es mit dem viel beschworenen Beziehungselend unserer Tage auf sich? – und finden sie in einer einzigen Ursache.

Das ältere juristische Vorstellungsmodell von der menschlichen Ehe ging von der Willensfreiheit jedes Individuums aus und behauptete, dass jeder gesunde Mensch in der Lage sei, zwischen Gut und Böse zu unterscheiden. Dementsprechend läge es im Bereich seiner Handlungsfreiheit, das Gute zu tun und das Böse zu unterlassen. Wenn er sich dennoch entscheidet, gegen die gesellschaftlichen Normen zu verstoßen, und sich eine schuldhafte Verfehlung leistet (zum Beispiel Untreue), so gefährde oder zerstöre er damit eine bestehende eheliche Gemeinschaft. Das mögliche Scheitern einer Zweierbeziehung ist also die Konsequenz eines bewusst vollzogenen Willensaktes.

Innerhalb des Theoriegebäudes der Psychoanalyse alter und neuerer Prägung gibt es gleich mehrere Konzepte zum Thema Liebe und Zweisamkeit.

Ich erinnere einmal an das sehr anschauliche und bestechend schöne Bild vom sogenannten »Wiedervereinigungsglück« (S. Freud, 1904–1905). Am Anfang seines Daseins genießt der Säugling beruhigende Symbiose und ozeanisches Wohlbefinden mit seinem ursprünglichen Liebesobjekt, der Mutter, falls sie eine ausreichend gute ist. Dieses geschenkte frühe Glück, Vorbild für jedwede tiefe Zufriedenheit und Symmetrie der Gefühle mit einem geliebten Menschen, geht ihm aber eines Tages verloren. Das Kind erkennt unter Schmerzen, dass es die Mutter nicht für sich allein hat, dass es sie an den Vater verliert oder mit Geschwistern teilen muss. Seine spätere Partnersuche als Erwachsener, von den unbewussten Glückserinnerungen aus der Kinderzeit gesteuert, entwickelt sich also auf dem Boden eines Verlusttraumas. Ein neu gefundener Partner soll den Objektverlust von damals wieder rückgängig machen. Liebe ist somit die Restitution des einstmals verlorenen Glücks, ist die Wiedervereinigung mit einem Wesen, das anstelle der Mutter nun die gleichen Befriedigungswonnen und einen ähnlichen Sympathiezauber verspricht, wie man sie in den ersten Lebensjahren genießen durfte. Wir erkennen bei der Betrachtung der hier aufgezeigten Theorie der Liebe aber sehr bald, wie anfällig für Irrtümer und Fehlschläge diese Suche nach den fernen Ufern Arkadiens doch sein muss. Das verlorene frühe Liebesobjekt ist unwiederbringlich verloren. Der gefundene neue Partner ist im besten Fall nur ein Abglanz dieses Originals, im schlechtesten ein unbefriedigendes Surrogat, das die Paradiesverheißung nicht im entferntesten erfüllen kann.

Eine zweite psychoanalytische Version über Liebe und Partnerzufriedenheit betont die Wichtigkeit der Sexualität für jegliches Partnerglück. Für S. Freud (1904–1905) entscheidet das Schicksal der Sexualität über Dauer und Bestand einer Zweiergemeinschaft. Partnerprobleme entstehen immer dann, wenn die gegenseitige sexuelle Befriedigung nicht mehr funktioniert, unbefriedigend wird oder nie richtig in die Gänge kommt. Diese sexuellen Störungen wiederum treten auf, sobald die genitale Funktion durch neurotische Konflikte beeinträchtigt ist, beziehungsweise der Betreffende noch nicht die Stufe der erwachsenen genitalen Reife der Sexualität erlangt hat.

Ebenfalls von Freud stammen der Begriff und die Hypothese vom sogenannten »Wiederholungszwang« (Band 10, S. 130). Bezogen auf die Paardynamik meint er, dass sich der Mensch auf Partnersuche »instinktiv« denjenigen heraussucht, mit dem er seine frühen Konflikte aus der Primärfamilie wieder aufleben lassen kann, um sie erneut durchzuleben und um sie beim zweiten Anlauf endlich lösen zu können. Mit Hilfe des erwählten Partners kommt es zu einer Neuinszenierung der krank machenden Familiensituation aus der Kindheit. Diese Tendenz zur Wiederholung von Beziehungskonflikten beruht möglicherweise unter anderem auf unserem Bedürfnis, in einem bekannten Beziehungsgefüge zu verbleiben. Was eine Person nicht kennt, erscheint ihr viel bedrohlicher als der vertraute Schrecken. Es ist abzusehen, wie häufig derlei Versuche zur nachträglichen Konfliktlösung scheitern müssen, weil die darin verstrickten Partner die Mechanismen ihrer Störungsmuster nicht durchschauen, die sozialen Fertigkeiten zu einer konstruktiven Problembewältigung nicht zur Verfügung haben und den anderen nicht um seiner selbst willen wählen und lieben, sondern um der Möglichkeit willen, Unerledigtes aus der

Kindheit erneut in Szene zu setzen. Ich werde an anderer Stelle dem Wiederholungszwang ein eigenes Kapitel widmen.

Eine weitere psychoanalytische Modellvorstellung rückt den Wirkmechanismus der »Abwehr« in den Brennpunkt der Aufmerksamkeit und weist darauf hin, dass ein Partner dazu benutzt werden kann, die eigene, sehr prekäre emotionale Verfassung zu stabilisieren. J. G. Lemaire (1980) vertritt folgende Meinung: Die Hauptfunktion eines Partners bestehe darin, dem Subjekt bei der Abwehr der eigenen verpönten Triebregungen, zum Beispiel der sexuellen, zu helfen. Partnerschaft diene von daher gesehen der Triebunterdrückung und nicht so sehr der Triebbefriedigung. Versagt ein Partner in seiner Funktion als Stabilisator der nicht bewältigten Probleme des anderen, so ist die Beziehung gefährdet oder sogar zum Scheitern verdammt.

Beispiel: Eine aus Sexualangst heraus frigide Frau wählt sich einen impotenten Mann zum Ehegatten. Solange ihr Partner sexuell funktionsuntüchtig bleibt, muss sie sich dem Problem der eigenen gestörten Sexualität und den damit verbundenen Scham- und Inferioritätsgefühlen nicht stellen. Sie kann ganz im Gegenteil alle Schuld über nicht gelebte Sexualität dem Mann aufbürden und damit von ihrer eigenen Insuffizienz ablenken.

Für H. V. Dicks (1936) und J. Willi (1975) werden die Partnerwahl und das weitere Schicksal einer Beziehung durch das sogenannte »Kollusionskonzept« erklärt. Personen wählen sich hinsichtlich der Brauchbarkeit einer möglichen gegenseitigen Verschränkung ihrer Hauptkonflikt- und Abwehrmuster zum Zwecke der Selbstheilung. Sie scheitern bei diesem unbewussten Zusammenspiel (Kollusion), weil in dieser Konstellation von vornherein ein unüberwindbares, das heißt systemimmanentes Störpotential enthalten ist. Das unbewusste Zusammenspiel bringt zwei Menschen zusammen, die durch gemeinsame Grundannahmen miteinander verbunden sind. Sie besitzen eine gleiche Bedürfnisstruktur, möchten diese aber in diametral entgegengesetzten Rollen ausleben. Willi unterscheidet hier die regressive (kindliche) und die progressive (erwachsene) Position. Er kennt vier Kollusionsthemen: Liebe als Einssein, Liebe als Einander-Umsorgen, Liebe als Einander-Ganzgehören und Liebe als männliche Bestätigung, die sich jeweils in zwei unterschiedliche Rollen auffächern. Eine störungsanfällige Beziehungsfähigkeit zeichne sich durch die Starre und Ausschließ-

lichkeit aus, »mit der sich jemand an eine der progressiven und regressiven Extremformen klammert« (S. 164). Es könne jeweils nur eine Seite des gemeinsamen unbewussten Grundthemas gelebt werden, die andere falle der Verdrängung anheim. »Die ins Unbewusste verdrängte Verhaltensmöglichkeit des einen (zum Beispiel: sich pflegen und verwöhnen lassen) entsprechen dem Sozialverhalten des anderen« (zum Beispiel Pflegen und Verwöhnen) (S. 167). Es existiert eine gegenseitige Ergänzung, die aber durch die ungleiche Verteilung der Lasten und die Entbehrung des Nichtgelebten nur begrenzt stabil ist. Der Progressive möchte entlastet werden und in den Genuss dessen kommen, was sein Partner so reichlich hat. Der Regressive erträgt auf Dauer das Angewiesensein auf den anderen und dessen Hilfe nicht und sehnt sich nach einer aktiveren Rolle. Die bisher verdrängte Antriebsseite meldet bei beiden immer gebieterisch ihre Existenzberechtigung an. Die Beziehung ist akut vom Scheitern bedroht. J. Willi hat – meiner Meinung nach – das fruchtbarste und differenzierteste Konzept zum Verständnis scheiternder Zweierbeziehungen vorgelegt. Aber es deckt als Erklärungsmodell auch nur einen Teil der vorfallenden Störungsmuster ab. Teilaspekte der von ihm beschriebenen Dynamik können aber in vielen Fällen von Partnerproblemen gefunden und zur tieferen Erhellung der Zusammenhänge gut gebraucht werden. Ein Schüler von Alfred Adler, dem Begründer der Individualpsychologie, R. Dreikurs (1982), formuliert die Hypothese dieser ebenfalls psychologisch orientierten Schule über die Ehe und ihre Krisen wie folgt: Hinter dem Zusammenbruch jeder Zweierbeziehung müsse der Erzfeind menschlicher Zusammenarbeit und Ehezufriedenheit vermutet werden, nämlich das Streben nach Geltung und Überlegenheit auf dem Hintergrund von eigenen Minderwertigkeitsgefühlen. Die Überbetonung des eigenen Prestiges aus einer Verfassung tiefer persönlicher Unzulänglichkeit heraus vergifte das Klima einer Ehe und gefährde sie.
Von der breiten Öffentlichkeit fast unbemerkt (die die Psychoanalyse noch immer mit dem Freud'schen Lehrmodell gleichsetzt), hat sich in den letzten zwanzig bis dreißig Jahren eine fast revolutionäre Entwicklung auf dem Gebiet der Psychoanalyse aufgetan. Unter der Federführung von Otto Kernberg (1976), der Ansätze von Klein, Fairbairn, Segal, Sutherland, Guntrip, Winnicott, Jacobson, Glover und Spitz verwertet, ist die sogenannte »Objekt-

Beziehungs-Theorie« entstanden. Ihre zentralen Aussagen sind für unser Thema sehr wichtig und können etwa wie folgt beschrieben werden:

- Das heranwachsende Baby/Kind verinnerlicht die krankhaften Objektbeziehungen, die ihm von neurotisch gestörten Eltern aufgezwungen werden.
- Diese Verinnerlichungsprozesse erzeugen psychische Strukturen in Form von Objektbildern (so erlebe ich Mutter, Vater), Selbstbilder (so erlebe und sehe ich mich) und die mit ihnen verbundenen Bereitschaften zu bestimmten Gefühlszuständen und Triebimpulsen.
- Die verinnerlichten Objektbilder werden entpersönlicht (depersonifiziert) und in die eigenen Ich- und Über-Ich-Strukturen integriert.
- Die verinnerlichten pathologischen Objektbeziehungen bleiben der Seele des Betroffenen in einem »unverdauten Zustand« erhalten, das heißt: Es kommt zu einer Fixierung der schwer gestörten frühen Beziehungsmuster zwischen Mutter (Vater) und Kind.

Für unser Thema ergeben sich aus diesen Erkenntnissen bestimmte Konsequenzen, denn: Die sogenannte Objektbeziehungstheorie macht deutlich, dass ein Scheitern einer intimen menschlichen Zweierbeziehung im Erwachsenenalter die desolate Beziehung dieses Individuums mit den primären Bezugspersonen seiner Kindheit rekapituliert. Die Erforschung der frühkindlichen Entwicklungsprozesse und ihrer Entgleisung durch eine unzureichende Mutter-Kind-Beziehung vermittelt uns auch psychologisches Wissen über die Ursachen der Gefährdungen und das Zerbrechen der späteren Paarverbindungen. Ich werde in vielen Dutzenden von Beispielen den Wahrheitsgehalt dieser These immer wieder aufzeigen.

Viele Paare, die fassungslos oder verzweifelt vor den Trümmern ihrer Ehe stehen, grübeln über die Gründe ihres Versagens nach und stellen sich nicht selten die Frage: Was haben wir bloß falsch gemacht? Und im gleichen Atemzug versuchen sie, nach den Fehlern zu fahnden, die sie ja zwangsläufig gemacht haben müssen, will man das traurige Resultat ihres Zusammenlebens verstehen. Dieser Auffassung vom Scheitern einer Beziehung liegt die versteckte Meinung zugrunde, dass durch falsche, aber vermeidbare Verhaltensweisen, durch ein Zuwenig oder Zuviel eines bestimmten Tuns, durch ein Missverständnis gar, die Misere ausgelöst und zum bitteren Ende geführt wurde. Immer aber schwingt unausgesprochen der Schuldspruch mit, dass man auch anders gekonnt hätte. Bei einem größeren Aufwand an Mühe und Klugheit hätte das fehlerhafte Handeln vermieden werden können. Der Beschäftigung mit den Fehlern in einer Partnerschaft widmen sich mit Ausdauer und Hingabe diverse Zeitschriften und Illustrierten. Was dabei herauskommt, möchte ich das »Meinungs-Umfragen-Modell der Statistiker« nennen. In unzähligen Fragebogenaktionen wurden und werden Paare mit folgenden Fragen konfrontiert: Was ärgert oder stört Sie an Ihrem Mann/Ihrer Frau am meisten? Welche Gründe führten zur Trennung?

Welche Eigenschaften haben Männer oder Frauen, die eine gute Ehe führen? Welche sind die häufigsten Streitthemen in einer Ehe? Die ermittelten Störfaktoren werden nach der Häufigkeit ihrer Nennung aufgelistet und ergeben dann zum Beispiel folgendes Bild (Brigitte, 16/1990):

Was stört Frauen an Männern:
1. Mein Partner ist zu wenig unternehmungslustig, er zeigt wenig Initiative in Bezug auf spontane Unternehmungen, er versinkt im Alltagstrott (26%).
2. Er ist zu unordentlich (25%).
3. Er tut zuwenig im Haushalt (24,7%).
4. Er ist unpünktlich, es ist zu wenig Verlass auf ihn bei Terminabsprachen (20%).
5. Er ist nicht interessiert an den Problemen seiner Partnerin (19,6%).
6. Er ist arbeitswütig und nimmt seinen Job wichtiger als seine Beziehung (16,1%).

Das Sample-Institut hat im Mai 1993 für das Magazin Focus die häufigsten Ehestreitthemen ermittelt:
1. Auseinandersetzung über die Erziehung der Kinder (46% der Frauen, 42% der Männer).
2. Streitigkeiten um Geld (35%).
3. Streitigkeiten über die Eltern oder Schwiegereltern (29% der Frauen, 28% der Männer).

An anderer Stelle werden die häufigsten Scheidungsgründe aufgelistet und wie folgt beschrieben:
- Unehrlichkeit (30,2%)
- Kenntnis über außereheliches Verhältnis (27,2%)
- Leiden der Kinder beenden (20,9%)
- Gewalttätigkeit des Partners (17,2%)
- Gewaltdrohung des Partners (13,5%)
- finanzielle Probleme (12,6%)
- ein Gespräch (11,1%)
- Kennenlernen eines neuen Partners (10,5%)
- berufliche Bedingungen (6,2%)

Anhand der letzten Tabelle lässt sich meines Erachtens besonders deutlich die eher begrenzte Aussagekraft der durch Meinungsumfragen erzielten Ergebnisse illustrieren. Mir liegt ein Dutzend solcher Meinungsermittlungen vor. Von unterschiedlichen Instituten durchgeführte Erhebungen kommen zu unterschiedlichen Resultaten. Die Selbstauskünfte der Befragten spiegeln deren subjektive Ansicht über ihre Beziehungsprobleme wider, enthalten aber keine objektiven Fakten über die wahren Hintergründe der Störungen. Das auf diese Weise gewonnene Material beleuchtet ausschließlich die Bewusstseinsebene der befragten Menschen. Es sagt wenig oder nichts darüber aus, welche verborgenen emotionalen Probleme, Konflikte und Gefühlsdefizite letztlich zu einer Trennung des Paares führten. Die so genannten Meinungs-Umfrage-Modelle sind für unsere Zwecke so gut wie unbrauchbar.
Der familiendynamische Ansatz (I. Boszormenyi-Nagy, 1965, H. E. Richter, 1963, J. Haley, 1963, H. Stierlin, 1975) versteht die Partnerbeziehung und ihre mögliche Fehlentwicklung nicht nur aus der Geschichte des betreffenden Paares, sondern betrachtet sie auf dem Hintergrund des historisch gewachsenen Familiensystems beider Subjekte. Eheprobleme resultieren demzufolge aus der Unverträglichkeit des mitgebrachten psychologischen Vermächtnisses früherer Generationen, das jeder Partner verinnerlicht hat. Gemeint sind hier die übernommenen und oft unbewussten Einstellungen zu Ehe und Partnerschaft, zu Liebe und Sexualität, zur Art der Lebensführung und Kindererziehung, die in ihrer Unterschiedlichkeit aufeinander prallen und dann eine destruktive Sprengkraft entwickeln. Das Schicksal einer Paarbeziehung hängt

stark davon ab, bis zu welchem Grad den Menschen die äußere und innere Ablösung von ihrer Ursprungsfamilie gelungen ist. Zweierbeziehungen scheitern, wenn sich ein oder beide Partner nicht von ihrer Herkunftsfamilie lösen konnten, sodass diese auch noch in der Gegenwart Einfluss nehmen und haben.

Der berühmte ungarisch-amerikanische Familientherapeut Boszormenyi-Nagy hat unsere Wahrnehmung dafür sensibilisiert, dass im Rahmen von Partnerschaft und Familie so etwas wie eine Beziehungsethik des gegenseitigen Gebens und Nehmens existiert. Wer gibt und langfristig immer wieder gibt, möchte auch für sein Verhalten Anerkennung bekommen und sich durch dieses Tun Verdienste erwerben in der Form einer Anspruchsberechtigung. Er kann mit Recht erwarten, dass ihm ebenfalls gegeben oder Dank gesagt wird. Boszormenyi-Nagy fand heraus, dass Gerechtigkeit der entscheidende Faktor jeder Beziehung ist. In seinem 1973 erschienenen Buch »Unsichtbare Loyalitäten« stellt er zum ersten Mal seine familiendynamischen Hypothesen über Auftrag, Delegation, familiäre Buchführung (über Verdienste und Schuld), Mehr-Generationen-Perspektive und Parentifizierung vor und legte den Grundstein dafür, dass mit Hilfe dieser neu gewonnenen Sichtweisen fortan auch gestörte Zweierbeziehungen untersucht und therapiert werden konnten.

Der systemischen Modellvorstellung (G. Bateson, 1956, P. Watzlawick, 1967) gilt die Paarbeziehung als ein sich selbst regulierendes System, das sich während eines gewissen Zeitraumes in der Anfangsphase der Beziehung mit Hilfe einer Reihe von Transaktionen (verbale und nonverbale Kommunikation) und korrigierenden Gegenaktionen (Prinzip der Rückkopplung) der Partner seine eigenen Regeln gibt. An diesen einmal etablierten Regeln wird mit aller Macht festgehalten, auch dann noch, wenn sie die beiderseitigen Glücksmöglichkeiten reduzieren und Konflikte und Unzufriedenheit entstehen lassen. Deshalb komme es in einer Paartherapie darauf an, diese inzwischen überholten, meist verborgenen Spielregeln aufzuspüren und mit Hilfe bestimmter Kunstgriffe (zum Beispiel paradoxe Verschreibungen) zu verändern.

Die auf der Lerntherapie fußende Verhaltenstherapie betrachtet die meisten menschlichen Verhaltensweisen als erlernte, im Laufe des Lebens erworbene Muster (A. A. Lazarus, 1968, A. Bandura und R. Walters, 1963, A. Bandura, 1969, F. H. Kanfer und J. S.

Phillip, 1970). Auch die in einer Beziehung auftretenden Probleme und Störungen sind Produkte eines Lernprozesses und können demzufolge auch wieder verlernt werden. Lederer und Jackson (1972) haben im Rahmen lerntheoretischer Überlegungen ihre Quid-Pro-Quo-Hypothese aufgestellt. Sie besagt, dass eine Partnerschaft dann aufhöre zu funktionieren, wenn das »Grundprinzip des Gebens und Nehmens« erschüttert sei, das heißt Geben und Nehmen in keinem ausgewogenen Verhältnis mehr zueinander stehen. Es komme dann zum Absinken des Austausches positiver und zu einer Zunahme negativer Verstärker. Die Verhaltenstherapie gestörter Paarbeziehungen untersucht und therapiert die Konsequenzen einer unterschiedlichen biographischen Lerngeschichte zweier Menschen, die sich miteinander verbunden haben; sie untersucht und therapiert ihre mitgebrachten, eventuell auch neuentwickelten Ängste, die Lerngeschichte ihrer Konflikte, ihren gestörten Umgang mit Aggressionen und Dominanz, ihre unbefriedigende sexuelle Interaktion, ihren Mangel an gegenseitiger Bestätigung und den gestörten Umgang mit den an den Partner gerichteten Wünschen.

Der gruppentherapeutische Ansatz im Rahmen eines Paartherapiemodells leitet sich von der Sozialpsychologie her, deren eigentliche Domäne die Erforschung der Gesetzmäßigkeiten der menschlichen Kommunikation und der »Psychologie der Gruppen« darstellt (K. Lewin, E. L. und R. H. Hartley, P. F. Lazarsfeld, G. W. Allport, W. Hellpach). Ihr interaktionelles oder kommunikationstheoretisches Konzept setzt bei der Paargruppe als der kleinsten zu therapierenden Einheit an und geht von der Vorstellung aus, dass fast alles Leiden aus gestörter zwischenmenschlicher Kommunikation erwächst. Folgerichtig lenkt sie ihren Aufmerksamkeitsfokus auf die gestörte soziale Wahrnehmung des Paares, auf seine Unfähigkeit, ohne Zwangsausübung zu kommunizieren, auf die ungenügende oder fehlende Initiative zu Gesprächen über die Beziehung, auf den Mangel an sozialen Verhaltenstechniken (zum Beispiel der Fähigkeit, etwas versöhnlich auszustreiten) und auf die Tatsache, dass wichtige, auf den anderen gerichtete Bedürfnisse (zum Beispiel Wunsch nach Wertschätzung) unerfüllt bleiben. Gestörte Zweierbeziehungen werden daraufhin befragt, ob es Diskrepanzen in der gegenseitigen Rollenerwartung der Partner gibt und welche Folgen diese nicht erfüllten Erwartungen auf die Dynamik der Beziehung des Paares haben. Es werden die Unterschiede in der Selbst- und Fremdwahrnehmung aufgespürt (wie sehe ich mich, wie siehst du mich) und in Erfahrung gebracht, wie gut oder nicht gut sich die Subjekte eines Paares von dem jeweils anderen in ihrer Identität bestätigt fühlen. Die Sozialpsychologie beschäftigt sich unter anderem mit der Sozialisierung des Individuums, den Auswirkungen unterschiedlicher Gruppenzugehörigkeit auf die Qualität des Zusammenlebens, mit dem Einfluss der erlernten sozialen Rollen und Einstellungen auf den täglichen Umgang miteinander; sie befasst sich mit dem ganzen Komplex »Kommunikation« und liefert sowohl der Familien- als auch der Kommunikationstherapie die Basiserkenntnisse für ihre Arbeit.

Auch die Biologie mischt kräftig mit, wenn es um die Erklärung des Phänomens des menschlichen Paarverhaltens geht. In neuester Zeit sorgt ein biologisches Partnerschaftsmodell für Schlagzeilen in der Presse. Es wurde von der Anthropologin Helen Fisher (1993) entworfen und in die Diskussion gebracht. Nach ihren Vorstellungen betrug die Verweildauer unserer nomadischen Vorfahren aus der Steinzeit bei ihren jeweiligen Partnern zirka vier Jahre, Zeit genug, um ein gemeinsames Kind von der elterlichen Pflege abzukoppeln und in den Schoß der Urhorde zu entlassen. Auch heute noch sollen diese, in unseren Genen gespeicherten archaischen Gepflogenheiten ihre Gültigkeit besitzen. Untreue gehöre demnach zur menschlichen Natur und trage der Tatsache Rechnung, dass nach drei bis vier Jahren Zusammenlebens »die Chemie« zwischen zwei Menschen an Zauberkraft verloren habe und der vom Partner ausgehende sexuelle Reiz nachlasse. (Mit »Chemie« sind die körpereigenen, vom Gehirn produzierten Drogen gemeint, die für den Rausch der Verliebtheit, für Lust- und Hochgefühle verantwortlich sind.) Weil nach drei bis vier Jahren Paargemeinschaft die gegenseitige Attraktivität verloren gehe, finden die meisten Scheidungen (laut Statistik) tatsächlich auch im vierten Ehejahr statt. Die in Freiheit entlassenen Paarlinge können nun mit einem jeweils neuen Partner die Wonnen einer neuen Liebe genießen. »Serielle Monogamie« – so Helen Fisher – sei der menschlichen Seele einprogrammiert, das Scheitern sei gar kein Scheitern, sondern schlichter Ausdruck der menschlichen Natur, deren Beziehungen nicht auf Dauerhaftigkeit angelegt seien. Diesem Forschungsergebnis steht allerdings ein anderes, ebenfalls biologisches, diametral entgegen, da es das Vorhandensein eines so genannten Bindungstriebes postuliert.

Die so genannte »Austauschtheorie« der menschlichen Beziehungen von Thibaut und Kelly (1959) beruht auf ökonomischen Vorstellungen: Nach ihrer Meinung strebe jede Person danach, ihren Gewinn, den sie aus einer Paarbindung schöpfen möchte, zu maximieren. Zweierbeziehungen zerbrechen dann, wenn sich die Kosten-Nutzen-Relation in Richtung auf die Kosten verschiebt, der Gewinnwert einer Ehe für den Einzelnen also abnimmt und immer mehr zusammenschrumpft, sein Input dagegen hoch bleibt. Ähnliche Gedankengänge vertreten Elaine und William Walster. Sie haben 1978 in Deutschland ein Buch über Liebe, Ehe und Partnerschaft veröffentlicht und darin die »Theorie der Gleichwertigkeit« aufgestellt (die der von I. Boszormenyi-Nagy sehr ähnlich ist). Ihrer Meinung nach hängt das erfolgreiche Funktionieren einer Paarbeziehung davon ab, dass Mann und Frau in ihre Ehe Gleichwertiges einbringen. Liebe wird unter der Voraussetzung und stillen Erwartung gegeben, dafür eine gleichwertige Gegenleistung zu erhalten. Insofern entpuppt sich die Idee von der so genannten selbstlosen Liebe als Selbsttäuschung. Auch in einer Partnerschaft herrschen letztendlich marktwirtschaftliche Gesichtspunkte, nach denen man etwas geben muss, um etwas zu bekommen. Am stabilsten und glücklichsten ist deshalb dann eine Ehe, wenn ein Gleichgewicht von Leistung und Gegenleistung vorhanden ist und jeder einzelne genau das bekommt, was ihm – seiner Ansicht nach – zusteht. Dabei ist es durchaus nicht nötig, Gleiches mit Gleichem zu entlohnen. Es herrscht ein freier Güteraustausch: Liebe kann gegen Sicherheit, Sex gegen materielle Zuwendung, Attraktivität gegen Warmherzigkeit eingetauscht werden. Was jeder gibt, ist zweitrangig, Hauptsache, die Bilanz von Geben und Nehmen stimmt.

Das stärkste öffentliche Interesse finden in der Gegenwart allerdings jene Erklärungsmodelle, die die allgemeine Beziehungsmisere unserer Zeit auf sozio-kulturelle Faktoren (Zeitgeist, soziale Umwälzung, Konsumbestimmtheit) zurückführen. Erich Fromm gehört zu den ersten Rufern in der Wüste, die bereits in den fünfziger Jahren auf den drohenden Zusammenbruch menschlicher Paarbeziehungen warnend hinwiesen. Für ihn resultiert das Beziehungselend aus der mangelnden Liebesfähigkeit der heutigen westlichen Menschen, die in einer Welt der Waren und des Konsums leben und nur ihr Vergnügen im Sinn hätten.

Zeitkritische Stimmen weisen immer wieder auf den Funktionsverlust der Ehe durch unsere veränderte Gesellschaftsstruktur hin. Was ursprünglich eine Zweckgemeinschaft war, die das Überleben sicherte, indem sie ihren Mitgliedern die materielle Grundlage (Nahrung, Kleidung, Behausung) bot und die Aufzucht von Nachkommen möglich machte, ist heute eine veraltete Institution. Die Klammer der Notwendigkeit entfällt, Überleben und Großziehen von Kindern lassen sich auch außerhalb einer Ehegemeinschaft realisieren, wie die vielen Ein-Elternteil-Kind-Haushalte demonstrieren. Da auch religiöse Bindungen mit ihrem verpflichtenden Moralkodex immer mehr an Wirkmächtigkeit verlieren und der normative Druck der familiären Großgruppe wegfällt, stoßen die zentrifugalen Kräfte auf immer weniger Widerstand. (Auf zwei Eheschließungen kommt in der westlichen Welt eine Scheidung.) Der häufig diagnostizierte und beklagte Werteverfall in unserer Gesellschaft erstreckt sich nicht nur auf religiöse Normen und das Verbindlichkeitsbewusstsein gegenüber staatlichen Gesetzen, sondern auch auf Tugenden, die jahrtausendelang das menschliche Zusammenleben reguliert haben. Überall da, wo Werte wie Treue, Geduld, demütiges Ertragen schwieriger Situationen, Pflichtbewusstsein und Verantwortung für andere, Fairness und Güte nicht nur nicht eingehalten, sondern als anachronistisch belacht und dem eigenen Wohlbefinden als abträglich hingestellt werden, da liegt die Schwelle, an der Paare eine Beziehung auflösen, fatal niedrig. Das schlechte Beispiel öffentlicher Persönlichkeiten aus Politik, Wirtschaft und Kultur, die früher eine gewisse Vorbildfunktion innehatten, beschleunigt den Zerfall der moralischen Leitbilder noch mehr. Allenthalben wird eine Tendenz zur Singularisierung festgestellt (in der alten Bundesrepublik gab es zwölf Millionen Singles). Unabhängig von einengenden Verpflichtungen und Familienbanden ist es dem Einzelnen möglich, unermüdlich an seiner Selbstverwirklichung zu basteln und sein eigenes komplexes Daseinsmuster zu entfalten. Die Konzentration auf das ganz private, singuläre Glück verdeutlicht die Herrschaft des Ego-Prinzips. Das eigene Wohlbefinden zu steigern, steht auf der Liste der Prioritäten oft ganz oben. Der Partner kann in diesem

Lebensentwurf ein Störfaktor sein. Hinzu kommt eine heute weit verbreitete, aus den maßlos verwöhnenden Kinderstuben entsprossene Gesinnung der Anspruchlichkeit. Welt und Mitmenschen werden unter dem Aspekt befragt, was sie mir zu bieten haben. Dabei besteht eine – durch keine Selbstzweifel angekränkelte – Erwartung auf die Glücksgüter dieser Erde, so als stünden sie mir fraglos zu. Ein möglicher Partner wird unter dem Gesichtspunkt ausgesucht, ob er als Lieferant für Triebbefriedigung taugt und in der Lage ist, meine emotionalen und narzisstischen Bedürfnisse zu befriedigen. Parallel dazu wuchern unerfüllte Sehnsüchte nach dem ganz großen Liebesglück durch einen Traumpartner, verbunden mit der Vorstellung, Liebe sei eine – ohne eigene Anstrengung und eigenen Verdienst – geschenkt zu bekommende Gefühlsseligkeit. Die maßlos überzogenen Erwartungen an den Partner überfordern ihn und können nicht eingelöst werden. Das führt schnell zu gegenseitiger Enttäuschung und fördert die Tendenz, nach einem Besseren Ausschau zu halten. Der andere wird austauschbar wie eine Ware. Und da die heutigen Menschen häufig wenig leidensfähig und leidensbereit sind, Durststrecken schwer ertragen können und sehr intolerant auf Frustrationen und Befriedigungsaufschub reagieren, nehmen sie oft nicht die Mühe auf sich, eine angeschlagene Beziehung durch geduldige Anstrengungen wieder zu reparieren.

So weit die Aufzählung der unterschiedlichen Vorstellungen und Konzepte über die »menschliche Paarbeziehung und die Mechanismen ihrer Störung«. Sie beleuchtet in aphoristischer Kürze aus dem umfangreichen Material zu diesem Thema einige wichtige Brennpunkte und versucht damit, dem Leser einen Geschmack von der Vielzahl möglicher Zugangswege zu diesem komplexen Gebiet zu geben.

Alle Modelle sind »wahr« und als Arbeitshypothesen für diesen oder jenen Fall brauchbar. Sie sind aber gleichzeitig viel zu einseitig. Sie wählen aus der Fülle der möglichen Aspekte jeweils nur eine Facette aus und zwar mit der Tendenz, den Teil für das Ganze zu erklären. Das Paar-Beziehungs-Thema ist sehr komplex und groß wie ein Kontinent: Der eine sieht nur die Berge, ein anderer nur die Meere. Der eine beschreibt die Wüsten, der andere die Flüsse. Ein fünfter beschäftigt sich mit den Seen, ein sechster mit den Tiefebenen. Diesen interessiert die Flora, jenen die Fauna. Manche betrachten ihren Untersuchungsgegenstand aus der Vogelperspektive, andere halten ihn dicht vor ihr Auge, wieder andere benutzen ein Mikroskop. Ich möchte bei meinen Überlegungen die eben beklagte Einseitigkeit vermeiden und deshalb das Paargeschehen unter einer multikausalen Perspektive betrachten und wie folgt beschreiben:

1.2 Das Konzept von den sechs kausalen Ebenen menschlichen Verhaltens

Ich halte, wie bereits gesagt, die bisher vorgestellten Erklärungsmodelle für scheiternde Partnerschaften für unzureichend bzw. einseitig und möchte deshalb eine umfassendere Betrachtungsweise empfehlen. Sie versucht der Erfahrung Rechnung zu tragen, dass menschliches Erleben und Verhalten in jedem nur denkbaren Lebensbereich durch eine Vielzahl von Faktoren determiniert sind. Diese Faktoren oder Bestimmungsmomente entstammen unterschiedlichen kausalen Ebenen, von denen es sechs an der Zahl gibt. In der Sprache der Systemtheorie können wir diese Ebenen auch mit komplexen Systemen gleichsetzen. Jedes System ist mit jedem anderen auf vielfache Weise vernetzt. Dabei ist zu beachten, dass jede einzelne konkrete menschliche Verhaltensweise zu jeweils unterschiedlichen Anteilen aus dem Pool der Wirkkräfte mehrerer kausaler Ebenen gespeist wird. Im Extremfall resultiert das seelische Geschehen aus einer, im anderen aus allen sechs Ebenen. Auch das menschliche Beziehungsverhalten und all jene Prozesse, die zum Scheitern einer Paar-Verbindung führen, unterliegen dem Gesetz von der multikausalen Verursachung. Wir erhalten außerdem ein tieferes Verständnis für die Vielzahl der im Umlauf befindlichen Paarbeziehungs-Konzepte, wenn wir erkennen, dass sie sich häufig jeweils auf nur eine Ebene beziehen unter Vernachlässigung der übrigen fünf. Die sechs kausalen Ebenen lassen sich wie folgt benennen:
Erste Ebene: genetisch-biologische Faktoren; zweite Ebene: individuelle, intrapsychische Faktoren: die Persönlichkeitsstruktur;

dritte Ebene: Paarbeziehungsebene, die sogenannte Interaktions-persönlichkeit; vierte Ebene: das familiäre und soziale Umfeld; fünfte Ebene: die objektiven Lebensumstände; sechste Ebene: sozio-kulturelle Faktoren.

Ich will nun – in aller gebotenen Kürze – die eben genannten sechs Ebenen oder Systeme etwas ausführlicher beschreiben und jeweils mit Beispielen illustrieren.

1.2.1 Die biologische Ebene

Wir Menschen sind in unserem Verhalten mehr oder weniger stark durch die uns konstituierende biologische Basis mitbestimmt. Nicht nur unsere angeborenen Triebe, sondern auch diverse Re-aktionsbereitschaften und Temperamentseigenarten verursachen oder überformen unser Erleben. Es sind besonders die Extremva-rianten dieser biologischen Gegebenheiten, die wegen ihrer Wirk-mächtigkeit durchschlagen und den täglichen Lebensvollzug mit-prägen. So kann zum Beispiel die angeborene Hypersexualität eines Mannes seine Daseinsweise und sein Paarverhalten in starker Weise gestalten. Er wird seine Partnerin sexuell überfordern, zu Untreue und promiskuösem Verhalten neigen oder wegen seiner Triebhaftigkeit keine Ruhe in einer Paarbindung finden.

Ganz anders dagegen ergeht es einem Mann, der an einer konstitu-tionell bedingten allgemeinen Antriebsschwäche leidet, die ihn in einer Ehe zu einem schwer erträglichen Langweiler macht. Er hat zu nichts Lust, besitzt wenig Spontanität und Unternehmungs-geist, sondern sitzt, wenn er abends total erschöpft von seiner Ar-beit heimkehrt, am liebsten vor dem Fernseher, vor dem er dann regelmäßig einschläft. Seine erlebnishungrige Ehefrau fühlt sich um die lebendigen Möglichkeiten einer normalen Zweierbezie-hung betrogen und wird von Jahr zu Jahr unzufriedener. In beiden Fällen greift eine extrem ausgeprägte biologische Variable sehr tief und prägend in das Beziehungsleben eines Paares ein.

Das im Juni 1996 erschienene US-Wissenschaftsmagazin »Science« enthält sieben Schwerpunktartikel zum Thema Vererbung. Es kommt zu dem Schluss, dass die Gene des Menschen sein Verhal-ten viel stärker beeinflussen als bisher vermutet. Zu rund 50% sollen die Erbanlagen den Charakter mitbestimmen. Auch bei psychischen Störungen sei häufig ein genetischer Faktor mitbeteiligt. Ich nenne nur einige Persönlichkeitseigenschaften, die zu einem hohen Anteil mit auf die Welt gebracht werden, in ihrer Konsequenz die weitere Entwicklung des Individuums sehr stark beeinflussen: hohe/geringe sexuelle Triebstärke; hohes/geringes Zärtlichkeitsbedürfnis; hohe/geringe Gefühlserregbarkeit; hohe/geringe Sensibilität und Anfälligkeit für Traumatisierungen; hohes/geringes motorisches Bedürfnis; hohe/geringe Schnelligkeit, mit der negative Konditionierungen aufgebaut werden, usw.

1.2.2 Die Ebene der Persönlichkeitsstruktur

Der jedem Menschen eigene Charakter, die durch Erziehung und Sozialisation geprägten seelischen Eigenschaften eines Individuums, die Grundmuster seines Erlebens und Verhaltens, die ins Unbewusste verbannten Erlebnisse und Erfahrungen: All das macht die Persönlichkeitsstruktur eines Menschen aus. Sie ist nicht nur die umfangreichste, sondern bei weitem auch die wichtigste kausale Ebene. Die Psychoanalyse in all ihren Spielarten und auch die von ihr abgeleiteten Schulen berufen sich auf das Gewordensein, die Vergangenheit eines Menschen, die ihn – besonders in den ersten Lebensjahren – zu dem haben werden lassen, was er heute ist: ein einmaliger Charakter mit einem nur ihm eigenen Erlebnis-, Verhaltens- und Reaktionsstil. Lange Zeit war die Wissenschaft vom menschlichen Verhalten, die Psychologie, identisch mit der Erforschung der gewordenen Struktur von Personen. Auch die in diesem Buch angebotene umfangreiche Materialsammlung über die Gründe scheiternder Beziehungen und die damit verbundenen Forschungsergebnisse beziehen sich auf das System der Persönlichkeitsstruktur. Letztere ist der mächtigste Organisator menschlichen Verhaltens, auch in Ehe und Partnerschaft. Sosehr auch diverse, um Aufmerksamkeit ringende Modeströmungen innerhalb des Psychomarktes diese Wichtigkeit in Abrede stellen, die kausale, zweite Ebene ist und bleibt der bevorzugte Gegenstand psychologischen Bemühens um die Erkenntnis der Person. Wie facettenreich die Persönlichkeitsstruktur jedes Menschen in all ihren Subbereichen angelegt ist, zeigt folgende (gekürzte) Übersicht:

- Trieb- und Bedürfnisbereich und deren Schicksale:
  Oralität (Gier, Sucht), Sexualität, Aggression, Nähe-Distanz-bedürfnis, Sicherheitsstreben, Abhängigkeitsbedürfnis, Autonomie, Harmoniestreben, Drang nach Selbstbehauptung und Selbstdurchsetzung, Dominanz- und Machtstreben, Leistungsstreben, Ehrgeiz usw.

- affektiver Bereich:
  affektive Erlebnis- und Reaktionsmuster, vorherrschende Gefühlsbereitschaften zum Beispiel: Angst, Spannung, Wut, Freude, Kummer, Panik usw.

- narzisstischer Bereich:
  zentrale Strebungen, erhöhte Kränkbarkeit, Selbstwert- und Eigenmachtgefühl, Insuffizienzerleben, gutes oder mangelndes Wohlbefinden; Zufriedenheit/Unzufriedenheit, Selbstbewusstsein, Scham, Ich-Identität, Furcht vor dem Zerbrechen der Ich-Struktur, Größenvorstellungen, Selbstbild usw.

- Bereich der stationären Gestimmtheiten:
  basale seelische Mangelzustände, lang anhaltende Sehnsüchte, Verbitterung, Hoffnungslosigkeit, Depression, Lebensgrundstimmungen (Fröhlichkeit, Sorglosigkeit, Ernst und Besorgtheit), Hilflosigkeit, sich allein gelassen fühlen, Modus der Sorge, Gelassenheit, Misstrauen, Benachteiligungserleben, Haltungen: Anspruchs- und Bequemlichkeitshaltung usw.

- Ich-struktureller Bereich:
  Abwehr-, Schutz- und Regulationsmechanismen (zum Beispiel: Verdrängung, Spaltung, Sexualisierung, Projektion etc.), Fähigkeiten, erworbene Kompetenzen jeglicher Art; Angewohnheiten, Interessen, erworbene Verhaltensmuster, Handlungs- und Reaktionsstil, Lebensentwurf, Lebensleitlinien usw.

- Über-Ich-Bereich:
  Ge- und Verbote, Moral, Schuldgefühle, Reue- und Wiedergutmachungsbemühungen, Strafbedürfnis, Ich-Ideal im Sinne von Sollgeboten usw.

- Objektbeziehungsbereich:
  Kommunikationsstil, Konfliktverarbeitungsmodi, Beschaffenheit der inneren Objekte (die verinnerlichten Bilder von Vater/Mutter), erworbenes Paarverhalten, Erfahrungen in Beziehun-

gen, zentrale Beziehungswünsche, interpersonelle Wahrnehmung, Beziehungs- und Bindungsfähigkeit usw.

– kognitiver Bereich:
  Wahrnehmungsstil, Werte und Werthierarchie, ideologische Fixierung, Meinungen zu Ehe und Partnerschaft, Weltanschauung, Welterklärungsmodell, Gesinnungen, Einstellungen zu Welt und Menschen, dem Leben, dem anderen Geschlecht usw.
– Bereich der Psychodynamik:
  Konflikte, Komplexe, neurotische Tendenzen, Gehemmtheiten, chronische Konfliktlagen, Lücken, neurotische Symptomatik usw.

So weit eine kleine, natürlich unvollständige Kostprobe dessen, in wie viele Subbereiche sich das System Persönlichkeitsstruktur auffächert. Dem Leser wird bei der Lektüre der eben vorgeführten Liste sicherlich sofort klar sein, welch große Bedeutung die einzelnen Entitäten für die Verursachung und Steuerung von Erleben und Verhalten erlangen können.

Noch eine Schlussbemerkung: In der Persönlichkeitsstruktur eines Menschen (zweite kausale Ebene) sind immer auch Ebene drei, vier, fünf und sechs enthalten, insofern sie sich auf Kindheit und Jugend des Betreffenden beziehen. Der erwachsene Mensch ist ja durch die Einflüsse von Ebene drei bis sechs gerade der geworden, der er heute ist. Er hat – was seine Vergangenheit betrifft – ausgedehnte Beziehungserfahrungen (Ebene drei) mit Vater, Mutter und Geschwistern gemacht, er war einem bestimmten sozialen Umfeld (Großeltern, Nachbarn, Lehrern = Ebene vier) ausgesetzt, er wurde durch die objektiven Lebensumstände, in denen er aufwuchs, mitgeprägt (Ebene fünf) und war durch die »Sozialisationsagentur Familie« auch den Einflüssen des Zeitgeistes (sechste Ebene) ausgesetzt. Die in Kindheit und Jugend gesammelten Erfahrungsniederschläge, ursprünglich prozesshaften Charakters, sind zu Strukturen geronnen und bestimmen nun als Dispositionen, als Erlebnis- und Verhaltensbereitschaften sein Tun und Lassen.

1.2.3 Die Paarbeziehungsebene

Wenn sich zwei Menschen – mit einer jeweils anders gearteten Charakterstruktur – in einer Paarbeziehung zusammentun, dann kommen bei jedem von ihnen, mehr oder weniger ausgeprägt, neue seelische Eigenschaften zum Tragen. Wir sprechen in diesem Zusammenhang von der sich ausbildenden Interaktionspersönlichkeit. Jeder wird anders, zeigt neue, bisher verborgen gebliebene Seiten seines Charakters oder entwickelt keimhaft angelegte Möglichkeiten zu ihrer vollen Blüte. Ich hatte die Gelegenheit, einen Patienten im Abstand von sieben Jahren jeweils über einen längeren Zeitraum zu therapieren. In unseren Sitzungen nahmen Aussagen über seine erste und später über seine zweite Ehe einen breiten Raum ein. Wer beschreibt mein Erstaunen, als ich meinen Patienten bei der Schilderung seiner zweiten Beziehung fast nicht mehr wiedererkannte. Seine Verwandlungsfähigkeit war enorm. Er hatte im Zusammensein mit seiner zweiten Frau ein fast völlig anderes Kommunikationsmuster entwickelt. Er war selber offener, zugewandter und präsenter, ergriff die Initiative zu Gesprächen über die Beziehung, diskutierte Streitpunkte konstruktiv aus, fühlte sich von seiner Partnerin verstanden, konnte seine Bedürfnisse anmelden, bitten und fordern, drückte Wertschätzung ihr gegenüber aus und entwickelte besonders im sexuellen Bereich ein phantasievolles, leidenschaftliches, von Hemmungen freies und sehr genussreiches Intimleben. Die neue Frau hatte andere, bisher in der Latenz gebliebene Seiten seiner Persönlichkeit zum Klingen gebracht, und er war in der Interaktion mit ihr ein anderer geworden. In seiner ersten Ehe dagegen offenbarten sich die Partner einander kaum. Initiativen zu wechselseitigen Gesprächen über die Beziehung versandeten bald auf dem Hintergrund bitterer Erfahrungen. Es kam zu heftigen, unsachlichen, affektiv aufbrausenden Streits, die durch Weinen und anschließenden Rückzug abgebrochen wurden. Der Austausch von abwertenden Kommentaren war an der Tagesordnung. Zentrale Sehnsüchte blieben ungestillt, statt Bitten gab es Vorwürfe.
Wahrscheinlich unterscheiden sich aber die einzelnen Menschen hinsichtlich ihrer Plastizität, Anpassung und der Fähigkeit, neue, bisher brachliegende Fähigkeiten und Fertigkeiten zu entwickeln,

doch sehr voneinander. Auf der einen Seite finden wir die Verwandlungskünstler, auf der entgegengesetzten die in ihrer Struktur erstarrten Bollwerke der Unveränderlichkeit, die sich in jeder Beziehung absolut treu bleiben. Wenn wir uns – im Rahmen einer Paartherapie – natürlich auch für die Objektbeziehungsebene interessieren, dann werden wir folgende Fragen stellen: Wie sehen die gegenseitigen, an den Partner gerichteten Rollenerwartungen aus? Wie sind die anfallenden Funktionen (Haushalt, Beruf, Kinderbetreuung, Garten, Freizeit) verteilt? Besteht eine ausgewogene, gerechte Aufteilung? Wie sieht die verbale und nonverbale Kommunikation aus? Wie häufig werden befriedigende, offene Gespräche geführt? Hört man einander zu? Über welche Themen wird gesprochen, über welche nicht? Wie nehmen die beiden einander wahr, was haben sie für ein Bild voneinander? Bestätigt der Partner das Selbstbild des anderen? Welchen Stellenwert hat der Partner für den jeweils anderen? Wer liebt mehr? Wem bedeutet die Beziehung mehr? Wer dominiert, übt Zwang aus, hat das Sagen? Welche sozialen Fertigkeiten bestehen hinsichtlich des Austragens von Streit, wie geht man mit Aggressionen um? Drücken die Partner gegenseitige Wertschätzung aus? Werden ihre zentralen Beziehungswünsche erfüllt? Wie groß ist ihre Ehezufriedenheit/-unzufriedenheit? Wer möchte ausbrechen, denkt an Trennung? Werden dem Partner die zunehmenden Zweifel an der Ehe mitgeteilt? Fühlen sich beide verstanden, bemühen sie sich um Verständnis? Können sie Wünsche äußern und Bitten formulieren? Wie geht man mit Enttäuschung um? Wird der andere schnell zum Schuldigen erklärt? Wie ist der Umgang von Nähe und Distanz? Wie befriedigend ist die Sexualität? Gibt es Fürsorge und Bemutterung? Wie stark sind die gemeinsamen Interessen? Herrscht Einigkeit in Bezug auf die Gestaltung der Freizeit? Wie stark wünschen sie sich Kinder? Wie stark wirken sich Krankheit oder neurotische Störungen des einen Partners auf die Beziehung aus? Welchen Stellenwert haben die Kinder, Eltern, Freunde, Nachbarn für die Beziehung des Paares usw.?

Im zweiten Kapitel werde ich noch sehr ausführlich auf die Paarbeziehungsebene eingehen und die Umgangsformen und Reaktionsmodi der Paare schildern sowie die durch eine jahrelange Interaktion miteinander in Gang gesetzten Prozesse und Abwärtsspiralen beschreiben.

1.2.4 Die Ebene des familiären und sozialen Umfeldes

Das tägliche Tun eines Menschen und natürlich auch sein Handeln und Erleben innerhalb seiner Paarbeziehung werden durch die Mitmenschen seines familiären und sozialen Umfeldes mitbestimmt: durch lebende Personen also, die einen direkten Einfluss auf ihn nehmen oder indirekte Wirkungen entfalten. Zur Gruppe der Mitmenschen gehören: die eigene Kernfamilie (Ehegatte, Kinder), die Mitglieder der beiden Herkunftsfamilien (Eltern/Schwiegereltern, Geschwister, Schwager, Schwägerin, Großeltern, Tanten und Onkels, Cousins und Cousinen), der alte und neue Freundeskreis, Nachbarn, Vorgesetzte, Berufskollegen, mitunter die ganzen Einwohner eines Dorfes; natürlich auch Idole mit Vorbildfunktion (Schauspieler) oder bestimmte Außenfeinde (Politiker). Wie stark im Extremfall die Existenz eines oder der anderen das Verhalten eines Menschen bestimmen kann, geht aus zwei Beispielen hervor:

Die Mutter eines frisch vermählten Ehemannes lässt das noch junge und mittellose Paar kostenlos bei sich wohnen. Sie mischt sich laufend in die Haushaltsführung ihrer Schwiegertochter ein, weiß und kann alles besser, bevormundet ihre »Kinder«, zieht sich bei Streitfällen schmollend zurück und droht mit Hinauswurf. Die junge Frau muss einen wahren Balanceakt vollführen, um mit der Situation zurechtzukommen. Ihre Abhängigkeit zwingt sie dazu, im vorausahnenden Gehorsam die Erwartungen (Unterordnung, Dankbarkeit) der Schwiegermutter zu erfüllen und auf eigene Bedürfnisse zu verzichten. Häufig gerät sie mit ihrem Mann in Konflikt, der für seine Mutter Partei ergreift und deren Dominanz entschuldigt.

Der Sohn eines moralisch sehr rigiden Pfarrers wartet mit der Trennung von seiner gefühlskalten Frau so lange, bis sein Vater verstorben ist. Er hatte Angst, seinem Vater eine Enttäuschung zu bereiten.

Lebende Personen steuern oft unsere Entscheidungen und Verhaltensweisen: Wir wollen vor ihnen unser Gesicht wahren, ihre Wertschätzung und Akzeptanz behalten, ihnen keine schmerzhafte Enttäuschung bereiten, sie durch Wohlverhalten für unsere Zwecke einspannen, in der Kindheit vorenthaltene Liebe durch weiteres Bemühen doch noch erlangen, uns vor ihnen rehabilitieren, an ihnen Rache nehmen für zugefügte Demütigungen. Manchmal hält ein Ehepartner an seiner zerbrochenen Ehe nur deshalb fest, um einem gehassten Elternteil nicht den Triumph zu gönnen (»Ich hab's ja gewusst, du bist ein Versager!«), dass seine Ehe gescheitert ist.

Die System- bzw. Familientherapie richtet den Fokus ihrer Wahrnehmung und Bemühungen sehr stark auf die vierte kausale Ebene für menschliches Verhalten (familiäres Umfeld) und erblickt in ihrem Einflussbereich die Hauptstörfaktoren für scheiternde Beziehungen.

1.2.5 Die fünfte Ebene: objektive Lebensumstände, äußere Wirklichkeit

Unser Dasein und damit auch der Rahmen, innerhalb dessen wir unsere Aktivitäten entfalten können, wird durch die Faktizität unserer Lebensumstände mitbestimmt. Zu den so genannten harten Fakten einer Lebenssituation gehören unter anderem: Alter, Geschlecht, Gesundheit (Krankheit), Aussehen, Attraktivität, Familienstand (ledig, verheiratet, geschieden, in eheähnlicher Partnerschaft lebend), Vollständigkeit der Familie (zum Beispiel Vater tödlich verunglückt), Zahl und Alter der Kinder, finanzielle Einkünfte, erlernter Beruf, ausgeübte Tätigkeit und deren Befriedigungswert, Probleme mit den Kindern, deren schulischer Situation; Art des familiären Rückhalts durch Eltern und Großeltern; beruflicher Status, Ärger mit den Vorgesetzten, den Kollegen; Größe der Wohnung, des Hauses; Eigentum; Stadt/Land, Freizeitwert der Umgebung, kulturelles Angebot; Mutter und Vater berufstätig; Infrastruktur (Geschäfte, ärztliche Versorgung, Kindergarten, Schule, Gymnasium); Störfaktoren der Umgebung, zum Beispiel extremer Verkehrslärm, Flugplatz in der Nähe, schlechte Verkehrsanbindung usw.

Die hier aufgezählten Lebensumstände können auf die Qualität und den Bestand einer Paarbeziehung sowohl positiven als auch negativen Einfluss nehmen. Im Extremfall bestimmen äußere Fakten den Daseinsvollzug eines Paares, so etwa durch den Tod eines

Familienmitgliedes; die Geburt eines stark behinderten Kindes; den Ausfall finanzieller Einkünfte; eine schwere chronische Krankheit. Wir müssen uns aber vor Augen führen, dass die Bedingungen der äußeren Welt und das dem Menschen zugeteilte Schicksal den davon Betroffenen nicht zwangsläufig überwältigen müssen. Arbeitslosigkeit zum Beispiel kann eine Ehe zerrütten, sie kann aber auch ein Paar im nun notwendigen Überlebenskampf noch fester zusammenschmieden. Wir können zu den Dingen, die uns widerfahren, Stellung beziehen und darüber entscheiden, welches Gewicht und welchen Stellenwert wir ihnen in unserem Leben einräumen wollen. Insofern gelingt es immer wieder einzelnen Menschen, die äußere Wirklichkeit zu transzendieren und ihrer faktischen Macht zu trotzen. Für die Mehrzahl der Lebensabläufe hat sie aber eine verhaltensbestimmende Kraft.

1.2.6 Die sozio-kulturelle Ebene, der Zeitgeist

Die soziale und geistige Situation in Mitteleuropa zu Beginn des 21. Jahrhunderts wird meines Erachtens durch einen immer uniformer werdenden Zeitgeist bestimmt. Gemeint sind die Wertvorstellungen einer Gesellschaft, der es in erster Linie um das eigene Wohlbefinden, den eigenen Lustgewinn, den eigenen Vorteil geht. »Spaß haben, alles mitnehmen, was man bekommen kann, hier und jetzt leben und sich weniger um das Befinden anderer Mitmenschen scheren« ist die Parole einer erlebnishungrigen, auf Abwechslung und Daseinsgenuss abzielenden Öffentlichkeit. Zugegeben: Dieses Szenario trifft bei weitem nicht auf alle Einwohner des Westens zu und ist auch nur eine Strömung innerhalb des Abendlandes. Ich wähle sie deshalb aus dem komplexen Knäuel der sozio-kulturellen Gesamtsituation aus, weil sie wie keine andere in der Lage ist, das Paarverhalten zu beeinflussen. Ich will an dieser Stelle den Einfluss des Zeitgeistes auf den westlichen Menschen anhand eines Beispiels darstellen und zeigen, wie die öffentliche Meinung seine Einstellung zu Ehe und Partnerschaft, speziell sein Treue-Verhalten, verändert hat.

In den Massenmedien, besonders in den viel gelesenen Illustrierten (Brigitte, Cosmopolitan, Stern, Petra etc.), fehlt in fast keiner Ausgabe eine Rubrik über Liebe, Sexualität und Beziehungsprobleme. Ein Lieblingsthema dieser Publikationen ist der Seitensprung. Er wird häufig – fern jeder moralischen Verurteilung – als ein der menschlichen Natur innewohnender Drang beschrieben: als eine der vielen positiven Möglichkeiten, sich Lust zu verschaffen, als eine Glücksquelle und Plusvariante im Verhaltensrepertoire unserer Spezies. Die möglichen sozialen Folgen werden zwar nicht immer verschwiegen, aber heruntergespielt. Manchmal gibt es Ratschläge, wie man sie vermeiden oder lindern kann. Ein paar Überschriften und Zitate aus der Zeitschrift Cosmopolitan – zufällig herausgegriffen – sollen den lockeren Umgang mit diesem Thema illustrieren:

»So macht Seitensprung Spaß! Er ist viel besser als sein Ruf. Man braucht ihn nicht unbedingt, aber er macht das Leben schöner« (5/1989).

»Der Mann einer anderen. Wann sie ihn klauen können.« (2/1993).

Das Interview mit der Schauspielerin und Kabarettistin Lisa Fitz ist überschrieben: »Immer auf dem Seitensprung!« Es folgt ein Zitat der Künstlerin: »Diese doofe Einehe, ich bitte Sie, die kann ich im Greisenalter immer noch führen. Ich bin nun mal mit großer Triebhaftigkeit gesegnet.« (1/1989)

Ein Psychotest fragt: »Kriegen Sie jeden Mann, den Sie wollen?« (2/1991)

Ein anderer Artikel ist betitelt: »Biete Fellatio gegen Bügeln«, und macht den Vorschlag, wie man sich Dienstleistung im Tausch gegen Lustprämien verschaffen kann. Hier lesen wir unter anderem: »67% der Frauen verlangen für einen Seitensprung ihres Partners besondere Zärtlichkeit von ihm.« (4/1994)

Dieser geschäftlich anmutende Interessenausgleich suggeriert die Vorstellung von der vergleichsweisen Harmlosigkeit eines solchen Fehltritts.

In einer anderen Publikation ist von den »Verfallsdaten der Liebe« die Rede, so als ob Liebe, ähnlich wie ein Joghurt, nur begrenzt haltbar sei.

Ein Tageswerbeplakat der BZ (Berliner Zeitung) vom 22. 2. 1995 trägt die Schlagzeilen: »Der Spaß am Seitensprung. Auch jede zweite Frau tut's!«

In dem Buch »Die Geliebte« von M. Langsdorf wird beschrieben, wie sich Frauen fühlen, die einen verheirateten Mann lieben. Es entsteht der Eindruck, dass es neben der ledigen, verheirateten, getrennt lebenden und geschiedenen Frau noch einen fünften Stand gäbe, nämlich den der Geliebten. Er erhält durch seinen Aufweis den Charakter von gesellschaftlicher Realität und damit auch ein Stück weit von Normalität.

Der Vorschlag, auf dauerhafte, das heißt lebenslange Bindungen ganz zu verzichten und stattdessen mehrere Beziehungen in Folge einzugehen, hat die Idee vom so genannten »Lebensabschnittspartner« in die Welt gesetzt. Sie korrespondiert mit der biologischen Hypothese der Anthropologin Helen Fisher, dass Untreue zur menschlichen Natur gehöre, weil in Folge sich verändernder chemischer Prozesse in unserem Gehirn nach drei bis vier Jahren Paargemeinschaft die gegenseitige Attraktivität verloren gehe.

Wenn der heutige Zeitgeist die Liebesdroge »Abwechslung« beschwört, als bevorzugten Daseinszweck den Genuss eines Gefühls, nämlich den des Verliebtseins, anpreist und dabei gleichzeitig den Anspruch jeden Individuums auf erotische und sexuelle Leidenschaftlichkeit herausstellt, darf man sich über die zunehmende Häufigkeit von Seitensprüngen nicht wundern. Übertrieben formuliert: Die Menschen von heute dürfen, können und sollen fremdgehen!

Dürfen: Es droht keine moralische Strafe, keine Strafverfolgung per Gesetz, keine Verurteilung durch die Kirche, keine soziale Diffamierung und kein Schuldspruch durch das eigene Gewissen.

Können: Die finanziellen Möglichkeiten, die Zweitwohnung oder Wohnung der selbstständigen, emanzipierten Frau, das Campingauto und beruflich bedingte Abwesenheiten und Aushäusigkeit erleichtern die Rendezvous.

Sollen: Der neue Lebenskompass heißt Eigennutz. Sexuelle Selbstverwirklichung bekommt einen übermächtigen Stellenwert und darf sich über die Grenzen der Schicklichkeit augenzwinkernd hinwegsetzen.

Die Aufweichung der Moralvorstellungen früherer Generationen hat die Hemmschwelle für Untreue stark herabgesetzt. Ich will nicht behaupten, dass Menschen deshalb fremdgehen, weil der Zeitgeist sie dazu verführt. Es muss schon eine personbezogene Motivation vorausgehen. Aber das heute anzutreffende sozio-kulturelle, geistige Umfeld schafft stark verbesserte Rahmenbedingungen für ein Verhalten, das in früheren Zeiten weit risikoreicher war als in unseren Tagen. Der Zeitgeist betont das Primat der Liebe im Katalog menschlicher Strebungen und entwirft mit Hilfe der Massenmedien Wunschbilder von Lebensglück und erfüllter Sexualität. Er bevölkert die Köpfe vieler Paare und wirkt bei der Gestaltung ihrer eigenen, ganz persönlichen Glückserwartungen in der Partnerschaft mit.

Im letzten Abschnitt wurden die Einflussmöglichkeiten des Zeitgeistes auf unser Erleben und Verhalten aufgezeigt.

Meine Ausführungen über die sechs Kausalebenen des menschlichen Verhaltens sind damit abgeschlossen. Ich wollte mit deren Beschreibung auf die multikausale Bedingtheit unseres Tuns – auch im Bereich von Partnerschaft und Ehe – hinweisen. Jedesmal also, wenn es gilt, das Verhalten eines Paares in einer gestörten und unbefriedigenden Zweierbeziehung aufzuklären und in seiner Dynamik zu verstehen, sollten wir uns der Möglichkeit seiner sechsfachen Determiniertheit bewusst sein und überlegen, wie viele Faktoren aus welchen Kausalebenen als Bedingungsmomente am Werke sind.

An dieser Stelle scheint es mir angebracht und zweckmäßig, das Anliegen und die Absicht vorliegenden Werkes noch einmal deutlich herauszustellen:

In diesem Buch beschreibe ich zahlreiche Paarkonstellationen, die aufgrund der besonderen psychischen Verfassung ihrer Mitglieder und der durch ihr Zusammentreffen ausgelösten Prozesse fast alle zum Scheitern verurteilt sind. Weil die Frau diese und ihr Ehemann oder Freund jene Persönlichkeitsstruktur hat und beide Strukturen in ihrer Begegnung ein beziehungssprengendes Potenzial entfalten, kommt es auf beiden Seiten zu Enttäuschung, Eheunzufriedenheit und häufig auch zur Trennung.

1.3 Die Diagnose der basalen Störungsmuster

Ich bin – entgegen der Meinung anderer Paartherapeuten – der festen Überzeugung, dass die Diagnose einer Krankheit ihrer Behandlung vorausgehen muss. Ich muss wissen, welche desolaten Beziehungsmuster einer Paarstörung zugrunde liegen, bevor ich darangehen kann, Abhilfe zu schaffen. Genauso wie der Humanmediziner in der Lage sein sollte, eine große Anzahl von somatischen Erkrankungen an ihren Symptomen zu erkennen und sie dann einem umschriebenen Krankheitsbild zuzuordnen, so sollte der Paartherapeut über eine innere Kartei verfügen, in der eine große Anzahl von »Grundmustern gestörter Paarbeziehungen« gespeichert ist. Im Gegensatz zur Medizin, wo eine richtige Diagnose noch keine heilende Wirkung entfalten kann, bedeutet das Wissen um die Psychodynamik einer gestörten Beziehung schon den ersten Schritt zu einer möglichen Lösung. Es genügt nicht, mit einer Schrotflinte blind auf einen unbekannten Gegner zu schießen in der Hoffnung, ihn an irgendeiner Stelle zu treffen. Ein effektives Vorgehen in der Paartherapie ist nur möglich, wenn man die Topographie und Wirkungsweise der destruktiven Kräfte erfasst hat und sie einem pathogenen Grundmuster zuordnen kann. Das vorliegende Werk hat sich zur Aufgabe gemacht, bereits in der Literatur beschriebene Störungsmuster zu sammeln und hier aufzuführen und neue erstmals zu beschreiben. Wie wichtig die richtige Diagnose für das weitere Vorgehen und die Einschätzung der Indikation und Prognose in einer Paartherapie ist, soll jetzt an einem Beispiel demonstriert werden.

Stellen Sie sich bitte vor, Sie würden mit Informationen über eine sehr schwierige Ehe konfrontiert, in der offenbar sado-masochistische Tendenzen eine ins Auge fallende Rolle spielen. Sie wissen aus Erfahrung, dass Konstellationen dieser Art besonders schwer therapierbar sind und deshalb eine schlechte Prognose haben. Wie schnell könnten Sie zu dem Urteil kommen, dass hier zwei sich ergänzende Bedürfnissysteme aufeinander treffen und trotz aller Klagen über Paarprobleme die beiden Betroffenen nicht voneinander loskommen können und es auch gar nicht wollen. Vielleicht ist sogar der demonstrierte Leidensdruck ein notwendiger Bestandteil eben dieses gemeinsam zelebrierten Rituals von Machtentfaltung und Unterwerfung. Sie könnten sich angesichts dieser Erkenntnis nur achselzuckend abwenden und die beiden ihrem Schicksal überlassen. Aber – und das ist jetzt mein Einwand – masochistisches Verhalten der einen Person heißt noch lange nicht, dass wir es hier mit einer masochistischen Charakterstruktur zu tun haben. Ein und dieselbe Verhaltensweise kann sehr verschiedene Hintergründe haben und deshalb auch eine sehr unterschiedliche paartherapeutische Intervention erforderlich machen.

Ich werde jetzt eine ganze Reihe sado-masochistischer Paarverbindungen darstellen und dabei aufzeigen, wie unterschiedlich das jeweils dahinter liegende Beziehungsmuster sein kann:

Angelika B. suchte mich wegen ihrer Eheprobleme auf und bat um Beratung. Da ich nach einigen Sitzungen darauf bestand, auch ihren Mann zu sehen und in die Gespräche mit einzubeziehen, lehnte dieser höhnisch ab und überschüttete seine Frau wegen ihres Ansinnens mit einer Kaskade abwertender Verunglimpfungen. Die Paartherapie kam nicht zustande. Den Ausführungen von Angelika hatte ich aber bald entnommen, dass sie unter einer erheblichen Depression litt. Das war der Grund, sie in eine psychoanalytische Einzeltherapie zu nehmen. Im Verlaufe ihrer Behandlung klärte sich dann auch die desolate Binnenstruktur ihrer Zweierbeziehung. Nach allem, was mir Angelika in den ersten Zusammenkünften über ihre Ehe schilderte, wurde deutlich, dass sie mit ihrem Mann in einen sado-masochistischen Clinch verwickelt war. Dieser Umstand hätte den Paartherapeuten – wäre es zu einem gemeinsamen Behandlungswunsch gekommen – veranlassen müssen, die Erfolgsaussichten einer solchen Therapie prognostisch sehr ungünstig einzuschätzen. Sado-masochistische Beziehungen gelten nämlich als sehr stabil, weil beide Teile aus dem Quälen und Gequältwerden einen erheblichen Lustgewinn schöpfen und weder bereit sind, sich zu trennen noch ihr Verhalten zu ändern. Nun hatte ich dieses Beispiel angekündigt, um die Wichtigkeit einer richtigen Diagnose für die Gestaltung einer Paartherapie zu demonstrieren. Denn bevor ich nicht das Störungsmuster einer Zweierbeziehung kenne, kann ich keine Diagnose stellen bzw. kann ich ihren destruktiven Kräften nicht Herr werden. An dieser Stelle möchte ich den Leser aber noch etwas auf die Folter spannen. Denn bevor ich den Fall Angelika B. aufkläre, will ich ihm elf psychodynamische Grundmuster ehelicher Beziehungen vorführen, die alle unter die Überschrift sado-masochistische Verbindung passen.

Elf Beispiele von »Masochismus«

Beispiel 1: Der klassische Masochist ist ein Mensch, der an starken, meist unbewussten Schuldgefühlen leidet und deshalb ein ausgesprochenes Strafbedürfnis besitzt. In der Regel wurde er in seiner

Kindheit von einem brutalen Vater/einer brutalen Mutter geschlagen und abgewertet. Er hat diesen sadistischen Elternteil verinnerlicht und trägt ihn in Form eines unerbittlich strengen Gewissens mit sich herum. Er hasst sich selbst, zweifelt an seiner Existenzberechtigung und fühlt sich unbewusst zutiefst schuldig wegen irgendwelcher nebulöser Vergehen oder moralisch zutiefst verwerflicher Gedanken und Impulse. Die Wahl eines Sadisten zum Liebespartner erleichtert das Schicksal eines Masochisten. Er verlegt sein strenges, ihn quälendes Über-Ich (Gewissen) jetzt in seinen Partner, tauscht den eigenen gegen einen fremden Quälgeist ein. Das entbindet ihn von dem Zwang, sich selber verdammen und schädigen zu müssen. Das Strafbedürfnis des Masochisten und die Bestrafungslust des Sadisten verschränken sich nun miteinander und zelebrieren in bester Eintracht ein perverses Glück.

(An dieser Stelle möchte ich ein Wort zu den vielen Beispielen sagen, die in diesem Buch zur Darstellung kommen. Es handelt sich dabei – aus Gründen der Diskretion – nicht um reale, wirklich lebende Menschen, aber auch nicht um frei erfundene Gestalten, die meiner Phantasie entsprungen sind. Aus meiner knapp 40-jährigen psychologischen Erfahrung und fast 30-jährigen psychoanalytischen Praxis blicke ich auf ein reichhaltiges Klientel zurück. Ich habe jeweils zwei bis fünf thematisch gleichartige Fälle aus meinem beruflichen, aber auch sonstigen Erfahrungsbereich übereinander kopiert und dann ihre gemeinsame Grundstruktur herausgefiltert. Diese so erhaltene abstrakte Konfiguration – gewissermaßen das fleischlose Skelett – habe ich dann mit eigenen Einfällen zu einem lebendigen Wesen aufgepäppelt. Natürlich sind meine Erfindungen nicht willkürlich, sondern strukturspezifische Erlebnis- und Verhaltensmuster, wie sie für Menschen mit einem ebenso gearteten Bauplan typisch sind. Wenn ich in einigen wenigen Fällen Aussagen über einen konkreten Menschen mache, dann habe ich Fakten aus seinem persönlichen Leben so weit verändert, dass er als eine bestimmte Person nicht mehr erkennbar ist.)

Beispiel 2: Arnold C. ist ein Mensch, dessen gesamtes Lebensschicksal durch eine fast ununterbrochene Kette von Leiderfahrungen geprägt war. Er hatte die ganze Fülle des Unglücks zu spüren bekommen, stand von klein auf im Gegenwind, und auch seine späteren Partnerinnen waren Quell immer neuer Enttäuschungen. Sein Dauerfrust gehörte wie eine zweite Haut zu ihm. Das durchlittene Elend hatte seine Persönlichkeit konstituiert und bildete den wichtigsten Teil seiner Identität. Ohne diese leidvolle Vergangenheit war er ein Nichts. Der Kern seines Selbst war aus den Niederschlägen unzähliger Unglücksmomente zusammengefügt. »Ich bestehe darauf, dass es mir schlecht geht!«, sagte er. »Ich bestehe auf meinem Wundsein. Das lass ich mir nicht ausreden. Alle Menschen, die von meiner schrecklichen Vergangenheit hören, sollen entsetzt sein. Ich will mir immer wieder dieses Lebensgefühl verschaffen, dass alles so schlimm ist. Lasst mich mein Elend zu Ende leben. Dieser Batzen Leid ist das Einzige, was ich habe. Er ist mein Kapital. Nehmt es mir nicht weg. Ich will nichts Positives erleben. Im Leid bin ich heimisch, da kenn' ich mich aus!« Arnold ist sicherlich ein Masochist. Das Schicksal hat ihm eine Lebensform aufgezwungen, zu dessen schreiender Ungerechtigkeit er nun trotzig steht. »Ja, das bin ich und das will ich bleiben!«

Beispiel 3: Manche Menschen wählen sich recht bewusst einen herzlosen, kalten, brutalen, ihre Wünsche und Bedürfnisse ignorierenden Partner und inszenieren damit die alte Leidenssituation ihrer Kindheit im Wiederholungszwang. Sie tun das nicht aus der Lust an einem neu aufgelegten Martyrium, sondern aus dem Verlangen heraus, den einst so versagenden und lieblosen Elternteil in einen liebenden zu verwandeln. Sie möchten damit ihr Kindheitsschicksal korrigieren und in einem zweiten Anlauf das zuwege bringen, was sie als Kind nicht geschafft haben, nämlich: Vater und/oder Mutter zu einem liebevollen Verhalten und zu einer Akzeptanz ihrer Person zu bewegen. Eine Patientin äußerte in diesem Zusammenhang:

»Je böser mein Freund zu mir war, desto stärker habe ich ihm meine Liebe gezeigt. Er muss doch merken, dass ich ihn liebe, dachte ich, und dann muss doch Liebe zurückkommen, und dann muss er sich doch ändern!« Hier kann nicht die Rede sein von einem masochistischen Genuss des zugefügten Leides. Im Gegenteil: Die verzweifelten Bemühungen der Patientin, den Freund trotz seiner Gemeinheiten zu lieben, wurden von der Hoffnung genährt, ihn zu verändern und letztlich doch noch zu einem Liebenden zu machen.

Beispiel 4: Für nicht wenige Menschen ist Liebe ein Synonym für Leid. Liebe besteht in der Hauptsache aus leidvollen Erfahrungen, in die ab und an der milde Glanz eines zugewandten Lächelns fällt. Schon als Kind hatte Anna D. gelernt, dass Liebe untrennbar mit Leiden verschmolzen war. Nur wenn sie sich klein machte, hilflos und hilfsbedürftig, traurig oder verzweifelt war, erreichte sie der Trost einer sonst eher kalten Mutter. Nur wenn sie sich anpasste, ihren eigenen Willen aufgab, zu allem »Ja und Amen« sagte, war sie akzeptiert. Sie durfte keine Wünsche äußern oder einen eigenen Standpunkt haben. Tat sie es doch, wurde Mutter zornig und schlug sie. Der Vater missbrauchte die Tochter als Sündenbock. Wenn er missgestimmt war, schlug er auf sie ein oder demütigte sie. Hinterher allerdings, wenn seine Wut verraucht war, bekam er oft ein schlechtes Gewissen. Dann wandte er sich der Tochter liebevoll zu und versuchte den Schaden durch Süßigkeiten oder andere Geschenke wieder gutzumachen. Eine andere, neurotisch schwer gestörte Mutter schlug ihrem Sohn oft mit einer Reitgerte den Hintern blutig. Im Anschluss daran fing sie – bestürzt über ihre eigene Grausamkeit – an zu weinen. Sie floss vor Liebe und Mitgefühl über. Sie bettete den Sohn auf das Sofa und bestrich zärtlich die Striemen auf seinem Po mit Nivea Creme, herzte und küsste ihn. Dergestalt misshandelte Kinder suchen sich später häufig einen Partner, der sie ebenfalls so behandelt, wie sie als Kinder behandelt wurden. Menschen mit diesem Erfahrungshintergrund können sich gar nicht vorstellen, dass Liebe auch ohne den Preis von Schmerz und Demütigung zu haben ist.

Beispiel 5: Die italienische Psychologin Piera Serra versucht zu erklären, warum körperlich und seelisch misshandelte Frauen bei ihren Männern bleiben. Als Grund findet sie: die verlorene Ehre. Diese Frauen möchten von ihrem Partner Wiedergutmachung. Sie leiden nicht so sehr an der erlittenen Misshandlung, sondern an der damit verbundenen Demütigung. Sie möchten ihre Würde als Mensch und Frau wiedererlangen. Dies gelinge aber nur, wenn sie bei ihrem Partner bleiben und ihn dazu bringen, seine Schuld anzuerkennen und sein Verhalten zu ändern. Sie möchten durch den Verursacher ihres Leidens rehabilitiert werden.

Beispiel 6: Leiden kann nicht nur erwünscht sein, sondern auch als Waffe oder soziale Lebenstechnik eingesetzt werden. Einen anderen Menschen ins Unrecht setzen und dann über ihn moralisch triumphieren – das kann einen erheblichen Lustgewinn bringen. Hinter dieser Form der Leidsuche stecken unbewältigte Aggressionen, die sich nicht auf normalem Wege ausdrücken lassen. Die misshandelte Person kann, ob ihres schlimmes Schicksals, heimliche Größenideen kultivieren (»Mir geht es am allerschlimmsten auf der ganzen Welt«), ein religiöses Elitebewusstsein entwickeln oder sich dem Genuss von Selbstmitleid hingeben. Jede neue, ihr zugefügte Ungerechtigkeit erhöht das Guthaben auf ihrem heimlich geführten Märtyrerkonto und damit ihr Selbstwertgefühl. Auf diese Weise kann Leiden in ein Adelsprädikat umfunktioniert werden oder in eine Prüfung Gottes.

Beispiel 7: Eine sado-masochistische Beziehung kann für den masochistischen Teil eine, das seelische Gleichgewicht sichernde, lebensnotwendige Einrichtung sein. Für bestimmte Menschen schafft eine seelische und sexuelle Hingabe an einen vertrauten und geliebten Menschen so viel Nähe, dass sie in die Gefahr geraten, sich aufzulösen und ihrer Ich-Grenzen verlustig zu gehen. Obwohl sie die Verschmelzung mit einem Partner zutiefst wünschen, können sie eine solche Situation aus Gründen des Selbstschutzes nicht zulassen: Liebevolle Nähe bedroht sie mit dem Zerfall ihrer Selbststruktur und mobilisiert sofort entsprechende Fluchttendenzen. Das Zusammenleben mit einem sadistischen Partner schafft hier Abhilfe. Indem der Masochist sich quälen und demütigen lässt, gerät er nicht in die Gefahr einer zu großen Nähe. Das Verhalten des Sadisten ist dazu angetan, eine ständige Distanz aufrechtzuerhalten, und diese Distanz wiederum ermöglicht es dem Partner, Sexualität zu haben und zu genießen. In diesem Fall ist das erfahrene Leid weder Selbstzweck noch lustvolles Erlebnis. Es hat die Funktion, die Tür zu einem bescheidenen, anderenorts nicht zu findenden Glück zu öffnen.

Beispiel 8: Es gibt eine Form der Schicksalsergebenheit, die uns Mitteleuropäern befremdlich anmutet. In Indien zum Beispiel stellen auch heute noch die Frauen eine weitgehend unterdrückte Klasse dar. Sie sind der Willkür und einer zum Teil menschenunwürdigen Missachtung und Ausbeutung durch die Männerwelt ausgesetzt. Auch bei uns gibt es, als Relikte einer frauenfeindlichen Erziehung, gelegentlich einzelne Lebensläufe, die an das Joch der Entrechteten früherer Generationen erinnern. Dieser Typ von Frau ist anspruchslos und ohne das Bewusstsein davon, ein eigenes Recht auf das »Streben nach Glück« zu haben. Diese Frauen wurden als Kinder zum Dienen missbraucht und zur Anpassung erzogen, zu Duldertum, sich Kleinmachen und klaglosem Zurückstehen, wenn es um die Interessen anderer geht. Sie fühlen sich unentrinnbar an die Seite eines sadistischen Mannes oder ausbeuterischen Tyrannen gestellt. Sie lassen sich als deren Eigentum betrachten und nach Gutdünken behandeln. Ausbruchsversuche kommen kaum vor. Da diese Frauen ein geringes Anspruchsniveau haben, wenig vom Leben erwarten und für gelegentliche Almosen dankbar sind, harren sie an der Seite eines Mannes aus, der für jeden normal empfindenden Menschen ein Greuel wäre. Die hier geschilderten Frauen haben die Demütigungen und den körperlichen und seelischen Schmerz weder gesucht noch genießen sie ihn in irgendeiner Form. Sie sind, von ihrer Charakterstruktur her gesehen, nicht masochistisch, obwohl es für den Betrachter einer solchen Ehe so aussehen könnte.

Beispiel 9: Antonia D. fühlt sich total überflüssig. Niemand vermisst sie. Für niemanden ist sie wichtig. Im Zusammensein mit anderen Menschen wird sie übersehen. In ihrer Ursprungsfamilie wurde sie als Kind herumgestoßen und von den vitaleren Geschwistern an die Wand gedrückt. Kaum jemand interessierte sich damals für ihre kleine Welt, ihre selbst erfundenen Spiele und kleinen Begehrlichkeiten. Als erwachsene Frau trieb sie der Hunger, von einem anderen Menschen wahrgenommen und gebraucht zu werden, in die Arme eines Trinkers. Ihr Mann macht ihr Eifersuchtsszenen, kontrolliert sie, unterzieht sie Verhören, sperrt sie ein und schlägt sie gelegentlich. Er überwacht alle ihre Lebensäußerungen und interessiert sich sogar für ihre Träume. Antonia ist der Mittelpunkt seines Daseins. Und obwohl er sie unterdrückt, einschränkt und teilweise brutal behandelt, fühlt sie sich von ihm in einer existenziellen Weise gebraucht und wichtig genommen. Antonia ist nicht masochistisch. Sie hätte auf seine Jähzornsausbrüche, seine Vorwürfe und seine Schläge gern verzichtet. Aber gerade in den sie quälenden Verhaltensweisen ihres Mannes spürt sie seine grenzenlose Bedürftigkeit und sein unbedingtes Angewiesensein auf sie. Für einen anderen Menschen »Ein und

Alles zu sein«, das hatte sie sich immer gewünscht. Ihre unabgesättigten und auch heute noch präsenten Kindersehnsüchte erfahren auf diese Weise eine späte Befriedigung – wenn auch über den Umweg von Schmerz.

Beispiel 10: »Der Masochismus wird von E. Fromm, K. Horney und H. Schultz-Hencke immer als Abwehr- und Schutzmechanismus betrachtet. Er ist kein biologisch verankerter Trieb oder Partialtrieb, sondern eine spezielle Form interpersoneller Beziehung, in der durch Preisgabe des eigenen Willens symbiotische Verschmelzung mit dem Partner gesucht wird, um dadurch Angst, das heißt Furcht vor der Ich-Werdung, abzuwehren.« (F. Heigl, 1964) Personen dieses Typs handeln nach dem Grundschema: »Wenn ich auf Eigenständigkeit verzichte und mit einer stärkeren Macht verschmelze, bin ich der Last der Verantwortung für mein eigenes Leben enthoben.« (F. Heigl, 1964)

Bei den hier angesprochenen Fällen handelt es sich um Menschen, die infolge neurotischer Entwicklungsstörungen noch keine volle Erwachsenenreife erlangen konnten. Sie fühlen sich weder dem Lebenskampf noch den Erfordernissen des Alltags gewachsen. Sie sind häufig aggressiv gehemmt, können nicht konstruktiv streiten, eigene Wünsche und Forderungen anmelden, geschweige sich gegenüber Konkurrenten behaupten oder durchsetzen. Sie haben keine klaren Lebensziele entwickeln können und wissen nicht, was sie wollen. Sie sehnen sich nach der starken Hand eines Mannes (einer Frau), in dessen Windschatten und unter dessen Regie sie das tun können, was ihnen aufgetragen wird. Die sadistischen Quälereien des überlegeneren Partners werden als Ausdruck dessen Mächtigkeit und Führerqualitäten in Kauf genommen, aber weder gesucht noch lustvoll genossen.

Beispiel 11: Frigge T. hat drei kleine Kinder und einen Mann, der sie quält, systematisch entwertet und häufig schlägt. Sie gleicht dem Kaninchen vor der Schlange: wie hypnotisiert starrt sie auf das brutale Machoverhalten ihres Gatten und ist schon froh, wenn er sie einmal nicht attackiert. Sie fühlt sich seinen Angriffen hilflos ausgeliefert und sieht keinen Ausweg aus ihrer Misere. Sie hat solch unbändige Angst vor ihm, dass sie schon der Gedanke an Flucht in Panik versetzt: Er würde sie überall finden und, an den

Haaren gepackt, wieder nach Hause schleifen. Das passiv-erduldende Verhalten von Frigge T. kann meines Erachtens am plausibelsten mit dem Reaktionsmuster erklärt werden, das D. Graham und E. Rawling 1991 (dreijährige Studie an 400 misshandelten Frauen) als »Stockholm-Syndrom« bezeichnet haben. Ihr Verhalten – so die Autoren – stelle die ganz normale Reaktion misshandelter Frauen auf ein traumatisches Ereignis dar; sie passen sich ihren Peinigern an, um zu überleben (genau wie 1973 die vier Geiseln, die von Bankräubern anlässlich eines Raubüberfalls genommen wurden).

Auch geschlagene und gequälte Ehefrauen entwickeln zu ihrem Misshandler eine emotionale Bindung, wenn vier Voraussetzungen gegeben sind:
- sie fühlen Todesängste;
- sie meinen, ihrer Situation nicht entfliehen zu können (Verlassen des Gatten scheint unmöglich);
- sie haben wenige bis gar keine Kontakte zu Nachbarn, Freunden oder Verwandten, die ihnen Hilfe oder moralischen Beistand geben könnten;
- der Täter zeigt gelegentlich freundliche Gesten und kleine Akte der Zuneigung. Unter diesen Voraussetzungen sind misshandelte Frauen bereit, die ihnen zugefügten Schmerzen zu bagatellisieren oder gar zu verdrängen und nur die positiven Charakterzüge ihres Mannes zu sehen (»In Wirklichkeit hat er einen guten Kern!«). Auch machen sie sich die besondere Weltsicht ihres Peinigers zu eigen.

Die Psychologen Graham und Rawling schlussfolgern: Frauen, die misshandelt werden und trotzdem in dieser Quäl-Beziehung bleiben, sind nicht masochistisch, sondern besitzen eine normale Persönlichkeitsstruktur. Es sind die Besonderheiten der Situation, die sie zu dieser überlebensnotwendigen Anpassung zwingen.

Kehren wir zurück zu der eingangs erwähnten Angelika B., die mich wegen ihrer Eheprobleme (sado-masochistischer Clinch ohne sexuelle Perversion) aufsuchte, dann aber in eine psychoanalytische Einzelbehandlung kam wegen ihrer Depression. Wie sah nun das Grundschema ihrer Zweierbeziehung aus: Angelika war das mittlere von drei Kindern. Sie wuchs unter der Obhut einer unerreichbar-kühlen Mutter und eines unberechenbaren, launischen Vaters auf, der selten Zeit für seine Familie hatte, die Kinder aber gelegentlich mit Zärtlichkeitsausbrüchen überfiel. Angelikas Ehemann, ein gänzlich anderer Charakter als ihr Vater, hatte jedoch in einem Punkt eine große Ähnlichkeit mit ihm: Er gab seiner Frau gerade so viel emotionale Nahrung, wie sie zum seelischen Überleben benötigte. Ansonsten war er ein ausgesprochener Tyrann und Sadist. Angelika hatte ein extrem übersteigertes Liebesbedürfnis mitgebracht. Ihr ganzes Sinnen und Trachten kreiste monomanisch um ihre Beziehung, die ihr einziger Lebensinhalt war. In ihrem stark eingeengten Universum stellte ihr Ehemann die Gnadensonne dar, nach deren Strahlen sie hungerte. Für den Rest der Menschheit interessierte sie sich nicht. Sie besaß weder Freundinnen noch pflegte sie verwandtschaftliche Kontakte. Mit großen, sehnsuchtsvollen Augen umkreiste sie ihren Mann und lauerte auf irgendwelche Gunstbezeugungen. Angelika litt unter großer Verlustangst. Die sehr spärlich fließende Liebe ihres Gatten, der sie ansonsten demütigte, quälte und manchmal auch schlug, erschien ihr unendlich kostbar. Auf diese Zuwendung zu verzichten, war ihr eine unerträgliche Vorstellung, gleichbedeutend mit einem selbst verschuldeten Hungertod. Und je karger die ehelichen Liebesrationen ausfielen, desto unterwürfiger und aufgeregter versuchte sie, ihren Gatten durch Verwöhnung ein bisschen zugeneigter zu stimmen. Im Raum ihres Bewusstseins gab es keine andere Lebensmöglichkeit, als an der Seite ihres sadistischen Mannes auszuharren. Angelika B. war nicht masochistisch, sondern in tragischer Weise an ein Vatersubstitut fixiert, von dessen Unersetzbarkeit sie überzeugt war. Deshalb konnte und wollte sie ihn nicht verlassen.

Mit der Beschreibung des Falles Angelika B. soll die Aufzählung der möglichen Grundstrukturen, die sich hinter einem masochistischen Verhalten verbergen können, ihren Abschluss finden. Von den hier beschriebenen elf Beispielen fallen mindestens sechs nicht in die Kategorie »Masochismus«, wenn man darunter »Lust am Erleiden von seelischen und körperlichen Schmerzen« verstehen will. Diese Fälle sollen demonstrieren, wie stark der erste Augenschein täuschen kann und wie wichtig es für einen Paartherapeuten ist, sich ein wirkliches Bild von den verborgenen Prozessen innerhalb einer Ehegemeinschaft zu machen und deren Binnenstruktur zu erfassen. Beobachtbares masochistisches Verhalten besagt noch lange nicht, dass der Träger dieses Tuns ein Masochist ist und »Freude am Leiden« hat. Ohne Diagnose sollte keine Behandlung begonnen werden.

1.4 Die Partnerwahl

1.4.1 Welche Prozesse bestimmen die Wahl eines Partners?

Vorliegendes Werk handelt unter anderem von »falschen« Partnerwahlen und dem daraus resultierenden Beziehungselend. Ich behaupte aber nicht, dass jedem – auf Dauer hin angelegten – Zusammenschluss zweier Menschen ein wirklicher Wahlakt vorausgeht. Häufig spielt der Zufall eine Rolle. Manchmal hat der Suchende gerade keine Wahlmöglichkeit: Er wird von den Eltern verkuppelt oder begnügt sich mit dem einzig vorhandenen Ehekandidaten, obwohl er ihn eigentlich nicht mag. Manche lassen sich blind in eine Zweierbeziehung hineinplumpsen oder nehmen den ersten Besten, nur um zum Beispiel aus dem gehassten Elternhaus fortzukommen. Diese beiden treibt eine Notsituation zusammen, jene schließen eine Vernunftehe unter ökonomischen Gesichtspunkten.

Aber in der Regel geht es in Mitteleuropa romantisch zu: Man sucht und findet einen Partner, wo Liebe mit im Spiel ist und die beiden zusammenführt. Bei fast allen Wahlen finden sich ein oder zwei von drei Bestimmungsmomenten:

a) Der potentielle Partner erinnert den Suchenden an schon bekannte Verhaltensweisen oder Wesenszüge von Menschen aus seiner Kindheit. Dadurch werden Vertrautheitsgefühle wachgerufen und das Bedürfnis nach Sicherheit befriedigt.

b) Der potentielle Partner weckt im Suchenden die hoffnungsfrohe Zuversicht, seine bisher unabgesättigten Bedürfnisse, insbesondere seine zentralen Beziehungswünsche (K. König), befriedigt zu bekommen.

c) Der potentielle Partner verkörpert durch sein Verhalten und seine vermeintliche Wesensart ein großes Versprechen: Die Zuversicht nämlich, er werde zur seelischen Stabilisierung des Suchenden beitragen, ihn von seinem inneren Konfliktdruck entlasten und damit sein Leben angstfreier und sicherer machen.

J. Willi (1975) hat ein koevolutes Modell der Partnerwahl entworfen und hebt als entscheidenden Wahlfaktor die Hoffnung der Liebenden hervor, dass mit dem potentiellen Partner eine Entwicklung und damit der Vorstoß in neue Lebensräume möglich sei.

Inzwischen haben sich Soziobiologen und Anthropologen des Partnerwahl-Themas angenommen und diesbezügliche Erklärungsmodelle aufgestellt:

– Anziehung nach der genetischen Ähnlichkeit;
– Wahlprozesse, die von unserem evolutionären Erbe gesteuert werden: Frauen suchen sich starke, zuverlässige und wirtschaftlich potente Männer, die eine Familie beschützen und gut ernähren können; Männer finden junge, hübsche und vitale Frauen besonders attraktiv und wählen sie deshalb, um mit ihnen gesunde Kinder zu haben (David Buss, 1989, Dagmar Luszyk, 1996);
– Biochemische und hormonelle Vorgänge verleihen jedem Menschen eine spezielle Duftnote. Zwei Menschen entscheiden sich dann füreinander, wenn sie sich besonders gut riechen können, also ihre Chemie stimmt. (Karl Grammer, 1995)

Ich möchte die Wirksamkeit der eben beschriebenen »allgemeinen Wahlfaktoren« zwar nicht ableugnen, meine aber, dass sie in unserer Zeit und Kultur von weit mächtigeren überlagert werden. Meine Hypothese: Je unfertiger und neurotischer ein Mensch ist, je stärker ausgeprägt seine seelischen Beeinträchtigungen, seine unabgesättigten Bedürfnisse, seine unbewussten Wünsche und seine Defizite sind, umso entschiedener wird sein Wahlverhalten von erworbenen emotionalen Mustern bestimmt. Es ist die spezifische Struktur seiner Persönlichkeit, die am stärksten ins Gewicht fällt, das heißt den Ausgang einer Wahl entscheidet. Ich will die Art und Weise dieses seelisch-determinierten Wahlprozesses nun etwas detaillierter beschreiben.

In dem Augenblick, wo sich ein Mann und eine Frau treffen und gegenseitig wahrnehmen, einander sympathisch finden, eine erotische Anziehungskraft spüren oder gar ganz plötzlich in eine Verliebtheit fallen, spielen sich diverse, aber nicht bewusst registrierte Prozesse ab:

Erstens: Der eine sendet unbeabsichtigt und unbewusst bestimmte Signale, sprich Schlüsselreize, aus, für die der andere ein besonderes Sensorium hat, weil sie zentrale Bereiche seiner Persönlichkeit berühren. Es ist nämlich wie mit dem Duftmolekül eines Schmetterlingsweibchens: Das auf dieses Molekül programmierte Männchen ist wie elektrisiert und hat nichts Eiligeres zu tun, dieses Weibchen zu suchen. Menschliche Schlüsselreize können etwa wie folgt aussehen:

- Sie schaut bewundernd zu ihm auf, strahlt ihn an und sagt: »Was Sie alles wissen!«
- Sie würdigt ihn auf einer Party keines Blickes und erregt gerade deshalb seine Aufmerksamkeit und sein Interesse.
- Sie hat große, traurige Augen. Er sieht, wie sie eine Katze liebevoll und zärtlich streichelt.
- Er gibt sich unfreundlich und zynisch, widerspricht der Meinung der meisten Anwesenden und legt sich mit dem Gastgeber an.
- Sie wackelt beim Gehen breithüftig mit dem Po. Er findet sie ganz und gar weiblich und ist von ihrem Hinterfrontgebärdenspiel entzückt.
- Sie bietet ihm im Bahncoupé spontan ein Stück Schokolade an und erkundigt sich, ob er nicht hungrig sei. Ihm gefällt ihre mütterliche Art
- Er wirkt so stark und männlich. In seinem Beisein fühlt sie sich beschützt und geborgen.

Diese auf den ersten Blick sehr unscheinbaren Verhaltenssequenzen können bei einem dafür sensibilisierten Empfänger sehr wohl eine starke Wirkung entfalten und die Weichen für eine sich anbahnende Beziehung stellen. An dem Beispiel »Katze streicheln« will ich das etwas näher illustrieren:

Die »großen, traurigen Augen« der jungen Dame erinnern den von ihr stark berührten jungen Mann unbewusst an die melancholische Verfassung seiner Mutter. Wie gerne hätte er ihr damals geholfen, wie gerne die düsteren Schatten von ihrer Seele weggewischt. Aber dazu war er als Kind nicht in der Lage. Heute dagegen ist er ein erwachsener Mann. Heute verfügt er über ganz andere Qualitäten und Fähigkeiten. Er verspürt den Drang, dieser jungen Frau beizustehen, ihr ein Leben zu bereiten, das sie fröhlich macht und ihren Kummer vergessen lässt. Sie kommt ihm sehr liebebedürftig vor. Aber gleichzeitig fasziniert ihn der Ausdruck ihrer Zärtlichkeit. Wie ihre schönen schlanken Hände gemütvoll über das Fell der Katze gleiten. Eigene passive Liebesbedürfnisse werden in ihm wach. Seine depressive Mutter hat ihn wenig berührt und liebkost. Sie hat das frierende Kind sich selbst überlassen. Jetzt, als Erwachsener, spürt er sie wieder, jene vage, schmelzende Sehnsucht aus fernen Kindertagen. Die unscheinbare Geste der jungen Frau berührt ihn an seiner empfänglichsten Stelle. Er, der in puncto Mutterliebe zu kurz gekommene Mann, hat instinktiv die Mangelsituation der Frau erkannt und spontan das Bedürfnis verspürt, ihr das zu geben, was ihm selber so sehr gefehlt hat. Er nähert sich ihr, umfasst sie mit väterlich-warmen Blicken, streichelt ebenfalls die Katze und sagt: »Ich hab' mir schon immer so etwas Kuscheliges gewünscht, das ich pflegen und verwöhnen kann.« Die Frau fühlt sich zutiefst erkannt. Ein weiches Lächeln zaubert für Sekunden die Traurigkeit aus ihrem Gesicht. Er ist entzückt. Eine Geste, ein Satz, und schon geht es ihr besser. Was er bei Mutter nicht geschafft hat: Hier wird er es zuwege bringen.

Das Beispiel verdeutlicht: Eine bestimmte Verhaltensweise wird für einen anderen zum Schlüsselreiz und veranlasst ihn, die dazu passende Antwort zurückzusenden. Auf diese Weise finden sich Mann und Frau und werden zum Paar.

Zweitens: Das »Spiel« vom Suchen und Finden geht nach dem Pars-pro-toto-Prinzip vor sich: Der Teil steht für das Ganze.

Zwei Menschen, die sich voneinander angezogen fühlen, berühren sich in der Regel aber nur in ein oder zwei Bereichen ihrer Bedürfnis- und Persönlichkeitsstruktur nach dem Schloss-Schlüssel-Prinzip. Die übrige Topographie des Charakters fügt sich dagegen nicht ohne Reibungsverluste zusammen. Der gefundene gemeinsame Nenner kann eine große Tragfähigkeit besitzen und viele Segmente der übrigen Persönlichkeit erst einmal erfolgreich in den Hintergrund drängen oder in ihrer Wirksamkeit ausschalten. Im ungünstigen Fall ist aber das gemeinsame tragende Element auch das Einzige, was sie verbindet. Ansonsten trennen sie Welten.

Es gibt Menschen – ihre Zahl nimmt heutzutage sehr zu –, die eine ganze Kette von gescheiterten Beziehungen hinter sich haben. Auffälligerweise unterliegen sie dem unbewussten Zwang, häufig sehr ähnliche, vom Typ her sich gleichende Partner zu wählen, mit denen sie dann, scheinbar unbelehrbar, dieselben desolaten Konfliktmuster durchspielen wie mit den Vorgängern und die genauso enttäuschend enden. Das wird uns noch ausführlich beschäftigen.

Drittens: Was nicht passt, wird passend gemacht. Der Suchende begnügt sich oft nicht damit, den »passenden Deckel zum Topf« zu finden, sondern er geht daran, den anderen so lange zurechtzubiegen, bis er die gewünschte Passform hat. Er organisiert den anderen, sendet Erwartungen aus, lässt Nicht-Erwünschtes unbeachtet und ohne Resonanz, begrüßt und belohnt hingegen erwünschte Verhaltensweisen mit lebhaftem Zuspruch. Der Gewählte antwortet auf die Signale des Wählenden und versucht häufig die Rolle zu spielen, die ihm angetragen wird. Der gefundene Partner soll sich so lange ändern, bis er dem inneren Suchbild des Protagonisten entspricht. Dabei unterscheiden sich die Menschen natürlich hinsichtlich ihrer Plastizität und Anpassungswilligkeit: Die einen verbiegen sich dem Liebsten/der Liebsten zuliebe, die anderen lassen sich ihre Eigenpersönlichkeit nicht nehmen und werden störrisch.

Die Anpassung an den Partner hat natürlich ihre Grenzen. In der Regel stellt sie eine Überforderung dar und kann nur über einen gewissen Zeitraum aufrechterhalten werden. Dann platzt die Bombe: Der eine kann nicht mehr und gibt sein Anderssein unfreiwillig zu erkennen. Die Enttäuschung auf beiden Seiten ist groß.

Viertens: Jede Begegnung zweier Menschen schließt zwangsläufig auch immer Akte sozialer Wahrnehmung ein. Welches Bild ich mir von meinem Gegenüber mache, hängt von der Struktur meiner Person, das heißt von meinen bisher gemachten Erfahrungen und der Differenziertheit meines kognitiven Apparates ab. Es kommt nicht selten vor, dass jemand den Gegenstand seiner Liebe maßlos idealisiert und illusionär verkennt, dass er Unpassendes an ihm ausblendet, beunruhigende Fakten aus seinem Vorleben nicht zur Kenntnis nimmt und störende Verhaltensweisen übersieht oder als Bagatellen abtut. Er will einfach nicht wahrhaben, was jedem Außenstehenden sofort ins Auge springt: Der Gefundende ist nicht so, wie ihn sich der Verliebte zurechtträumt. Das hat natürlich fatale Konsequenzen. Spätestens dann, wenn die Verliebtheit und mit ihr die übertriebene Idealisierung nachlassen, gibt es ein böses Erwachen. Der Gewählte entspricht nicht dem Bild, das sich der Suchende initial von ihm gemacht hat. Damit schwindet für ihn die Hoffnung auf das lang ersehnte Liebesglück. Der Ausgang eines Wahlaktes kann also drei verschiedene Formen annehmen:

- Das Subjekt findet, was es sucht!
- Das Subjekt biegt sich den anderen so lange zurecht, bis er dem Gesuchten entspricht.
- Das Subjekt glaubt, den oder die Gesuchte(n) gefunden zu haben, muss aber irgendwann erkennen, dass er sich getäuscht hat.

Die eigentliche Tragik liegt nun aber darin, dass der gesuchte und endlich gefundene Partner eben auch nicht das erhoffte Beziehungsglück ermöglicht, weil wieder aktivierte, neurotische Prozesse es verhindern. Zusammen mit ihm und an seiner Seite kommt eine fast regelhaft vorgezeichnete Abwärtsspirale in Gang, an deren Ende Not und schmerzhafte Enttäuschung stehen.

1.4.2 Einseitig vollzogene Wahlen

Wahlprozesse können einseitig ablaufen und scheinbar nur von einer Partei forciert werden, entwickeln aber nichtsdestotrotz eine zwingende Dynamik.

Selmar F. wuchs an der Seite einer stark herzkranken Mutter heran, die ohne Scham und Augenmaß ihr körperliches Leiden wie eine Zuchtrute schwang und den einzigen Sohn zu einem willigen Krankenpfleger heranbildete. Selmar wurde ganz darauf dressiert, eigene Wünsche und Interessen zurückzustellen und mit tausend Antennen auf die kleinsten Regungen und Begehren seiner Mutter zu horchen. Er entwickelte überschießendes Mitleid, hatte für alles Verständnis und die große Bereitschaft, überall helfend einzuspringen. Selmar hatte gelernt, für andere da zu sein, sich für andere zu verausgaben bis zur Erschöpfung. Er mochte keinem Menschen weh tun, konnte nicht Nein sagen oder eine Bitte abschlagen. Er war das geborene Opfer für ausgehungerte Frauen. Selmar hatte in Folge zwei Liebesverhältnisse und eine Ehe, die alle nach dem gleichen Schema abliefen: Selmar wurde gewählt, und zwar von Frauen, die ihn, wie seine Mutter, zu einem Selbstbedienungsladen umfunktionierten und hemmungslos ausbeuteten. Einmal in die Falle getappt, konnte er nicht mehr Neinsagen und musste in seiner alten, ihm wohlvertrauten Rolle als Pfleger und Glücksbeschaffer fungieren. Dass er an diese speziellen Frauentypen geriet, war kein Zufall, obwohl er aktiv, von sich aus, nichts unternommen hatte, noch werbend auf die betreffenden Frauen zugegangen war. Andere hatten den »richtigen Riecher« und wählten das ihnen passende Liebesobjekt.

1.4.3 Ein widersprüchlicher und deshalb konfliktträchtiger Wahlmodus

Sie sind Ihnen, lieber Leser, wahrscheinlich auch schon einmal begegnet: den Männern und Frauen, die Schokoladentorte lieben, aber stattdessen Käsekuchen bestellen. Im Klartext gesprochen: Die nicht ihren Wunschpartner, sondern just einen Menschen geheiratet haben, der ihren Sehnsüchten gerade nicht entgegenkam, sondern eher so etwas wie einen Anti-Typ darstellte.
Sie (Beispiel 1) wünscht sich einen gleichaltrigen, attraktiven und temperamentvollen Mann, der genauso wie sie Tennis spielt, wählt stattdessen aber einen viel älteren »reichen Knopp«, der ihr materielle Sicherheit bietet und zum Tennisspielen viel zu korpulent ist.
Er (Beispiel 2) sehnt sich nach einer schönen, sexuell aufregenden Frau, heiratet aber ein unscheinbares Mäuschen, bei dem er sicher sein kann, dass sie ihm nicht fortläuft.
Sie (Beispiel 3) nimmt sich den liebevoll-warmen »Vater« zum Ehemann, der zuverlässig, ruhig und ausgeglichen ist, beschützend und Vertrauen einflößend, gut zu Kindern, finanziell abgesichert und ein Familientyp. Später wird sie nicht müde zu betonen, dass sie einen Mann geheiratet hat, der so ganz und gar nicht ihren Vorstellungen entspricht. Sie habe schon immer von einem

großen, schlanken, schwarzhaarigen und sportlich-drahtigen Mann mit einem leicht machohaften Einschlag geträumt, der nicht an ihr klebe, geheimnisvoll-undurchsichtig sei und seine sexuellen Wünsche mit sanfter Brutalität durchsetze.

Wenn man ein Dutzend dieser scheinbar falschen Verbindungen an sich vorüberziehen lässt, sticht ein gemeinsames Merkmal ins Auge: Die Wahl eines Partners kann nach dem Sicherheitsprinzip oder dem Lustprinzip erfolgen. In den eben genannten drei Beispielen ist die Wahl nach dem Sicherheitsprinzip vorgenommen worden. Der gewählte Partner dient hier in erster Linie dazu, bestehende Ängste zu beschwichtigen oder emotionale Defizite aus der eigenen Vergangenheit aufzufüllen; er hat eine therapeutische Funktion und damit die Aufgabe, sein Liebesobjekt zu stabilisieren und es in die Zone ruhiger Normalität zu führen. Sobald aber die neurotischen Probleme und Mangelzustände besänftigt sind, kann der Beruhigte die Verdienste seines Partners nicht mehr würdigen. Er sieht seinen verbesserten Zustand als etwas Selbstverständliches an. In dem Maße nun, in dem er sich einigermaßen frei von seelischen Problemen fühlt (der andere bietet ihm ja die benötigte Sicherheit), erwachen seine zurückgedämmten Triebwünsche. Nun betrachtet er die in Frage kommenden Partner nach dem Lustprinzip und sehnt sich nach dem Erregenden, den eigentlichen Wonnen des Lebens. Er bedenkt dabei nicht, dass es die Geborgenheit gebende Stabilität seiner jetzigen Beziehung ist, die es ihm überhaupt erst möglich macht, »auf dumme Gedanken zu kommen«. Sie gibt ihm die notwendige Rückendeckung, Dinge zu wagen, die ihm sonst nicht möglich wären. Hier trifft das Sprichwort zu: »Wenn es dem Esel zu wohl ist, geht er aufs Eis!«

Häufig verfallen Menschen mit diesem doppelten Wahlmodus auf den gleichen Ausweg: Sie legen sich einen Geliebten/eine Geliebte zu und führen ein Doppelleben (Achtung: das ist eine Motivation unter vielen!). Sie wollen ihre Ehe auf keinen Fall aufgeben, aber auch nicht auf die amourösen und erregenden Abenteuer der Liebe verzichten. Fliegt der Schwindel auf, so sind sie in den allermeisten Fällen darauf bedacht, sich von ihrem Liebsten/ihrer Liebsten zu trennen, nicht jedoch von ihrer Stabilität gebenden Ehe. Sicherheit rangiert vor dem Vergnügen.

Die weniger Wagemutigen flüchten sich in die Klagsamkeit und bedauern voller Selbstmitleid ihre scheinbar falsche Wahl; nicht erkennend, dass sie genau richtig war. Dem geschmähten Opfer, dem oft jahrzehntelang »durch die Blume« mitgeteilt wird, dass er/sie der/die Falsche ist, wird auf diese Weise herbes Unrecht angetan. Wenn eine Person mit ihrer Ehehälfte unzufrieden ist, von falscher Wahl spricht und ein Bild von ihrem eigentlichen Wunschpartner entwirft, sollte man als Psychotherapeut oder Eheberater hellhörig werden. In den meisten Fällen stellt sich nämlich heraus, dass der abgewertete Ehepartner sehr wohl wichtige, aber weniger spektakuläre Bedürfnisse des Klagenden abdeckt und deshalb diese Geringschätzung nicht verdient. Häufig können die nach ihrem Idol Ausschau Haltenden diesen »Ausbund an Prächtigkeit« gar nicht verkraften, weil sie sich ihm nicht ebenbürtig fühlen und damit die Gleichrangigkeitsbalance gestört wäre.

Warum neurotisch bedingte Partnerwahlen zwar folgerichtig, aber dennoch oft zum Scheitern verurteilt sind, beschreiben die nächsten Kapitel.

2. Kapitel

Das vorprogrammierte Scheitern, seine Dynamik und seine Ursachen

Nach meinen kurzen Erläuterungen zu den gängigen Beziehungstheorien will ich dem Leser meine eigenen Vorstellungen über die Gründe des Scheiterns von menschlichen Paarverbindungen nahe bringen. Ich fasse meinen Erklärungsansatz mit dem Oberbegriff »Subjekt-Beziehungs-Theorie« zusammen und vertrete die Meinung, dass es insgesamt drei große Ursachen-Bereiche gibt, aus denen sich – in mannigfaltigen Kombinationen – die Störfaktoren rekrutieren, welche für das Zerbrechen einer Beziehung verantwortlich sind. Diese drei Bereiche umfassen: Erstens die Eingangs- und Rahmenbedingungen (das mitgebrachte genetische Erbe, die biologisch-physiologische Ausstattung; das familiäre und soziale Umfeld; die objektiven Lebensumstände inklusive Schicksalsschläge und belastende Ereignisse und die so genannten sozio-kulturellen Faktoren); zweitens die neurotisch beeinträchtigte Persönlichkeitsstruktur und drittens die durch Ursachenbündel aus Ebene eins und zwei in Gang kommenden destruktiven Interaktionsprozesse und Abwärtsspiralen innerhalb einer Paargemeinschaft. Ich werde in meinen Ausführungen allerdings nicht auf Ebene eins eingehen: Sie ist Gegenstand umfangreicher biologischer, medizinischer und soziologischer Arbeiten. Außerdem wurde sie im Eingangskapitel in Kurzform schon dargestellt. Es gilt auch hier die alte Weisheit zu bedenken, dass uns nicht die Dinge als solche beeinflussen, stören oder krank machen, sondern die Einstellung, die wir ihnen gegenüber einnehmen. Ein körperliches Handikap (biologische Ebene), die Geburt eines behinderten Kindes, eine böse Schwiegermutter oder unverschuldete Arbeitslosigkeit können ein Paar auseinander dividieren, aber auch noch enger zusammenschweißen, je nachdem, wie beide die schmerzliche Situation verdauen und sinnvoll in ihr Leben integrieren können. Ich bin der festen Überzeugung, dass es in erster Linie eine verformte Persönlichkeitsstruktur ist, die die Bemühungen einer Person, eine dauerhafte und befriedigende Beziehung zu leben, immer wieder zunichte machen. Die von mir konzipierte Subjekt-Beziehungs-Theorie beschäftigt sich mit den Ursachenbereichen zwei und drei und deren Störpotential und beschreibt eine Vielzahl scheiternder Zweierbeziehungen, deren Psychodynamik und fast zwangsläufiges Zerbrechen. Sie behauptet, dass es die eine *Hauptursache* oder Ursachenkategorie für das Misslingen von Paarverbindungen nicht gibt, sondern dass wir es in jedem Einzelfall mit einem Bündel von Gründen zu tun haben, die einem großen Pool von möglichen Störfaktoren entnommen sind.

2.1 Problembereich Nummer 2: die neurotisch beeinträchtigte Persönlichkeitsstruktur und ihre systemimmanenten Störfaktoren

Es ist in der psychoanalytischen Persönlichkeitspsychologie üblich, die menschliche Seele in einzelne Strukturbereiche aufzugliedern: Ich-struktureller Bereich, Affektivität und stationäre Gestimmtheiten, narzisstischer Bereich, Über-Ich-System, Bedürfnis-System (Triebbereich), Verhaltensbereich und Subjekt-Objekt-Beziehungen.
Ich will dieser Gliederung allerdings nicht folgen, sondern einzelne Schwerpunktsbereiche aus dem obigen Ensemble herausgreifen und sie speziell auf die Paarbeziehung ausrichten. Auf diese Weise ergeben sich folgende Themenbereiche:
- die verzerrte Wahrnehmung des Partners;
- die gestörte Erlebnisverarbeitung;
- negative frühkindliche Beziehungserfahrungen und daraus resultierende affektive, kognitive, normative und narzisstisch akzentuierte Erlebnismuster;
- das unbewusste Anliegen: die zentralen Beziehungswünsche, die Heilungs- und Wiedergutmachungshoffnungen, die speziellen Faktoren der Partnerwahlen;
- die Beziehungs-Konflikt-Themen;

– gestörte Kommunikation, negative Reaktionsmodi, partnerschaftsfeindliche Konfliktverarbeitung;
– gestörte, reduzierte oder fehlende Fähigkeiten, Gehemmtheiten, psychische Defekte und Mangelzustände, sofern sie eine negative Auswirkung auf das Partnergeschehen haben.

Ich will jetzt diese sieben gestörten Persönlichkeitsbereiche im Einzelnen aufgreifen und beschreiben:

2.1.1 Die verzerrte Wahrnehmung des Partners

Es ist eine Binsenweisheit, dass wir Menschen die Welt und unseresgleichen nicht so wahrnehmen, wie sie sind, sondern durch die Brille unseres Gewordenseins, unserer augenblicklichen Bedürfnisse, unserer aktuellen Probleme, Ängste und Konflikte. Unsere innerseelische Befindlichkeit stellt eine Art Filter dar, die aus ihrer Umgebung gerade jene Reizkonfigurationen heraussucht, die zu ihrem Befürchtungs- und Erwartungshorizont passt. Wir wählen aber nicht nur selektiv aus, sondern verfälschen auch den Bedeutungsgehalt von Botschaften, indem wir sie so ummodeln, dass sie in unser Glaubenssystem und Weltbild eingeordnet werden können. Die grundsätzliche affektive Einstellung einer Person zu anderen Menschen entscheidet zum Beispiel darüber, wie er den anderen sieht, zum Beispiel: freundlich-zugewandt, distanziert, abweisend, misstrauisch-ängstlich, feindselig … usw. Natürlich werden dementsprechend auch die Äußerungen und Verhaltensweisen des Partners im Lichte der eigenen Gefühlsverfassung gesehen und häufig falsch interpretiert. Ich habe in meinem Buch »Gestörte Zweierbeziehung – Der Hunger nach Verständnis und der Schmerz des Nichtverstandenseins« unter der Überschrift »Die falsche Sicht des Partners« diesem Problem ein ganzes Kapitel gewidmet und verweise deshalb den interessierten Leser auf Seite 18 bis 83 des oben genannten Werkes. Dort werden Themen behandelt wie: Die fehlerhafte Wahrnehmung und Verarbeitung der Botschaft! Ungenügend Hinhören und Hinsehen! Die selektive Auslese des Gehörten! Ausblenden, Verleugnen, der blinde Fleck, die Löcher im Wahrnehmungsumfeld! Das falsche Bild vom Partner! Die projektive Verzerrung des anderen! Die wahrnehmungssteuernde Funktion des inneren Objekts! Die Festschreibung des anderen auf längst überholte Eigenschaften! Die Geschichte der Beziehung als wahrnehmungslenkendes Element! Falsche Mutmaßungen über die Erwartungen und Absichten des anderen! Die Idealisierung des Partners und seine falsche Sicht! Das Selbstbild als wahrnehmungssteuernder Bezugsrahmen! Kindheitserfahrungen und ihre Auswirkung auf die Wahrnehmung!

Die verzerrte Wahrnehmung des Partners ist ein bedeutsamer Störfaktor in einer Zweierbeziehung und Anlass zu häufigen Missverständnissen und Konflikten. Ich kann mich an dieser Stelle allerdings kurz fassen, da uns noch mehr als die falsche Wahrnehmung die Hintergründe, die dazu führen, beschäftigen werden. Denn letztlich bedingen alle neurotischen Verformungen der menschlichen Persönlichkeit auch immer eine mehr oder weniger verfälschte Wahrnehmung ihrer Mitwelt.

2.1.2 Die neurotisch beeinträchtigte Erlebnisverarbeitung als Störfaktor

Alle Außenweltreize, die durch den selektierenden Filter der Wahrnehmung gegangen sind, müssen vom seelischen Apparat aufgenommen und verdaut werden. Aus der Persönlichkeitspsychologie wissen wir, dass sich einzelne Menschen hinsichtlich der formalen Eigenarten ihres Erlebens unterscheiden. Sie reagieren zum Beispiel auf gleich starke Reize unterschiedlich heftig. Der eine hört – um im Bild zu bleiben – bereits schon »die Flöhe husten«, den anderen erreichen gerade mal »wuchtige Paukenschläge«. Wir können fünf Aspekte am menschlichen Erleben unterscheiden:

1. die Breite des Erlebnisbereiches von Gefühlen:
Personen weichen hinsichtlich des Umfangs ihres Gefühlsspektrums voneinander ab. Dem einen stehen alle nur denkbaren menschlichen Affekte als Erlebnismöglichkeiten zur Verfügung. Er erlebt sowohl die elementaren Gefühle (zum Beispiel Wut, Hass, Freude, Angst, Panik, Schmerz) als auch die höheren (Liebe, Dankbarkeit, Wehmut, Trauer, Mitleid, religiöses Empfinden

usw.) und steht damit in der Fülle des Daseins. Ein anderer dagegen ist in seinem Gefühlsleben verkümmert. Er kennt die meisten Emotionen nur dem Namen nach, kann aber die damit bezeichneten Seelenschwingungen bei sich selbst nicht vorfinden. Es gibt Menschen, die müssen mit einigen wenigen Affektregungen auskommen; ihnen sind Ärger, Wut, Angst, freudige Erregung und Schmerz vertraut, darüber hinaus aber keine anderen Emotionen. Ihre Emotionalität ist sektorhaft auf einige wenige affektive Befindlichkeiten eingeschränkt. Sie sind emotionale Analphabeten und für jeden Partner ein großes Problem. Nicht nur, dass ihnen diverse Befriedigungen entgehen (das Haben von Gefühlen macht ja eigentlich das Leben aus), sie können in der Regel auch ihren Partner nicht verstehen, da dessen Gefühlsäußerungen und Seelenzustände für sie eine fremde Sprache sind. Hier bahnen sich ungeahnte Konfliktmöglichkeiten an.

2. Gefühle können tief oder flach sein, den Persönlichkeitskern erreichen und erschüttern oder wie wenig bedeutsame Ereignisse nur die seelische Oberfläche eines Menschen berühren. Tiefe Gefühle bereichern ein Leben, erleichtern das Lernen durch Erfahrung und den Aufbau eines festen Wertesystems. Sie führen im Bereich von Partnerschaft und Liebe zu einem starken Zusammengehörigkeitsgefühl und gemüthafter Bindung. Flache Gefühle dagegen machen einen Menschen wankelmütig und zu tiefer und verbindlicher Liebe weniger geeignet. Er bleibt relativ unbeeindruckt von dem Kummer oder Leid seines Partners. Sein Vorteil ist, dass ihm heftige Angriffe, Verletzungen oder zugefügte Gemeinheiten nicht so tief unter die Haut gehen. Von daher gesehen dürfte er weniger schnell »böse sein« und sich leichter wieder versöhnen.

3. Eine weitere Dimension von Affekten ist ihre große oder geringe Nachhaltigkeit. Flüchtige Gefühle haben wenig Nachhall. Sie ziehen wie schnelle Wolken an der Seele vorbei und hinterlassen kaum Spuren. Mag der Betreffende im Moment auch noch so aufgeregt und gefühlig sein, Minuten später haben sich die Wogen wieder geglättet, er geht zur Tagesordnung über und vergisst die Ursache seines Aufruhrs. Solche Menschen sind nicht nachtragend, weil der Grund für ihre Aufregung schnell wieder bedeutungslos wird. Sie sind aber auch für die Sorgen und Verände-

rungswünsche ihres Partners wenig aufgeschlossen, da dessen Bitten oder Attacken kein bleibendes Echo hinterlassen und auf diese Weise auch keinen Lernprozess in Gang setzen. Der Affektbewahrer dagegen hält ein Gefühl in seinem inneren Seelenraum lange am Leben. Er lässt sich von ihm berühren, erschüttern oder gar verändern. Destruktiv wird diese seine Eigenschaft aber immer dann, wenn die negative, gegen den Partner gerichtete Emotion ständig wach bleibt und damit die Atmosphäre für lange Zeit belastet und unterkühlt.

4. Ein besonders wichtiger Punkt im Bereich Erlebnisverarbeitung stellt die so genannte Gefühlserregbarkeit dar. Wir meinen damit: die Leichtigkeit, mit der Emotionen – gemessen an ihrem Anlass – von der Seele produziert werden. Es gibt eine schwere, eine normale (statistischer Durchschnitt) und eine leichte Affektaktivierung. Die Frage lautet also: Wie leicht oder schwer können bei einem Menschen Gefühle ausgelöst werden: Bedarf es nur eines geringfügigen Anlasses, oder muss man schwere Geschütze auffahren, um ihn zu einer affektiveren Reaktion zu bewegen?

Der schwer Gefühlserregbare kann von einem gefühlsseligen Partner als gefühlskalt erlebt und damit verkannt, der leicht Erregbare dagegen als »hysterisch« und übertreibend abgetan werden. Häufig gehen große Begeisterungsfähigkeit und leichte Affektaktivierung Hand in Hand. Schwierig wird die Situation immer dann, wenn sich zwei Menschen zusammentun, die hinsichtlich ihrer Begeisterungsfähigkeit sehr unterschiedlich erleben. Während der eine in Entzücken ausbricht und von der Farbigkeit der Welt und seinen neuen Seh-Eindrücken hingerissen ist, bleibt der andere ungerührt und quält sich nur ein müdes Lächeln ab. Leichte Affekterregbarkeit wird mit der angeborenen Sensibilität, das heißt Beeindruckbarkeit eines Menschen, in Beziehung gebracht, dergleichen mit der Beschaffenheit seines Nervenkostüms. Personen mit einer besonders hohen nervösen Reizbarkeit sind schnell und leicht irritiert, bauen starke Spannungen auf, »stehen schnell und leicht unter Strom«. Auch die rasche Auslösung und Aufschaukelung eines Affekts bis hin zu einem sich explosionsartig entladenden Gefühlsstrom (Jähzorn) gehört in diese Kategorie.

5. Besonders bedeutsam für die Paardynamik und die Gefahr des Scheiterns einer Beziehung ist die herabgesetzte Reizschwelle für

ganz bestimmte Eindrücke. Personen können spezifisch sensibilisiert sein und auf ganz umschriebene Signale hin besonders schnell und leicht mit ganz bestimmten Affekten reagieren. Oft genügen kleinste, aber spezifische Schlüsselreize, um heftige Frustrationserlebnisse, Ängste, Wutattacken, depressive Verstimmungen oder ein tiefes Gekränktsein auszulösen. Wir sprechen in diesem Zusammenhang von herabgesetzter Frustrations- und Angsttoleranz, von erniedrigter Wutschwelle, von schneller Enttäuschungsbereitschaft, von stark erhöhter Kränkbarkeit oder der Neigung, schon bei geringfügigen Anlässen in eine depressive Stimmung abzudriften. Menschen mit einer so gearteten Schwäche geraten im Rahmen einer Partnerschaft natürlich besonders häufig in Konfliktsituationen und massive seelische Erschütterungen und machen es ihrem Partner schwer, die Berechtigung ihrer überschießenden Reaktion zu verstehen und zu tolerieren. Übrigens: Die spezifische Sensibilisierung in einem Erlebnissektor hat immer etwas mit der Lebensgeschichte des betreffenden Menschen und ganz bestimmten, frühen negativen Erfahrungen in der Interaktion mit Elternfiguren zu tun.

An dieser Stelle möchte ich erklären, warum ich die neurotisch beeinträchtigte Erlebnisverarbeitung (Punkt 1 bis 5) in den Katalog der Störfaktoren aufgenommen habe:

Ich tat es deshalb, weil die gestörte oder extrem andere (im Verhältnis zum Partner) Erlebnisverarbeitung in der Kommunikation des Paares, speziell in der aggressiven Auseinandersetzung, zum Tragen kommt und den eventuell negativen Ausgang einer solchen Interaktion entscheidend mitbedingt.

2.1.3 Negative frühkindliche Beziehungserfahrungen und daraus resultierende affektive, kognitive, normative und narzisstisch akzentuierte Erlebnismuster

Erlebnismuster sind komplexe Gebilde. Sie enthalten in der Regel Strukturelemente aus allen Bereichen der Seele, also Gefühle, Kognitives, Regungen des Gewissens, Antriebshaftes und narzisstische Komponenten. Der Ausdruck »Muster« verweist außerdem darauf, dass es sich um erlernte, immer wieder abrufbare, also eingefahrene Erlebnisbereitschaften handelt, die die individuelle Eigenart einer Person bezeichnen und zu bestimmten Reaktions- und Verhaltensweisen disponieren. Die so genannte Objekt-Beziehungs-Theorie, als deren prominenteste Vertreter zur Zeit Kernberg und Kohut gelten, weist immer wieder darauf hin, dass sich die menschliche Persönlichkeitsstruktur in allen ihren Facetten, aber auch mangelhaften Ausgestaltungen, in der Interaktion des kleinen Kindes mit seinen wichtigsten primären Bezugspersonen herausbildet. Wie sich ein Mensch selbst definiert und sieht, wie er seine Mitmenschen und die mit ihnen gemachten Begegnungen erlebt – all das ist der Niederschlag seiner ausgedehnten Interaktionen mit den Eltern oder deren Stellvertreter. Das Bild von der eigenen Person zum Beispiel ist untrennbar mit den guten und/oder schlechten Beziehungserfahrungen verknüpft, die der Betreffende als Kind gemacht hat.

Wir stellen hier in erster Linie Erlebnismuster vor, die so genannte negative Erinnerungssysteme sind. Um eine frühe, meist traumatische Kernerfahrung (zum Beispiel Alleingelassen-Werden, Hunger, Schmerz) lagern sich – wie Schalen um einen Kern – strukturell ähnliche Erlebnisse mit dem gleichen Grundthema aus späteren Lebensperioden und bilden dann einen Komplex, ein Muster, ein System, eine spezielle Substruktur oder wie auch immer wir dieses Gebilde nennen wollen. Einzelne Erlebnismuster unterscheiden sich darin, welches Strukturelement im Vordergrund steht und gewissermaßen das Leitmotiv angibt: Es können ein Affekt sein, ein kognitives Element (Gedanke, Phantasie), ein Impuls, eine Handlungsbereitschaft oder Erlebnisinhalte aus dem normativen oder narzisstischen Bereich. Uns interessieren natürlich insbesondere jene Erlebnismuster, die um Liebe und Partnerschaft kreisen, die die eigene Person in Beziehung setzen zu einem anderen, die Selbst- und Fremdeinschätzungen zum Inhalt haben, das Erleben des Protagonisten in Bezug auf seine Mitmenschen charakterisieren, affektive Reaktionen auf Frustration und Enttäuschung beschreiben, erhoffte und befürchtete Erwartungen ausdrücken oder in Form von inneren Formeln die Themen Mann-Frau, Ehe, Treue, Sexualität, Nähe-Distanz, Abhängigkeit-Unabhängigkeit, Bindung, Aggression, Machtverteilung, Kooperation usw. behandeln.

Ich bringe nun einige Beispiele:

- Wie erlebt der Protagonist andere Menschen: als anklammernd, haben-wollend; als potentiell feindlich; als ständig nörgelnd, unzufrieden, missgelaunt; als vorwurfsvoll und Schuldgefühle machend usw.
- Wie sehen typische affektive Muster aus: depressive Hilflosigkeit, Enttäuschungsbereitschaft, vorwurfsvolles Gekränktsein, aggressive Gespanntheit, Leeregefühl, Eifersucht, Angst vor Liebesentzug und Verlassenwerden usw.
- Kognitive Muster = innere Formeln: »Er bleibt ja doch nicht bei mir! Ich bin ja doch unerwünscht! Mich kann man ja wie den letzten Dreck behandeln! Andere Frauen sind ja sowieso attraktiver als ich! Ich werde nicht ernst genommen! Mein Partner will mich klein machen, unterjochen! Meine Bedürfnisse und Wünsche sind ja sowieso nicht wichtig! Ich bin das Aschenputtel! Keiner versteht mich! Der andere will mich nur ausnutzen! Der andere ist schuld! Keiner nimmt mich wahr, registriert meine Existenz! Keiner würdigt meine Bemühungen!«
- Negative Handlungsbereitschaften: gekränkter Rückzug, Einschnappen; Racheaktion durch Verlassen der ehelichen Wohnung; Selbstmordversuche; Putzwut.

Die hier aufgeführten Glaubensgewissheiten ließen sich fast beliebig vermehren. Uns interessieren – im Zusammenhang mit unserem Thema – natürlich auch besonders jene inneren Formeln, die sich direkt auf Liebe, Ehe, Sex und Partnerschaft beziehen und, in einer prägnanten Spruchweisheit ausgedrückt, Mythen, Irrtümer und Halbwahrheiten enthalten. Ich werde diesen Kognitionen (zum Beispiel: »Liebe löst alle Probleme« oder »Zweimal Sex in der Woche ist das Normale«) ein eigenes Kapitel widmen.

Eheliche Szenarien sind letztlich daraufhin zu befragen, ob in ihnen die libidinösen (sprich liebevollen) oder mehr die aggressiven (sprich feindseligen) Gefühle, Gedanken und Handlungsbereitschaften überwiegen; ob die in Szene gesetzten Erlebnismuster also mehr dem Zusammenhalt der Partnerschaft oder aber ihrem Scheitern Vorschub leisten. Die in der Kindheit gemachten negativen Beziehungserfahrungen und ihre repetitive Wiederinszenierung im Zusammenleben mit einem Liebesobjekt stellen einen wichtigen, wenn nicht den wichtigsten Störfaktor überhaupt dar.

2.1.4 Das unbewusste Anliegen

Bei der Bearbeitung von Beziehungskonflikten und Paarproblemen im Rahmen einer psychoanalytischen Einzel-, Gruppen- oder Paartherapie habe ich immer wieder erlebt, dass meine Klienten ganz spezielle Sehnsüchte und Wünsche an ihr Liebesobjekt herantragen. Diese Bedürfnisse unterscheiden sich in Intensität und Eigenart von denen herkömmlicher Paare. Sie besitzen einen höheren Dringlichkeitsgrad und ein größeres existenzielles Muss. Sie greifen als verhaltenssteuernde Faktoren ganz entscheidend in die Dynamik eines Paares ein und bestimmen dessen Wohlbefinden ganz erheblich. Die Schwierigkeit oder gar Unmöglichkeit, diese Wünsche zu befriedigen, sind häufig Grund für das Scheitern dieser Beziehungen. Ich möchte das eben genannte Motivbündel mit dem Begriff »das unbewusste Anliegen« bezeichnen. Es lässt sich mit einem Eisberg vergleichen. Das unbewusste Anliegen setzt sich aus bewussten, bewusstseinsfähigen und unbewussten Elementen zusammen. Ich nenne es deshalb unbewusst, weil sein überwiegender Anteil – analog der untergetauchten Eismasse beim Eisberg – der Reflexion durch seinen Träger tatsächlich nicht zugänglich ist und er nur zu einem Bruchteil weiß, was er von seinem Partner eigentlich bekommen möchte. Viele seiner Erwartungen liegen im Verborgenen und können erst im Verlaufe einer länger währenden psychotherapeutischen Bemühung aufgedeckt und bearbeitet werden. Die so genannten unbewussten Anliegen kreisen um insgesamt sechs Themengruppen. Das individuelle Bedürfnisprofil eines jeden, mit Beziehungsproblemen stark belasteten Menschen stellt eine jeweils unterschiedliche Mischung aus diesen sechs Motivkategorien dar, mit einer von Person zu Person wechselnden Schwerpunktsbildung. Worum geht es in den unbewussten Anliegen:

1. um die Befriedigung wichtiger, teilweise basaler Bedürfnisse;
2. um die unbewusste Absicht, die seelische Gesundheit zu stabilisieren oder zu verbessern;
3. um den Wunsch, neue eigene Erlebnis- und Verhaltensmöglichkeiten aufzubauen;
4. um eine Aussöhnung mit dem eigenen Leben;
5. um den Wunsch, die eigene Vergangenheit aufzuarbeiten und
6. um den Partner für bestimmte Funktionen zu benutzen.

Die Befriedigung wichtiger Bedürfnisse

Menschen sind grundsätzlich bedürftige Wesen. Ein nicht geringer Anteil ihrer Sehnsüchte richtet sich auf ihren Partner. Von ihm wird die Erfüllung so wichtiger Wünsche wie Zärtlichkeit, Sexualität, Unterstützung, Geborgenheit, Verstandenwerden, Loyalität, Sicherheit, Akzeptanz, Wertschätzung usw. verlangt. Es ist das Natürlichste von der Welt, diese Bedürfnisse an das jeweilige Liebesobjekt zu richten und ihre Befriedigung zu erwarten. Der Partner stellt eine obligate Glücksquelle dar. Der mit Beziehungsproblemen chronisch belastete Mensch dagegen hat Begehrlichkeiten besonderer Art, die in Ausmaß und Spezifität den Normalitätsstandard übersteigen und deshalb so viel Konfliktstoff in sich bergen. Hier geht es oft nicht nur um den emotionalen Güteraustausch auf der Basis gerechter Gegenseitigkeit (obwohl es das auch gibt), sondern bevorzugt um die Stillung neurotischer Sehnsüchte und Heilserwartungen, entstanden auf dem Hintergrund einer gestörten Entwicklung in der Kindheit. Der Betreffende möchte im Rahmen von Partnerschaft und Liebe:

a) *Versäumtes nachholen* und die in frühen Jahren so schmerzlich vermissten elterlichen Zuwendungen nun von seinem Liebesobjekt geliefert bekommen. Unerlöste Kinderwünsche (Liebe, Verständnis usw.) sollen nachträglich ihre Erfüllung finden und ein permanent vorhandenes Mangelerleben endlich befriedigen.

b) *zentrale Beziehungswünsche ausleben* (zum Beispiel: Einnehmen der Pfleglingsposition, Machtgelüste, Bestätigung der weiblichen Geschlechtsrolle, exklusive Zweisamkeit, Freiheitsanspruch, Schonungsbedürfnis, hymnische Dauerbejahung ... usw.) und zu diesem Zweck eine bestimmte Rollenposition in der Zweiergruppe einnehmen.

c) das ermöglicht bekommen, was wir als den *»Mitgenuss des Verpönten«* bezeichnen. Hier geht es darum, dass der Partner, also der andere, Persönlichkeitsseiten und Verhaltensweisen (zum Beispiel Sexualität und Aggression) offen auslebt, wozu der Protagonist nicht in der Lage ist, weil ihn archaische Über-Ich-Verbote daran hindern. Er kann nun aber das Verpönte heimlich und partizipatorisch an seinem Liebesobjekt mitgenießen.

d) *früher Erlebtes wiederholen*, das heißt durch die Verbindung mit einem Lebenspartner Verhältnisse wiederherstellen, wie sie in seiner Primärfamilie geherrscht haben und damit das kindliche »Paradies« von einst wieder errichten. Unter Umständen wird im Partner die neue Auflage eines geliebten Elternteils erblickt und erhofft, mit ihm das alte Beziehungsglück erneut leben zu können.

Die Sehnsucht, die eigene seelische Gesundheit zu stabilisieren oder zu verbessern

Menschen mit erheblichen und immer wiederkehrenden Beziehungsproblemen haben in der Regel ein stark gemindertes Wohlbefinden. Sie fühlen sich unglücklich, oft voller Unruhe, psychisch labil, mit sich und der Welt unzufrieden. Die Verbindung mit einem Liebesobjekt nährt in ihnen die Hoffnung, sich besser als bisher emotional über Wasser halten zu können und ein brüchiges System der Lebensermöglichung zu stabilisieren. Manchmal hegen sie sogar die unbewusste Erwartung, durch die »Medizin Liebe« von ihrem lebenslangen Leiden erlöst, das heißt geheilt zu werden. Psychologen wissen aus Erfahrung, dass eine Ehe das emotionale Gleichgewicht einer Person stabilisieren und ihre Lebensfreude tatsächlich erhöhen kann. Insofern ist der Glaube an die heilende Kraft einer auf Zuneigung begründeten Partnerschaft sehr verständlich und nicht nur illusionär. Aber häufig wird das Genesungspotenzial einer Beziehung überschätzt und total überfordert. Die gewünschten Heilungsschritte bleiben aus, die erhoffte Lebenswende findet nicht statt. Der Betreffende gerät stattdessen in eine konfliktbedingte Abwärtsspirale, die seine Not nur noch vergrößert. Ich will nun aufzeigen, was sich die betreffenden Menschen im Einzelnen unbewusst erhoffen und wie die Besserung ihrer seelischen Gesundheit aussehen sollte. Ich konnte insgesamt fünf erwünschte therapeutische Veränderungen ausmachen:

a) das Lösen alter Konflikte

   Seelisch beeinträchtigte Personen schleppen eine ständige Last in Form ungelöster Konflikte mit sich herum (zum Beispiel: »Ich möchte lieben und geliebt werden, habe aber Angst, Intimität und Nähe zuzulassen, und muss deshalb die Annäherungsversuche meines Partners zurückweisen.«). Sie erhoffen sich von einer dauerhaften Beziehung die Lösung ihrer Konflikte, so als könnte sie der Partner durch die Kraft und Magie seiner Zuneigung aus ihrer Zwangslage für immer befreien.

b) das Stabilisieren der Abwehr
Der Mensch in dauernden inneren Nöten benutzt diverse unbewussten Strategien, um den Ausbruch einer seelischen Erkrankung (zum Beispiel Depression) zu verhindern. Das Insgesamt dieser Kunstgriffe bezeichnen wir in der Tiefenpsychologie als Abwehrmechanismen. Sie dienen ihm dazu, ein prekäres seelisches Gleichgewicht aufrechtzuerhalten. Immer dann, wenn die Balance durch bestimmte Versuchungs- oder Versagungssituationen (zum Beispiel Verlust der Arbeit, Geburt eines Kindes, Tod eines Nahestehenden usw.) gefährdet ist, droht seelische Erkrankung. Die durch den befürchteten Ausbruch einer Neurose in Bedrängnis geratene Person kann nun aber ihren Partner dazu einsetzen, einem Dammbruch vorzubeugen. Sie macht ihr Liebesobjekt zum Sündenbock (verschiebt ihre Schuldgefühle auf den anderen), verwandelt einen intrapsychischen Konflikt in einen interpersonellen oder wählt sich einen Partner, der durch sein Verhalten und seine Wesensart dazu beiträgt, die vom Protagonisten mühsam in der Verdrängung gehaltenen Triebimpulse (zum Beispiel Aggressionen) ebenfalls zu unterdrücken.

c) das Abbauen von Symptomen und seelischen Problemen
Hier wird dem Partner gewissermaßen Therapeutenfunktion zugeschoben und die unbewusste Erwartung gehegt, dass ein Zusammenleben mit ihm eine heilsame Wirkung zeitigen möge. Auf diese Weise hofft der Protagonist zum Beispiel: seine Depressionen und Ängste zu verlieren, von diversen Hemmungen befreit zu werden, von psychosomatischen Störungen zu genesen oder seine Schuldgefühle und Schüchternheit loszuwerden. Ein neues liebevolles Gefühlsklima und ein neuer, elternunabhängiger Erfahrungsraum sollen diese Wunder vollbringen.

Der Neuaufbau: Ergänzen, Komplettieren

Der seelisch beeinträchtigte Mensch ist immer auch einer mit Defiziten. Ihm fehlen gewisse Erlebnismöglichkeiten, Strukturanteile, Gefühle, Fähigkeiten, Interessen oder Orientierungen. Er ist ein

Mängelwesen und spürt das. Die Chance, sich mit einer anderen Person zu verbinden, die im Besitz all dieser vermissten Eigenschaften ist, stellt etwas sehr Verlockendes dar. Durch Identifikation mit ihr kann er stiller Teilhaber werden und das Fehlende erhalten. Durch Lernen am Modell gelingt es vielleicht, dem eigenen Selbst bisher fehlende Segmente hinzuzufügen oder Mut zu fassen, Neuland zu betreten, die zweite Chance zu nutzen, die Last der Vergangenheit abzuwerfen. Der Partner bestätigt durch wohlwollende Gefühlssignale das bisher nur keimhaft Angelegte im anderen und bringt es auf diese Weise zum Wachsen. Er erschließt seinem Liebesobjekt neue Lebensbereiche und lässt es an Situationen teilnehmen, die ihm bisher verschlossen waren. Dem an seiner Liebesfähigkeit Zweifelnden gibt er Zuversicht und Gelegenheiten, die Möglichkeit des Liebens immer wieder aufs Neue zu erproben; dem Verzagten macht er Lebensmut; dem Unwissenden gibt er Informationen; dem Ungeübten Kompetenz; dem um Lebenssinn Ringenden neue tragende Werte.

Aussöhnen

Die Idee von Liebe und dauerhafter Partnerschaft suggeriert nicht selten die Vorstellung, nun könne ein ganz neues Leben beginnen, so, als ob man beim Verlassen des Standesamtes seine bisherige leidvolle Vergangenheit abstreifen und zu den Akten legen könnte. Das neue, glücklichere Dasein an der Seite eines liebenden Partners soll die bisher von aller Welt benachteiligte Person für die notvollen Ereignisse ihrer Biographie entschädigen, sie zufriedener machen und mit dem eigenen Schicksal aussöhnen: sich aussöhnen mit dem, was war, mit den eigenen Versäumnissen, der eigenen Mängelhaftigkeit. »Da es mir jetzt so gut geht«, könnte der Betreffende sagen, »kann ich meine Vergangenheit als gewesen abhaken und innerlich befriedet und mit Zuversicht in die Zukunft blicken. Die ausgleichende Gerechtigkeit heilt alte Wunden.« Das erwartete Liebesglück wird als Entschädigung für das bisher erlittene Ungemach begriffen, wird aber auch wegen dieser seiner Funktion dringend benötigt.

Bisher Unerledigtes erledigen:
Die Auseinandersetzung mit der eigenen Vergangenheit

Etwa 27% der deutschen Gesamtbevölkerung leiden an seelischen Problemen, Neurosen und/oder psychosomatischen Störungen (Schepank, Heigel-Evers). Allen diesen Personen ist gemeinsam, dass sie eine belastende Vergangenheit mit sich herumschleppen, die bis in die Gegenwart hineinwirkt und ihre heutigen Nöte und Beziehungsschwierigkeiten verursacht. Seelisch beeinträchtigte Individuen sind unbewusst darauf bedacht, die ungelösten Desaster und unerlösten Gefühle aus ihren Kindertagen wieder zu inszenieren, um zu versuchen, sie in einem zweiten Anlauf zu lösen. Es geht ihnen dabei:

a) um eine nachholende Bearbeitung unerledigter Grundkonflikte aus der Kindheit;
b) um die Möglichkeit, sich zu rehabilitieren und altes Unrecht zu tilgen (»Mir soll endlich Gerechtigkeit widerfahren!«), und schließlich
c) um das Nachholen unterbliebener Reifungsschritte (zum Beispiel sich Ablösen von einer klammernden Mutter).

Um das Unerledigte zu erledigen, nehmen sie in der Regel eine Elternübertragung auf ihren Partner vor und behandeln ihn so, als wäre er der wieder auferstandene Vater, die wieder auferstandene Mutter.

Der funktionalisierte Partner

Diese Variante des »unbewussten Anliegens« muss als beziehungsfeindlichste hervorgehoben werden, weil hier das Prinzip einer gerechten Gegenseitigkeit von Geben und Nehmen am krassesten verletzt wird. Hier geht es nämlich schlicht darum, den anderen auszunutzen und für eigene Zwecke zu missbrauchen. Ob er dabei auf seine Kosten kommt, wird gar nicht erst gefragt. Das Liebesobjekt wird zum Beispiel zum »Anhängsel an die eigene Person« degradiert und hat damit der Ich-Erweiterung des Ausbeutenden zu dienen. Oder der andere muss als Hilfs-Ich herhalten, um die Lebensuntüchtigkeit und mangelnde Individuation seines Partners zu kompensieren. Er wird als Mitstreiter im

Kampf gegen die eigenen Eltern missbraucht oder als Steigbügel-
halter für die eigene Karriere. In vielen Fällen hat er als »Lieferant
für Triebbefriedigung« da zu sein oder sich ganz in den Dienst seines Partners und dessen Lebensziele zu stellen. Die Möglichkeiten
ausbeuterischen Verhaltens sind schier unbegrenzt.
Das so genannte »unbewusste Anliegen« fächert sich – wie wir gesehen haben – in mindestens 13 Motive auf. Diese Motive werden
in unterschiedlicher Zahl und in einem jeweils verschiedenen Mi-
schungsverhältnis als Mitgift in eine Ehe eingebracht und in Form
von Wünschen oder Ansprüchen an den betreffenden Partner – allerdings nur zum kleinen Teil bewusst – herangetragen. Da sie
aber von ihrer Struktur und Beschaffenheit her oft nur zeitlich begrenzt oder gar nicht erfüllbar sind, spreche ich von ihrem »sys-
temimmanenten Konfliktstoff«. Es muss über kurz oder lang zu
Problemen und Enttäuschungen kommen. Das setzt wiederum in
vielen Fällen eine Abwärtsspirale der Beziehung in Gang, die im
Scheitern endet. Nur erwähnen will ich an dieser Stelle noch, dass
die schon im ersten Kapitel dieses Buches besprochenen Mechanismen der Partnerwahl ebenfalls in die Rubrik »das unbewusste
Anliegen« gehören. Der seelisch beeinträchtigte Mensch benötigt
ein speziell zu ihm passendes Liebesobjekt, von dem er sich Heilung und die Wiedergutmachung seiner diversen Lebensenttäu-
schungen erhofft. Er »stürmt« mit einer geballten Sehnsuchts-
ladung auf das begehrte Objekt zu und entwickelt ein besonderes
Gespür für dessen Erkennungszeichen. Dass er sich gerade mit
diesem Menschen – fast zwangsläufig – in eine unheilvolle Dynamik verwickelt und dem Glück, das er sucht, eben nicht begegnet,
macht seine besondere Tragik aus.
Ich habe in aller Kürze und Abstraktion auf die zentrale Rolle
hingewiesen, die das unbewusste Anliegen in der Dynamik von
Paarbeziehungen spielt. Als »Motivbündel« gehört es der zweiten
Erklärungsebene (Persönlichkeitsstruktur) für menschliches und
partnerbezogenes Verhalten an und illustriert noch einmal die
überragende Wichtigkeit der Wirkfaktoren der zweiten kausalen
Ebene. Ich werde im Verlaufe meiner Ausführungen immer wieder auf die sechs Kategorien des unbewussten Anliegens zurückkommen und das eben Angedeutete mit ausführlichen Erörterun-
gen und Beispielen belegen.

2.1.5 Die Beziehungs-Konflikt-Themen

Beziehungsstörungen im Rahmen von Partnerschaft und Liebe werden häufig mit dem Vorhandensein spezieller Konflikte begründet bzw. gleichgesetzt. Alle Erklärungsbemühungen in dieser Richtung verweisen immer wieder auf ihre besondere Wichtigkeit. Und in der Tat: Wir müssen ihnen bei der Besprechung scheiternder Paarverbindungen einen hervorragenden Platz einräumen – wollen aber an dieser Stelle nicht eine umfassende Aufzählung und Analyse abliefern, sondern auf die folgenden Ausführungen verweisen. Hier geht es nur darum, sie als Störfaktoren par excellence namhaft zu machen und ihnen im Ensemble der anderen destruktiven Kräfte ihre besondere Bedeutung zu bescheinigen. Um nicht gar zu abstrakt zu bleiben, zähle ich einige wichtige Konflikt-Konstellationen auf, die uns noch intensiv beschäftigen werden: Nähe-Distanz-Konflikt, Abhängigkeits-Autonomie-Konflikt, Trennungskonflikt, Liebe-Hass/Neid-Konflikt, Scham-und Schuld-Konflikt, Bindungswunsch kontra Freiheitsbedürfnis, sexuelle Konflikte, Identitätskonflikte.

2.1.6 Die gestörte Kommunikation, negative Reaktionsmodi und partnerschaftsfeindliche Konfliktverarbeitung

Die gestörte menschliche Kommunikation ist nicht Gegenstand dieses Werkes. Sie beschäftigt unter anderem die sozialpsychologische Forschung, die Psychoanalyse und die Sprachwissenschaftler. Berichte über ihre Entgleisungen füllen ganze Bibliotheken. Eine einigermaßen umfassende Darstellung ihrer Fehlformen und deren Konsequenzen würden weit über den Rahmen meiner Arbeit hinausgehen; ich kann nur ausschnittsweise andeuten, um welche Probleme es hier geht. Eine gestörte Kommunikation kann eine Zweierbeziehung stark belasten oder gar scheitern lassen. Wenn die Verständigung der Intimpartner untereinander nicht gelingt, finden wir häufig folgende Fehlsteuerungen:
Der eine lässt den anderen nicht ausreden und neigt selber zum Monologisieren. Er will oder kann nicht zuhören, hat kein Inte-

resse, den Partner zu verstehen. Der Partner wird nicht ernst genommen, der Blickkontakt wird vermieden, mangelnder Gefühlsausdruck während der Kommunikation führt dazu, dass das Gesagte unbeglaubigt bleibt. Jemand drückt sich nicht verständlich genug aus, er redet in Andeutungen, lässt den Partner im Unklaren, enthält ihm Informationen vor, agiert statt verbalisiert, verhält sich besserwisserisch, verhindert Zweiergespräche über bestimmte Konfliktthemen, indem er den anderen zum Schweigen bringt, sobald sich dieser der entsprechenden Tabuzone nähert, usw. Ich will das Gebiet der gestörten Kommunikation nicht weiter vertiefen. Was mich im Rahmen unseres Gegenstandes aber besonders interessiert, das sind die destruktiven Reaktionsweisen und die partnerschaftsfeindlichen Konfliktbewältigungsstrategien des Einzelnen. Der seelisch beeinträchtigte Mensch erzeugt nicht nur häufig zwischen sich und dem anderen einen Dissens, sondern er reagiert auf die entstandene emotionale Dissonanz auch noch systemfeindlich. Seine Lösungsversuche des sozialen Konflikts sind meist gerade nicht dazu angetan, den Streit zu schlichten oder den Schaden wieder zu beheben. Im Gegenteil: Der zweite Akt verschärft die im ersten Akt aufgetretenen Spannungen noch einmal beträchtlich. Ein Modellfall für einen nicht-konstruktiven Reaktionsmodus stellt zum Beispiel der »plötzliche Gefühlsabbruch« dar.

Imke U. reagiert auf Unstimmigkeiten mit ihrem Freund häufig mit einer abrupten Distanznahme. Aus ihrem sonst liebevollen Zugewandtsein, aus Nähe und weicher Kuscheligkeit wird emotionale Kälte und Distanz. Ihr Partner fühlt sich barsch abgelehnt und die gemeinsame Beziehung in Frage gestellt. Er erlebt sich hart bestraft und ist desorientiert, da er den wahren Grund für eine solch krasse Reaktion nicht kennt. Ihr Verhalten macht ihn wütend, aktiviert aber auch seine Trennungsangst. Ein eher kleinformatiges Problem (der Grund ihres Streites) provoziert die Drohung, dass die Verbindung zerbrechen könne. Nun kann auch er nicht mehr gelassen bleiben. Vielleicht bittet er um Verzeihung (was ihm auf Dauer nicht bekommt), aber vielleicht »schießt« er auch scharf zurück und vertieft damit den aufgerissenen Graben noch mehr.

Ein anderes Beispiel: Swantje M. verfällt bei ähnlicher Gelegenheit in Schweigen und ausgedehntes Schmollen, an dessen eisiger

Wand jeder vorzeitige Versöhnungsversuch des anderen abprallt.

Leopold H. stürmt laut fluchend aus dem Zimmer und lässt sich für den Rest des Tages nicht mehr sehen.

Pia Z. bricht vorschnell in heftiges Weinen aus und macht damit die Fortsetzung eines Konfliktgespräches unmöglich.

Hjalmar D. greift sich stöhnend an sein »krankes Herz«, wenn es zwischen ihm und seiner Ehefrau Krach gibt und ihm die Argumente ausgehen.

Damit an dieser Stelle genug. Ich werde den destruktiven Konfliktbewältigungsstrategien an anderer Stelle ein eigenes Kapitel widmen.

2.1.7 Reduzierte, gestörte und fehlende Fähigkeiten, psychische Defekte, Mangelzustände, Gehemmtheiten

Ausfälle im Ensemble seelischer Strukturen oder mangelhaft funktionierende oder zu gering ausgebildete Fähigkeiten können in eine bestehende Beziehung äußerst störend eingreifen oder ihren weiteren Bestand gefährden. Menschliches Seelenleben setzt sich ja bekanntermaßen aus einer Vielzahl miteinander verzahnter Prozesse zusammen. Wenn jemand nur über eine mangelnde Bindungsfähigkeit zum Beispiel verfügt, wird ihn sein Partner nicht in einer festen Beziehung halten können. Wer weitgehend unfähig ist, seine Affekte am rechten Ort spontan zu äußern (mangelnde Ausdrucksfähigkeit der eigenen Gefühle), wird in affektive Spannungszustände geraten und damit die Gefahr eines emotionalen Dammbruchs heraufbeschwören. Wer an Gehemmtheiten leidet und damit in der Möglichkeit eingeschränkt ist, bestimmte Triebimpulse zuzulassen (zum Beispiel aggressive), wird sich im Raum von Partnerschaft und Liebe zu viel gefallen lassen und anpassen oder eine Harmonie kultivieren, unter deren Oberfläche es gefährlich brodelt und die ihn eventuell krank macht. Das Arsenal möglicher Ausfälle und Deformationen umfasst eine umfangreiche Palette. Ich zähle einige davon jetzt auf. Ihre ausführliche Behandlung soll an anderer Stelle erfolgen: fehlende Mitleids- und Liebesfähigkeit; kein gekonnter Umgang mit Geben und Nehmen, Bitten, Fordern oder Verzeihen; mangelnde Steuerungsfähigkeit; gestörte Realitätsprüfung; unterentwickelte Gewissensinstanz; Mangel an Selbstliebe und Selbstbewusstsein; fehlendes Selbstbehauptungs- und Durchsetzungsvermögen u. v. m.

2.2 Destruktive Prozesse und Abwärtsspiralen

Es ist nun an der Zeit, den dritten Ursachenbereich für scheiternde menschliche Beziehungen anzusprechen. Ich verstehe darunter die so genannten prozessbedingten Störfaktoren, also destruktive Prozesse und Abwärtsspiralen, die sich im Laufe einer Paarbeziehung, als Folge von deren zerstörerischer Interaktion, etablieren. Sie erfassen die daran Beteiligten aber oft auf unterschiedliche Weise und Intensität. Ich unterscheide drei Modalitäten:

a) Eine Abwärtsspirale kann gleiche oder ähnliche Vorgänge in beiden Beteiligten hervorrufen, ein ähnliches Erscheinungsbild haben, die annähernd gleiche Erlebnistiefe aufweisen und den Persönlichkeitskern der beiden gleichermaßen treffen.

b) Eine prozesshafte Verschlechterung einer Beziehung kann bei jedem Teilhaber eine in Art und Intensität andere Qualität annehmen, sich unterschiedlich »laut« bemerkbar machen und einen unterschiedlichen existenziellen Stellenwert besitzen.

c) Eine Abwärtsspirale kann auf nur eine Person beschränkt bleiben. Letztere erlebt den zunehmenden Verfall ihrer Ehe, ohne dass ihr Partner darum weiß oder ähnliche Empfindungen hat. Wenn der enttäuschte oder total unzufriedene Teil dann mit Trennung droht, »fällt der andere oft aus allen Wolken«. Hier existiert ein einseitiges Problem- und Konfliktbewusstsein.

Ich konnte im Laufe meiner 36-jährigen Tätigkeit als Psychologe und später als Psychoanalytiker im Umgang mit gefährdeten Paarbeziehungen eine beträchtliche Anzahl von Zerfallsmustern identifizieren, von denen die berühmte, von Jürg Willi besonders herausgestellte Kollusion nur eine unter vielen darstellt. Es ist meines Erachtens immer gewagt, ein so komplexes Thema, wie es nun einmal die menschliche Zweierbeziehung ist, mit wenigen, aber

spektakulären Erklärungsmodellen (Kollusion) in den Griff bekommen zu wollen. Ich muss den Leser leider mit einer Vielzahl
von Zerfallsmustern, das heißt negativen Verlaufsmöglichkeiten,
konfrontieren, tue dies aber in einem gesonderten, späteren Kapitel. An dieser Stelle nur eine Kostprobe.

Beispiel: Das allmähliche Kippen der Gleichrangigkeitsbalance
Kurz nach der Eheschließung wird Theres M. schwanger. Da sich
beide Eheleute ein Kind wünschen, erleben sie diesen Umstand als
einen Wink des Schicksals. Theres scheidet aus dem Berufsleben
aus, obwohl sie eine anspruchsvolle Tätigkeit hatte. In schneller
Folge kündigt sich das zweite Baby an. Ihr Gatte, ein promovier-
ter Jurist, widmet sich ganz seinem Beruf und beginnt eine steile
Karriere. Er ist viel auf Reisen und Kongressen, verdient bald sehr
viel Geld, bekommt Kontakt zu prominenten Leuten und mausert
sich zu einer bekannten Persönlichkeit. Seine Ehefrau, mit zwei
kleinen Kindern und dem Haushalt ringend, verliert sich zunehmend mehr im Kampf mit dem Alltag einer Hausfrau, chronisch
müde zwischen Kochen, Putzen, Waschen und Kinder versorgen.
Ihr Mann hat immer häufiger etwas an ihr auszusetzen. Er kritisiert ihr Aussehen, ihre wenig anspruchsvolle Lektüre, ihr geringes
Interesse am Treiben der Welt, ihr angeblich fehlendes Organisati-
onstalent. Sie kommt sich, auf diese Weise abgewertet, immer kleiner und unbedeutender vor, verliert an Selbstbewusstsein in dem
Maße, wie ihr Ehegatte zu anerkannter Größe aufsteigt. Allmählich kippt die Gleichrangigkeitsbalance um. Sie fühlt sich ihm unterlegen, fällt auf längst überwunden geglaubte Entwicklungspha-
sen zurück, wird schüchtern, gehemmt, beginnt an ihren – einstmals ausgeübten – beruflichen Fähigkeiten zu zweifeln und spürt
schmerzlich das Gefälle, das sich zwischen ihr und ihrem Mann
auftut. Als ihr ein Student den Hof macht, selber noch unfertig,
romantisch versponnen und ohne Verdienst, verliebt sie sich in ihn
und trennt sich von ihrem Super-Mann, der ihr in der letzten Zeit
nur noch Minderwertigkeitsgefühle bescherte. Zwischen den Ehe-
leuten war – über Jahre sich hinziehend – eine Abwärtsspirale in
Gang gekommen mit steigender Unzufriedenheit auf beiden Seiten. Er entwickelte sich weiter, sie zurück. Er benutzte seine gewonnene Lebenssouveränität nicht dazu, seine Frau zu entlasten
und in die Gesellschaft zurückzuführen. Im Gegenteil: Er blickte

zunehmend verächtlicher auf sein Hausputtelchen herab und zwang ihr damit »seine Definition von ihr« auf. Er prahlte unauffällig mit seiner Großartigkeit, untergrub damit ihr Selbstbewusstsein und machte seiner Frau ein Zusammenleben mit ihm – diesem Genie – immer weniger möglich. Am Ende kam es zur Trennung, auf ihre Initiative hin. Es gibt eine ganze Anzahl solch typischer Zerfallsmuster. Von ihrer Struktur her lassen sich sieben Gruppen unterscheiden:

a) das beziehungsfeindliche Verhalten nimmt zu, es kommt zu chronisch-negativen Handlungsbereitschaften gegenüber dem Partner (zum Beispiel: Verfall der guten Sitten); unternommene Rettungsversuche (zum Beispiel Suizidversuch) können das Gegenteil dessen bewirken, was beabsichtigt war.

b) beziehungsfördernde Verhaltensweisen nehmen kontinuierlich ab (zum Beispiel: der Versöhnungswille erlischt, das Bemühen um Zweiergespräche wird immer geringer);

c) es setzen negative Ping-Pong-Prozesse ein, das heißt: das Tun des einen provoziert eine negative Reaktion des anderen, die wiederum ruft eine feindliche Antwort beim Initiator der Interaktion hervor usw. Wir kennen: die symmetrische Eskalation (zum Beispiel Streit), die komplementäre Eskalation (zum Beispiel Macht-Ohnmacht-Spirale) und die Kollusion (siehe dort);

d) es kommen negative Gefühlsprozesse in Gang, die irreversibel sind und die die seelische Befindlichkeit des Protagonisten ständig beeinträchtigen (zum Beispiel: Gefühl der Enttäuschung und Vergeblichkeit) oder die seine affektive Einstellung dem Partner gegenüber chronisch verschlechtern (»Du kotzt mich an!«);

e) negative Kognitionen nehmen zu bzw. finden Bestätigung (»Er beutet mich aus, benutzt mich nur als Sexualobjekt!«);

f) bisher eingehaltene Spielregeln und unbewusste Verträge, Rollenaufteilungen, Zuwendungen und emotionale Angebote, geleistete Dienste und Funktionen, Rücksichtnahmen und Kooperationen werden vernachlässigt, aufgekündigt oder stillschweigend ausgesetzt (zum Beispiel: Verweigerung, im Haushalt mitzuhelfen; Bruch der Verabredung, die »schmutzige Wäsche« nicht vor den Kindern zu waschen);

g) soziale und/oder seelische Funktionsmechanismen setzen sich ungewollt in Szene und stoßen einen negativen Lernprozess an (zum Beispiel: kumulatives Trauma, Rollenpolarisierung, Übersättigung).

Die eben nur kurz skizzierten Abwärtsspiralen erzeugen auf beiden Seiten eine wachsende, zuletzt nicht mehr ertragbare Unzufriedenheit mit der bestehenden Beziehungssituation. Liebe und Sympathie kühlen sich ab, die Aversion gegenüber dem anderen kann sich schließlich bis zur Entfremdung, Gleichgültigkeit oder bis zum Hass steigern.

2.3 Das Mehr-Stufen-Modell scheiternder Beziehungen

Menschliche Paarverbindungen zerbrechen in der Regel nicht an irgendeinem »Scheidungsgrund«. In den allermeisten Fällen geht dem letzten Schritt, der Trennung, eine Phase der zunehmenden Entfremdung voraus. In dieser Zeit laufen destruktive Prozesse ab, die sich immer mehr aufschaukeln. Aber es gibt auch Gegenbewegungen, die darauf abzielen, den bisherigen Besitzstand zu wahren und den Status quo aufrechtzuerhalten. Fast jeder trennungswillige Partner kennt Trennungskonflikte und überlegt sich auch, ob er nicht lieber alles beim Alten lassen soll, bis ... ja, bis wieder eine neue Enttäuschungswelle kommt und seinen Vorsatz bekräftigt, nun wirklich Schluss zu machen. Beziehungen zerbrechen meistens nicht infolge eines einzigen Paukenschlages, das heißt einer nicht zu verkraftenden einmaligen »Gemeinheit des anderen«. Abwärtsspiralen im Bereich von Zweierverbindungen kommen dadurch zustande, dass sich negative Vorkommnisse wiederholen und einen anfänglich seichten Riss von Mal zu Mal tiefer einspuren. Der Zerstörungsprozess geht häufig in Etappen vor sich, mit Unterbrechungen, besseren Zeiten und stürmisch sich verschlechternden Phasen. Das zur Entzweiung führende psychologische Geschehen setzt sich aus einzelnen Erlebniseinheiten, ich nenne sie »Partner-Negativ-Erlebnisse«, zusammen (so wie ein überlaufendes Fass aus einer Unzahl einzelner Wassertropfen besteht).

Das Mehr-Stufen-Modell beschreibt: Wesen und Art der Stressoren; die seelischen Hintergründe des Einzelnen, am Status quo festzuhalten; die scheiternden Stabilisierungsbemühungen; die gestörte Verarbeitung der Partner-Negativ-Erlebnisse und die daraus resultierende Abwärtsspirale.

2.3.1 Die Stressoren

Störfaktoren im Bereich von Zweierbeziehungen werden subjektiv als Stressoren oder Frustrationen erlebt. Ich unterscheide dabei drei Klassen: die direkt vom Partner, das heißt aus seiner individuellen Wesensart kommenden; die aus einer gestörten Kommunikation und Interaktion resultierenden (die die destruktiven Prozesse in Gang setzen) und die externen, die von außen in die Zweierbeziehung einbrechen.

a) Die Partner-induzierten Stressoren
Der Partner unterlässt ein erwartetes Verhalten: Er vergisst den Hochzeitstag! Sie unterlässt es, ihn nach seinem Wohlergehen zu fragen, obwohl er am Morgen über diverse Beschwerden geklagt hatte! Er weiß nie, was er ihr zum Geburtstag schenken soll, obwohl sie oft Wünsche geäußert hat! Sie bietet ihm nie von sich aus Sex an. (Er: »Immer muss ich die Initiative ergreifen!«)
Der Partner tut das Falsche, er zeigt Verhaltensweisen, die den anderen frustrieren, enttäuschen, verletzen: Er sieht fern, statt sich mit ihr zu unterhalten. Sie flirtet angeblich mit anderen Männern. Er lässt sich gehen, frisst sich einen Bauch an. Sie gibt für unnütze Dinge Geld aus. Er verhält sich unpädagogisch und ist besonders streng zu den Kindern. Sie verwöhnt die Katze mehr als ihren Mann.
Das Nicht-Tun oder Falsch-Tun des einen wird auch deshalb zum besonderen Stressor für den anderen, weil er nicht auf das unbewusste Anliegen, das an den Partner herangetragen wird, antwortet. Der Protagonist tritt ja mit einer ganzen Wunschpalette an sein Liebesobjekt heran und erhofft sich von dessen Verhalten die Befriedigung seiner bewussten und unbewussten

Begehren. Von der Qualität und Struktur der zentralen Beziehungswünsche des Protagonisten, das heißt deren Realisierbarkeit, hängt es ja ab, wie oft seine Wünsche in Erfüllung gehen können. Die Nicht-Befriedigung dringender Anliegen und Sehnsüchte ist ja die Hauptquelle von Unzufriedenheit und Enttäuschung in jeder Partnerschaft.

b) Interaktionell bedingte Stressoren

Aus einer gestörten Kommunikation (zum Beispiel: er hört nicht hin, sie lässt ihn nicht ausreden; er lehnt es ab, über Konflikte zu sprechen; sie denkt in Schwarz-Weiß-Schablonen) und partnerschaftsfeindlichen Interaktionen (er schlägt sie; sie schnappt ein und spricht tagelang nicht mehr) entwickeln sich destruktive Prozesse.

c) Externe Stressoren

In die Zweierbeziehung brechen von außen beschwerliche oder bedrohliche Alltagsereignisse, notvolle Situationen, Mehrarbeit oder Verluste ein (zum Beispiel: Geburt eines ungewollten Kindes, Tod der Schwiegermutter, Arbeitslosigkeit, Ausbruch einer chronischen Krankheit). Dieser Einbruch hat zur Folge, dass die Belastbarkeit insgesamt sinkt und weniger Energie und Nervenkraft für die vom Partner kommenden Querelen zur Verfügung stehen. Das Paar verkraftet plötzlich viele Dinge, die es bisher bewältigen konnte, nun nicht mehr.

2.3.2 Die Verarbeitung der Stressoren durch eine seelisch beeinträchtigte Persönlichkeit

Der Leser ist anderenorts bereits damit vertraut gemacht worden, dass die Störfaktoren einer Beziehung zwar drei Ebenen zugeordnet werden können, aber letztlich in ein Partner-Negativ-Erlebnis einmünden. Ein oder beide Partner gleichzeitig bekommen ein Problem miteinander und werden jeweils für den anderen zum Stressor. Nun wird bei ihnen eine Kette von seelischen Prozessen ausgelöst, deren einzelne Stationen ich jetzt beschreiben möchte. Gleichzeitig will ich anhand eines Beispiels die trockene Theorie etwas farbiger machen. Zu diesem Zweck wähle ich den Fall einer Frau aus, die wegen mangelnder Anerkennung ihrer Arbeit ein ausgedehntes Partner-Negativ-Erlebnis hat.

Gideon L. macht es sich am Samstag Abend vor dem Fernseher gemütlich, um eine Fußballspiel-Übertragung anzusehen. Seine Frau, Grete L., hat die Woche über intensiv gearbeitet. Zwischen ihnen entspinnt sich folgender Dialog:

Sie: Eigentlich wollte ich heute mit dir ins Kino gehen.

Er: Davon hast du kein Sterbenswörtchen gesagt.

Sie: Ich hab' mich so auf das Wochenende gefreut, die ganze Woche über hab' ich geschuftet.

Er: Meinetwegen musst du nicht schuften. Manches an deiner Betriebsamkeit ist dein reines Privatvergnügen (er macht eine Anspielung auf ihren Perfektionismus).

Sie: Immer dasselbe! Meine Arbeit ist einen Dreck wert!

Er: Das behaupte ich nicht: Ich meine nur, du könntest in vielem lockerer und weniger perfekt sein.

Sie bricht in Weinen aus und schluchzt: »Ich bin doch auch ein Mensch!«

Ich will nun – unter Verwendung des eben erzählten Beispiels – auf die einzelnen Stationen des gestörten Verarbeitungsprozesses eines Partner-Negativ-Erlebnisses eingehen:

Die selektive, verzerrte oder falsche Wahrnehmung, die unrichtige Entschlüsselung der Botschaft

Reize der Außenwelt, insbesondere wenn sie vom eigenen Partner ausgehen, können sehr häufig missverstanden werden. Grete L., die Frau aus unserem Fallbeispiel, vergreift sich gleich mehrmals in ihrer Wahrnehmung und in der Entschlüsselung der Botschaft ihres Mannes.

a) Sie interpretiert seinen Fernsehwunsch als: »Er guckt lieber Fußball, als dass er mit mir ins Kino geht.«

b) Sie macht ihm gleich zwei massive Vorwürfe: Er habe ihre Erwartungsfreude auf das Wochenende zerstört (Kino). Er habe ihren Anspruch auf eine Belohnung (sie hat so viel geschuftet) in Form von Kino nicht anerkannt.

c) Sie überhört seine Feststellung: »Davon hast du kein Sterbenswörtchen gesagt.« Offenbar erwartet sie, dass er ihre Wünsche errät.

d) Seine Anspielung auf ihren Perfektionismus (»Das ist dein Privatvergnügen«) schlägt wie eine Bombe bei ihr ein, sie fühlt sich entwertet (falsche Wahrnehmung), er wollte lediglich ihre Schuldvorwürfe relativieren.

e) Grete L. blendet auch im Weiteren des Streitgespräches die erklärenden Anmerkungen zu ihrem Perfektionismus (»… du könntest in vielem lockerer und weniger perfekt sein!«) von Seiten ihres Mannes aus bzw. nimmt sie falsch wahr. Sie lässt den abschwächenden Charakter des Satzes nicht gelten.

Die gestörte Erlebnisverarbeitung

Wie eine Person ein Partner-Negativ-Erlebnis aufnimmt und verarbeitet, hängt nicht nur von dessen Beschaffenheit ab, sondern auch von den angeborenen oder erworbenen Struktureigentümlichkeiten ihres seelischen Apparates. Die psychologische Forschung hat formale Persönlichkeitsmerkmale entdeckt und beschrieben, die alle etwas mit dem Thema »Seelische Belastbarkeit« zu tun haben. In diesem Zusammenhang spricht sie von hoher/ niedriger Reizschwelle, Frustrationstoleranz, Krisenfestigkeit, Leidensfähigkeit, Stress-Anfälligkeit, Empfindlichkeit, Konfliktfähigkeit, Verletzbarkeit, Empfänglichkeit für … oder erniedrigte Zerrüttungsschwelle. Ist die Belastbarkeit einer Person allgemein gering, dann »durchschlagen« schon harmlose »Geschosse« die dünne Schutzmembran und richten im Inneren der Seele des Betreffenden einen mehr oder weniger großen Schaden an. Bei herabgesetzter Reizschwelle zum Beispiel kann ein in normaler Lautstärke vorgetragener Satz »laut wie ein Peitschenhieb« wahrgenommen werden, unabhängig von der Botschaft, die er transportiert.

Grete L. besitzt eine erhöhte Empfindlichkeit für Kränkungsreize. Sie erlebt moderate Kritik schon als vernichtend. Wie stark eine Frustration empfunden wird, hängt natürlich auch von dem Anspruchsniveau des betreffenden Individuums ab. Wer viel erwartet oder viel beansprucht (das steht mir zu!), wird sich heftiger getroffen fühlen als ein bescheidener Mensch.

Resonanzprozesse

Die falsche oder verzerrte Wahrnehmung und auch die gestörte Erlebnisverarbeitung hängen mit der Existenz »sehr leicht abrufbarer Erlebnismuster« zusammen. Diese komplexartigen Gebilde sind den Saiten eines Klaviers vergleichbar: Sobald ein Ton in der Luft steht, der dieselbe Schwingungszahl hat wie eine bestimmte Saite, gerät eben diese in Resonanz-Schwingung. Ein stark ausgeprägtes Erlebnismuster ist wie eine Antenne, die nach draußen lauscht und nur darauf wartet, etwas zu ihrer Thematik Passendes zu empfangen.

Grete L.'s Seele antwortet gleich mit mehreren Resonanzprozessen auf das Verhalten und die Bemerkungen ihres Mannes. Folgende Themen sind angesprochen:

Ich komme zu kurz, meine Wünsche werden nicht erfüllt.

Ich bekomme für meine viele Arbeit, das heißt für meine Verdienste, weder eine Anerkennung noch eine Belohnung.

Meine Arbeit ist nichts wert – ich bin nichts wert!

Hier sind affektive und narzisstisch akzentuierte Erlebnismuster angesprochen, die zum Teil mit Hilfe einer Kognition ausgedrückt werden: »Ich bin doch auch ein Mensch!« will heißen: »Ich habe doch Anspruch auf Werthaftigkeit und Akzeptanz.« Außerdem klingt der zentrale Beziehungswunsch der Ehefrau an, nämlich: durch aufopfernde Leistungen sich den Anspruch auf Geliebtwerden zu verdienen.

Die Wiederbelebung dieser in der Person verankerten, gewissermaßen sprungbereiten negativen Matrizen hat eine affektive Konsequenz: Der betroffene Mensch erlebt die bereits in diesen Matrizen gespeicherten Schmerzgefühle aufs Neue und fühlt sich abermals an seiner wunden Stelle gestoßen und verletzt. Er ist erneut enttäuscht und damit frustriert. Dem alten Leid wird ein neuer Leitposten hinzuaddiert.

G. Rudolf (1997) beschreibt Enttäuschung als ein affektives Muster, das sich aus mehreren Elementen zusammensetzt. Ich zitiere:

- »Vordergründig Trauer und Schmerz über eine zerstörte Hoffnung.
- Implizite Kränkung des Selbstwertes durch ein Enttäuschungserlebnis.
- Unterschwelliger Ärger, bezogen auf die enttäuschende Situation, das enttäuschende Objekt und auf sich selbst.
- Gefühl der Ohnmacht und Hilflosigkeit gegenüber der enttäuschenden Situation.
- Scham über die eigene sichtbar gewordene Bedürftigkeit oder Insuffizienz.«

Alles in allem finden wir am Ende dieses Prozesses eine leidvolle, ungute Gefühlssituation in der Psyche des Betroffenen, die einen spannungsreichen oder quälenden Charakter hat. Die durch eine Enttäuschung aufgewirbelten Affekte müssen verarbeitet und innerlich erledigt werden, um das eigene seelische Gleichgewicht aufrechterhalten zu können.

Versuch der innerpsychischen Verarbeitung

Enttäuschung und Frustration erzeugen in der Regel gegen den Partner gerichtete Affekte, wie Wut oder Ärger, abwertende Urteile über ihn, Schuldzuweisungen. Es entstehen aber auch Handlungsimpulse: dem anderen die Meinung zu sagen, ihn zu kränken, ihn mit Missachtung zu strafen, ihn durch Tränen ins Unrecht zu setzen, den Schauplatz der Auseinandersetzung zu verlassen, ihn zu schlagen. Aber auch selbstkritische Töne können aufkommen: Die Person kann die Streitursache in dem eigenen Unvermögen suchen (»Ich mache immer alles falsch, denke nicht klar genug und weit genug«) und sich für ihr eigenes Verhalten tadeln und schämen.
Zur innerpsychischen Verarbeitung von Enttäuschung und Frustration gehört auch das Ingangsetzen kognitiver Prozesse: Der enttäuschte Mensch denkt nach, vergleicht, tröstet sich vielleicht selbst, führt innere Monologe, spricht sich Mut zu, nimmt eventuell eine Neueinschätzung der Qualität seiner Beziehung vor, versucht vielleicht, die Hintergründe der Auseinandersetzung zu beleuchten, sich oder seinen Partner zu entlasten, sich an Lebensweisheiten zu erinnern (»Männer verstehen Frauen grundsätzlich

nicht!«) und deren Gültigkeit zu überprüfen. Er kann nach Lösungen Ausschau halten oder Rachepläne schmieden. Er kann seine Beziehung neu, das heißt negativer als bisher, definieren, sein Bild vom Partner ändern, die Schuldfrage ventilieren, an die Möglichkeit von Trennung denken und die dann entstehende Situation antizipatorisch beschauen. All das dient ihm dazu, die entstandenen Gefühlswallungen zu dämpfen oder wieder in den Griff zu bekommen.

Affekt- und Impulsäußerungen

Die natürlichste und entlastendste Art, provozierte Affekte und Impulse zu verarbeiten, ist aber ihr direkter Ausdruck. Gefühle und Triebregungen können unmittelbar gezeigt oder in Handlungen umgesetzt werden: zaghaft, deutlich oder ungestüm-heftig. Sie können aber auch unterdrückt, verdrängt oder verschlüsselt ausgedrückt werden und damit den stattgefundenen innerseelischen Prozess unerledigt weiter »schmoren« lassen. Im Allgemeinen gilt, dass nach außen drängende, aber daran gehinderte seelische Energie in der Psyche ihres Trägers Schaden anrichtet, ihn angespannter und unzufriedener macht und im Extremfall psychische Krankheit produziert. In unserem Fallbeispiel: Grete L. antwortet am Ende des kurzen Dialogs mit Tränen und verschafft ihren Gefühlen damit zum Teil einen Abfluss. Sie setzt sich aber mit ihrem schon lange schwebenden Problem der Ungerechtigkeit (»Ich arbeite mehr als du und werde dafür nicht belohnt!«) nicht auseinander, sondern lässt es ungelöst stehen.

Gestörte Kommunikation und Interaktion

Auf die spontane und antriebsunmittelbare Kundgabe des eigenen Befindens gegenüber dem Partner (»Ich bin sauer, betroffen, wütend, verletzt!«), dem Zeigen der eigenen Betroffenheit und der auf den Kontrahenten gerichteten Gefühle und Impulse (zum Beispiel: »Ich finde deine Reaktion unmöglich und möchte dich am liebsten an die Wand klatschen!«) sollte in der Regel der Versuch eines irgendwie gearteten Zweiergesprächs über das aufgetauchte Problem folgen. Im Idealfall fände nun eine konstruktive Auseinandersetzung über das Streitthema statt, an dessen Ende eine Befriedung der Partner stünde. Richten wir aber unsere Aufmerksamkeit auf die destruktiven Formen von Kommunikation und Interaktion, stoßen wir dabei auf einen schier unerschöpflich-umfangreichen Themenkreis. Ich will in einem Extrakapitel die partnerschaftsfeindlichen Reaktionsmodi und destruktiven Konfliktbewältigungsmuster aufzählen und besprechen. An dieser Stelle nur zwei Kostproben:

- Destruktive Kommunikation: Er reagiert und antwortet nicht auf die Argumente seiner Partnerin, sondern fährt in hochmütiger Weise fort, sie zynisch abzuwerten.
- Destruktive Interaktion: Sie verweigert jede Form einer klärenden Auseinandersetzung, sondern zieht sich stattdessen schmollend zurück und spricht tagelang nicht mehr mit ihm.

Der bleibende Schaden

Jedes Partner-Negativ-Erlebnis lässt einen unbewältigten Rest an unguten Empfindungen zurück, wenn das aufgetauchte Problem oder der Streit nicht in einem konstruktiven Zweiergespräch gelöst und letztendlich befriedet wurde. Die jeweils unerledigt bleibende Affektspannung kann sich mit der Zeit zu einer drückenden Last auswachsen. Das hat Konsequenzen für die Beziehung: Eventuell verschlechtert sich das Bild vom anderen, er wird kritischer gesehen und negativer bewertet. Die Beziehung selbst erfährt unter Umständen eine neue, schlechtere Definition. Die Person bestimmt ihre Position ebenfalls neu, nimmt sich vor, schneller zurückzuschlagen, weniger geduldig oder verzeihend zu sein. Sie überlegt Verteidigungsstrategien oder Möglichkeiten, aus dem System auszubrechen. Manchmal fühlt sie sich aber auch nach jedem Streit kleiner, mickriger und wertloser und verliert immer mehr an eigener Substanz. Vielleicht ist auch nur ihr Hoffnungspotenzial wieder ein Stück weiter geschrumpft, jemals doch noch eine befriedigende Beziehung leben zu können. In jedem Fall bleibt ein seelischer Schaden zurück.

2.3.3 Der Versuch, den Status quo zu bewahren

Ich hatte an anderer Stelle bereits betont, dass eine Paarverbindung in der Regel nicht an einem einzigen negativen Paukenschlag, Vorfall oder Streit zerbricht. Es sind vielmehr die Summation unerfreulicher Vorkommnisse, die Wiederkehr des Schreckens, die eine Beziehung aushöhlen. Es kommen dann jene Vorgänge zum Tragen, die ich bereits als »destruktive Prozesse und Abwärtsspiralen« beschrieben habe. Aber der in einer Ehe oder Paarverbindung lebende Mensch gibt sich in der Regel nicht kampflos geschlagen. Er spürt häufig auch Kräfte in sich, die sich an das Alte, Gewohnte, Bekannte klammern und am Status quo festhalten möchten. Ich habe aus den Trennungserfahrungen meiner Klienten einmal alle Motive zusammengestellt, die eine Person veranlassen, eine drohende Scheidung vielleicht doch noch zu vermeiden.

a) Trennungsangst
Der Betreffende ist durch frühe Trennungserfahrungen in der Kindheit (Verlust von Mutter, Vater oder anderen wichtigen Bezugspersonen durch Tod oder Abwesenheit) spezifisch traumatisiert und befürchtet, durch ein erneutes Erlebnis in dieser Richtung in ein tiefes Loch zu fallen, durchzudrehen oder depressiv zu werden. Er hat große Angst davor, ein so schreckliches Geschehen erneut durchstehen zu müssen, und versucht deshalb, es zu vermeiden.

b) Schuldgefühle
Die Person fürchtet, sich schuldig zu machen, wenn sie egoistischen Regungen folgend, das heißt an ihr Wohl denkend, den Partner verlässt. Für sie bedeutet Sonderung so viel wie Sünde. Häufig hatte sie als Kind eine klammernde Mutter, die ihr das Selbstständig- und Autonom-Werden verbot, weil sie das Kind für sich behalten wollte. Sie fühlt sich wortbrüchig, moralisch in der Schuld, möchte und kann dem anderen nicht weh tun und findet es schäbig, ihn im Stich zu lassen. Dessen Wohl geht über das eigene.

c) Aggression und Trennungsbegehren
Den anderen zu verlassen hat in den allermeisten Fällen immer

auch eine aggressive Seite. Der wütende Affekt schafft die Berechtigungsbasis für den geplanten Trennungsschritt. Wut ermöglicht Distanz, stärkt das Selbstbewusstsein und liefert die notwendige Energie für die vielen unvermeidlichen Auseinandersetzungen um die Aufteilung des gemeinsamen Besitzes, den Versorgungsausgleich, das Sorgerecht für die Kinder usw. Deshalb sind all jene Menschen begünstigt, die ihre aggressiven Regungen über einen längeren Zeitraum konservieren und gegenüber dem abgelehnten Partner zum Ausdruck bringen können. Ich will an dieser Stelle zwei Konstellationen besprechen, die mit dem nicht-gekonnten Umgang mit Aggressionen zu tun haben.

Da gibt es einmal die aggressiv gehemmten Menschen, die entweder gar nicht erst in der Lage sind, ihre diesbezüglichen Gefühle gegenüber ihrem Partner zu zeigen und herauszulassen. Aggressiv Gehemmte bringen es manchmal nicht fertig, ihren Trennungswunsch auszusprechen, geschweige denn in die Tat umzusetzen. Sie erleben ihn als ungeheuerliche Verletzung des anderen und fürchten sich vor dessen möglichen Vergeltungsschlägen. Sie neigen dazu, stillzuhalten und die Last einer unglücklichen Beziehung auf ewig – oder länger – zu ertragen, als es normale Individuen in der gleichen Situation täten.

Es gibt zweitens eine Gruppe, es sind dies depressiv veranlagte Menschen, die ihren aggressiven Affekt – hervorgerufen durch sich wiederholende Partner-Negativ-Erlebnisse – nur eine sehr kurze Zeit lang als innerseelische Befindlichkeit aufrechterhalten können. Ihr Wütendsein kippt sehr bald in eine depressive Verstimmung um, und es tritt die paradoxe Situation ein, dass sie ihr Liebesobjekt – was sie eben noch loswerden wollten – plötzlich dringend benötigen. Sie sehnen sich in diesem traurigen Zustand nämlich nach Zärtlichkeiten, Hautkontakt, Trost, Beistand und Geborgenheit und suchen diese Dinge just bei jenem Menschen, den sie kurz zuvor abgelehnt und in der Phantasie schon zum Teufel geschickt hatten. Häufig landen sie dann – gegen ihr tiefes inneres Gefühl und Wollen – im Bett ihres Kontrahenten, tanken hier emotional auf, fühlen sich bald wieder stärker und wohler und gewinnen ihr altes Selbstgefühl zurück. Da sich aber die zum Dauerkonflikt führende Paarsituation nicht geändert hat, wiederholen sich die bekannten Enttäuschungen und Frustrationen. Der Protagonist wird wütend, sein Zorn kippt in eine depressive Verstimmung um, und das Spiel beginnt von neuem. Seine nicht aufrechtzuerhaltende Aggression hindert ihn daran, den Partner tatsächlich zu verlassen. Sein Bleiben ist aber nicht Ausdruck eines Willensentscheids, sondern die Konsequenz einer psychischen Störung.

d) Zweifel an den eigenen Gefühlen, Wahrnehmungen und Wünschen

Menschen wissen oft nicht, was sie wollen, was ihnen gut tut oder ihrem seelischen Wachstum schadet. Sie spüren eine dumpfe Unzufriedenheit mit sich, dem Leben und ihrer Partnerschaft. Aber sie haben kein Gespür dafür, ob die unerfreulichen Kräche im Rahmen ihrer Paarverbindung damit im Zusammenhang stehen. Es fehlt ihnen der Maßstab dafür, ob das Verhalten ihres Liebesobjekts ihnen gegenüber angemessen und »normal«, gerade noch tolerabel oder unverschämt und zutiefst verletzend ist. Wegen dieser Unsicherheit gelingt es ihnen nicht, einen eigenen Standpunkt zu finden. Erschwerend kommt hinzu, dass sie auch die eigenen Anteile an der bestehenden Misere bedenken und sich immer wieder fragen, ob sie nicht die Schuld an der ganzen unerfreulichen Situation tragen. So ziehen sie die aufgestaute eigene Empörung immer wieder in Zweifel und meinen manchmal sogar, dass vielleicht ihr Partner eher die Berechtigung hätte, unzufrieden und enttäuscht zu sein als umgekehrt. Sie sind die ewig Zweifelnden, wägen das Pro und Contra einer möglichen Trennung ab und können sich nicht für eine Seite entscheiden.

e) Sicherheitsstreben

Manchmal sind der Wunsch und das Verlangen nach Sicherheit und nach den haltgebenden Umständen des Altvertrauten so groß, dass der Betreffende lieber die bekannten Schrecken in Kauf nimmt, als sich den unwägbaren Risiken des Neuen anzuvertrauen. Oft spielen auch materielle Gesichtspunkte eine Rolle. Der Erhalt der finanziellen Basis des Lebens rangiert noch vor allen anderen Lustbarkeiten einer Zweierbeziehung.

f) Selbstlosigkeit

Die betreffende Person ist gewohnt, an sich selbst zuletzt zu denken. Sie hält den Wunsch nach Selbstverwirklichung für eine egoistische Marotte. »Menschen dürfen das nicht tun, wonach ihnen der Sinn steht.« Sie hat Angst, den Kindern zu schaden, wenn sie sich trennt. Sie fürchtet das entwertende Urteil der Verwandtschaft und der Nachbarn. Außerdem hält sie es sehr schwer aus, wenn andere auf sie böse sind. Sie möchte im Urteil ihrer Mitmenschen als geachtete und liebenswerte Person dastehen, everybody's darling sein und kann Ablehnung nicht ertragen. Wenn Trennung, dann nur im Einvernehmen mit ihrem Partner und der ganzen Sippe, am besten mit der verbrieften Versicherung, dass man auch hinterher noch »gut Freund« sein wird.

g) Verlustängste und Angst vor dem Alleinsein
Die Angst, etwas Wertvolles zu verlieren und danach ohne Ersatz dazustehen, kann bei manchen Individuen groß sein. Lieber eine schlechte Beziehung als gar keine! Menschen dieser Beschaffenheit fehlt das Vertrauen in das Auftauchen neuer günstiger Möglichkeiten. Sie halten an ihrem wenig attraktiven Besitz fest, weil sie nicht die Zuversicht haben, dass sich für sie eine neue Quelle auftun kann, wenn die alte versiegt ist. Die Furcht, eines Tages ganz allein auf weiter Flur dazustehen und angesichts zunehmender Hilflosigkeit im Alter keine Menschenseele zu haben, die stützend, pflegend und wärmend einspringt, ist für sie eine Horrorvorstellung.

h) Trennung als Niederlage und narzisstische Kränkung
Erfolgsverwöhnte oder beziehungsehrgeizige Personen können das Scheitern einer Beziehung als Niederlage verbuchen und sich in ihrem narzisstischen Ansprüchen (»Mir passiert so etwas doch nicht!«) verletzt fühlen. Sie scheuen das Eingeständnis des eigenen Versagens bzw. wollen auf keinen Fall, dass es vor aller Welt ruchbar wird. Besonders wenn sie schon zum zweiten oder dritten Mal verheiratet sind, stellt ein drohendes erneutes Zerbrechen ihrer Paarverbindung die eigene Liebes- und Bindungsfähigkeit in Frage und kann auf diesem Wege zu einer schweren Erschütterung ihres bisher positiven Selbstbildes führen. Aus diesem Grund wird dann unter Umständen besonders energisch versucht, der drohenden Katastrophe entgegenzusteuern.

i) Geringe Belastbarkeit

Wir wissen aus vielen statistischen Erhebungen, dass eine Scheidung auf der Skala der Stressoren, geordnet nach ihrem Schweregrad, ganz oben steht. Die Trennung von einem Liebesobjekt und ihre Folgeerscheinungen stellen einen riesigen Stress dar, der für nicht wenige Menschen in den Nervenzusammenbruch, die Trunksucht, die Depression, den Selbstmord oder in die psychiatrische Klinik führt. Deshalb macht es Sinn, wenn besonders störanfällige Individuen, die um ihre geringe emotionale Belastbarkeit wissen, vor der Feuerprobe auf ihre seelische Gesundheit zurückschrecken. »Ich stehe das nicht durch! Dem bin ich nicht gewachsen! Der Streit vor Gericht – schon wenn ich nur daran denke, wird mir schlecht!«, so und so ähnlich lauten ihre abschreckenden Befürchtungen. Sie versuchen deshalb, an einer desolaten Ehesituation festzuhalten, auch wenn sie ihnen gefühlsmäßig längst zuwider ist.

2.3.4 Stabilisierungsbemühungen

Wie eingangs schon erwähnt, gehen die meisten Beziehungen nicht kampflos zugrunde. Ein drohendes Scheitern ruft immer auch Gegenkräfte auf den Plan, die das Übel abwenden möchten. Es kommt dann häufig zu einem Trennungskonflikt, bei dem sich die auf Bewahrung und die auf Veränderungen bedachten Wirkmächte gegenüberstehen. Da das vorliegende Werk das »vorprogrammierte Scheitern« behandelt, geht bei den hier vorgebrachten Beispielen dieser Kampf in der Regel zu Ungunsten der auf Bewahrung gerichteten Kräfte aus. Trotzdem will ich Letztere an dieser Stelle einmal kurz aufzählen und beschreiben.

a) Verlagerung des emotionalen Schwerpunktes

Wer einzig und allein um seinen Partner kreist und ihn zum Mittelpunkt seines Daseins macht, wird aufkommende Probleme mit ihm nur schwer verkraften. Man kann einem Konflikt seine Schärfe und Bedeutungsschwere nehmen, indem man seine Wichtigkeit im eigenen Lebenszusammenhang reduziert. Dies kann dadurch geschehen, dass man sich ein zweites oder anderes Standbein verschafft, das heißt sein zentrales Interesse woandershin lenkt. Statt weiter wie bisher nur auf den eigenen Ehemann bezogen zu leben, sucht sich eine Frau einen anderen Bezugspunkt in Form eigener Kinder, des Berufes, eines Haustieres, einer gemeinnützigen Aufgabe oder eines monoman betriebenen Sports und verlagert auf diese Weise ihre Libido aus der Partnerdyade nach außerhalb. Nun kann sie den Ehekrächen gelassener gegenüberstehen, da ihre Ehe für sie – anders als zuvor – nicht mehr der einzige Lebensmittelpunkt ist.

b) Relativieren, Uminterpretieren, Verleugnen
Ein häufig benutztes Mittel, die Bedrohlichkeit einer Entwicklung zu entschärfen, besteht darin, die Wahrnehmung der Realität zu verfälschen. Wenn ich die Dinge (hier: die Ehesituation) in einem neuen, weniger angst machenden Licht sehe, können sie mir nicht mehr so quälend auf den Leib rücken. Ich erreiche diese Veränderung, indem ich Vorkommnisse relativiere, ihnen eine andere, weniger grausame Bedeutung gebe oder ihre Existenz leugne. Ein Mann, der untrügliche Indizien findet, dass ihn seine Frau betrügt, kann erst einmal versuchen, diese Signale nicht zur Kenntnis zu nehmen. Er kann zweitens sie wahrnehmen und damit ihre Existenz anerkennen, aber dem »Faktum Untreue« seine eigene Gefühlsantwort verweigern. Er tut dies, indem er seine Betroffenheit, Angst vor dem Verlassenwerden und Gekränktsein schlicht verdrängt. Zum Dritten kann er die Einstellung vertreten: »Wenn sie sich ausgetobt hat, wird sie reumütig zurückkehren. Sie ist ja an gutes Futter gewöhnt!« (Verleugnung der möglichen Konsequenzen) Im Extremfall behauptet er viertens das Gegenteil von dem, was am wahrscheinlichsten ist, und findet eine Interpretation für das Verhalten seiner Ehefrau, die ihm selber noch schmeichelt: »Ich glaube, meine Frau liebt mich einfach zu sehr. Sie ist total auf mich fixiert. Um diesen unguten Zustand zu ändern, wendet sie sich kurzfristig einem anderen Mann zu. Sie will aus dieser Abhängigkeit von mir herauskommen. Irgendwie kann ich sie verstehen!«

c) Senkung des Anspruchsniveaus
Die Unzufriedenheit über den augenblicklichen Stand einer Ehe ist immer auch eine Funktion der Ansprüche und Erwartungen, die jemand bezüglich dieser Situation hegt. Wenn eine Bezie-

hung zunehmend schwieriger, konfliktreicher und versagender wird, kann die Senkung des Anspruchsniveaus dieses reaktiv ausgelöste Verdruss- und Leeregefühl verringern. In dem Moment nämlich, wo sich die Person mit weniger zufrieden gibt als bisher, bereit ist, Verzichte zu leisten, oder sich resignativ mit der kargeren Situation abfindet, lassen ihre Konfliktspannungen nach, die Paarverbindung stabilisiert sich wieder – zumindest für einen begrenzten Zeitraum.

d) Auf-Eis-Legen
Beziehungskonflikte lassen sich – für eine begrenzte Dauer – aus der Welt schaffen, wenn der Betroffene »innerlich aussteigt«, aus dem Feld geht, das Problem auf unbestimmte Zeit vertagt oder eine vorübergehende »innere Scheidung« vornimmt. Er klammert die zum Dauerdissens führenden Störfaktoren einfach aus, frei nach dem Motto der Politik: »Wir verhandeln nur über die konsensfähigen Probleme, das Nicht-Einigungstaugliche lassen wir draußen!«
Häufig versteckt der so Handelnde seine neu gewonnene Haltung hinter einer gut funktionierenden Fassade, die oft nicht ahnen lässt, dass er einen Großteil seiner Gefühle für den Partner »ausgeknipst« hat. »Ich bin ihm weiter eine gute Hausfrau, aber Liebe kann er von mir nicht mehr erwarten!« So etwa könnte die Einstellung der enttäuschten Gattin aussehen.

e) Flüchten, Sich-Ablenken
Einen missglückender Versuch der Stabilisierung von Eheproblemen stellen die großen und kleinen Fluchten dar. Berühmtberüchtigt sind: die Flucht in den Alkohol, in die Krankheit, in die Arbeit und in Tagträumereien. All diese Strategien verlagern entweder den Aufmerksamkeitsfokus auf einen neuen Problemkreis, dienen der Ablenkung oder Ersatzbefriedigung. Sie sind nur sehr bedingt tauglich, ein bröckelndes Beziehungssystem zu retten. Was sie jedoch erreichen können, ist: den »Augenblick der Wahrheit« immer weiter in die Ferne zu verschieben.

f) Verstärkung der Anstrengungen
Menschen haben gelernt, anstehende oder sich immer wieder der Lösung entziehende Probleme durch verstärkte Bemühungen zu bewältigen. Sie fassen gute Vorsätze, wollen sich selbst ändern, wollen netter und aufmerksamer sein oder sich noch

mehr dem Bedürfnisprofil ihres Partners anpassen, um das Unmögliche doch noch zu bewerkstelligen. In der Regel fruchten ihre Anstrengungen aber nur für eine begrenzte Dauer, weil das, was sie tun: erstens entweder nicht das Richtige ist, zweitens den Partner nicht zufrieden stellt oder drittens den Protagonisten selbst chronisch überfordert und eines Tages zusammenbrechen lässt. Auch die gut gemeinte Vornahme, noch intensivere Beziehungsarbeit zu leisten, scheitert an dem Nichterkennen der wahren unbewussten Paardynamik.

g) Fremdgehen

Wir wollen jetzt kurz über Untreue und ihre partnerschaftsstabilisierende Funktion sprechen. Untreue gibt es aber nicht nur im erotisch-sexuellen, sondern auch im seelischen Bereich. Wenn jemand seine »Busenfreundin« zum Mitwisser seiner intimsten Regungen und Probleme macht, wenn er mit ihr sehr intensiven und vertraulichen und ausgedehnten Kontakt pflegt, alle wichtigen Dinge und Entscheidungen mit ihr bespricht, in ihrer Nähe aufblüht und sich besonders wohl fühlt, dann haben wir es auch hier mit einer Form des Fremdgehens zu tun. Auch der Verkehr mit Bundesgenossen, die man zum Beispiel in den eigenen Kindern sucht und findet, kann den intimen Kontakt zu einem Partner teilweise ersetzen und ein erhebliches Quantum Libido von ihm abziehen.

Untreue hat im Kontext einer gefährdeten Zweierbeziehung mehrere Funktionen:

- Sie ermöglicht ihrem Träger das Ausleben von Aggressionen und Vergeltungsimpulsen gegen den Partner auf heimliche Weise. Es ist, als würde er dem Partner sagen: »Siehste, das haste nun davon. Warum warst du auch so wenig lieb zu mir.«
- Der Untreue bekommt bei seinem neuen Liebesobjekt oft gerade jene Wünsche erfüllt, deren Befriedigung in seiner Ehe nicht klappen.
- Er sucht und findet im Dritten einen Ansprechpartner, der ihm Verständnis für seine Situation entgegenbringt und den er als Klagemauer missbrauchen kann.

Die Verringerung der auf den Partner gerichteten Wut im Rahmen der neuen Liaison entspannt und befriedigt den Protagonisten so weit, dass er seine Ehe zu den bisherigen schlechten Konditionen ohne viel Groll weiterführen kann.

2.3.5 Destruktive Prozesse und Abwärtsspiralen

Das Mehr-Stufen-Modell scheiternder Beziehungen benennt als »letzten Akt im Drama des Zerbrechens einer Paarverbindung« das Auftreten und Sich-Verselbstständigen ganz bestimmter destruktiver Prozesse. Nach einem mehr oder weniger länger andauernden Trommelfeuer bestimmter Stressoren entgleist die Zweierbeziehung und setzt Entwicklungen in Gang, die ihrerseits auf den Bestand des Paargebildes negativ einwirken. Es kommt zu einem sich selbst verstärkenden Geschehen, das heißt zu einer Abwärtsspirale. Da ich im Abschnitt 2.2 schon ausführlicher auf die hier erneut aufgegriffenen destruktiven Prozesse eingegangen bin, will ich mich an dieser Stelle nicht wiederholen.

2.4   Der innere Fragebogen

Wenn es darum geht, einem Paar in einer akuten Beziehungskrise zu helfen, oder auch darum, eine chronisch-kranke Ehe im Rahmen einer psychoanalytischen Therapie zu verstehen und anstehende Reifungsschritte des Patienten ins Blickfeld zu rücken, bediene ich mich eines inneren Fragebogens. Mit ihm möchte ich die jeweils vorliegende Paardynamik ergründen und zu einer Diagnose der Beziehungssituation gelangen. Ich frage mich:

1. Warum kommt es gerade zu dem jetzigen Zeitpunkt zu einer Ehekrise:
   a) Lassen sich neu aufgetretene äußere (externe) Störfaktoren ausmachen, die zu einer Mehrbelastung des Systems »Zweierbeziehung« führen? (zum Beispiel Verlust des Arbeitsplatzes)
   b) Welche bisherigen Kompensationsmechanismen tragen nicht mehr? (zum Beispiel: Die Ehefrau ist von ihrem heimlichen Geliebten verlassen worden)

c) Welche Abwärtsspirale oder welche eng miteinander verzahnten Interaktionsprozesse liegen vor und wie und warum sind sie gerade jetzt eskaliert? (zum Beispiel symmetrische Aufschaukelung eines Machtkampfes)

2. Wie stark verfälscht die Person die Realität ihrer Beziehung, wie subjektiv sind ihre Wahrnehmungen?

3. Wie gering sind seine Frustrationstoleranz, seine Belastbarkeit, seine Fähigkeit, Konflikte auszuhalten? Wie seelisch angeschlagen oder krank ist er?

4. Welche spezifisch gestörten Erlebnismuster oder Komplexe der Person sind durch ein bestimmtes Verhalten seines Partners aktiviert worden? (zum Beispiel: Der Ehemann hat seiner Frau vorgeworfen, sie vernachlässige ihr Äußeres, und sie dabei mit der gepflegten und attraktiveren Nachbarin verglichen. Die Ehefrau geriet daraufhin in eine depressive Krise: »Er bleibt ja doch nicht bei mir!«)

5. Welcher zentrale Beziehungswunsch wurde frustriert? (zum Beispiel: »Ich möchte dein Ein und Alles sein!«).

6. Welche anderen unbewussten Anliegen wurden enttäuscht? (zum Beispiel: »Stütze, halte, heile mich, söhne mich mit meinem Leben aus!«)

7. Welche Beziehungs-Konflikt-Themen brachen erneut auf? (zum Beispiel: »Gib mir mehr Raum, nimm mir nicht die Luft zum Atmen, gestatte mir, alleine auszugehen!«)

8. Erlebte das Paar mal wieder besonders krass das Scheitern einer versuchten Kommunikation? (zum Beispiel: Eine von beiden gewollte Aussprache ging gründlich daneben und vertiefte die Kluft noch.)

9. Welcher negativen Reaktionsmodi bedienen sich die Protagonisten? (zum Beispiel: plötzliche Gefühlsabbrüche, Schmollen)

10. Liegen bei einem Partner oder gar bei beiden psychische Defekte und Gehemmtheiten vor, die ein Zusammenleben sehr erschweren und immer wieder massive Enttäuschungen mit sich bringen? (zum Beispiel mangelnde Liebesfähigkeit, mangelndes Mitgefühl)

11. Zum Schluss bemühe ich mich, ein vertieftes Verständnis für den Ablauf und die Dynamik der vorliegenden Abwärtsspirale zu bekommen.

3. Kapitel

Die Wahl des Elternsubstituts

Es ist eine Binsenweisheit: Nicht wenige Paarwahlen folgen einer vertrauten Schiene: Im Ehepartner werden unbewusst die Mutter oder der Vater gesucht und gewählt, um frühe Beziehungsmuster fortzusetzen oder alte ungelöste Konflikte und unerledigte Gefühle zu lösen oder erneut durchzuspielen.

Freud (1905) spricht in diesem Zusammenhang von der »Objektfindung als einer an frühen Beziehungsvorbildern orientierten Wiederfindung«. Im Partner sucht und entdeckt man die Möglichkeit, ein in der eigenen Kindheit erlebtes Beziehungsglück wieder aufleben zu lassen und in ihm die geliebte Mutter oder den ersehnten Vater von einst wieder zu bekommen.

Für Freud ist Liebe die Restitution des einstmals verlorenen Kinderglücks. An die Stelle der entschwundenen Mutter tritt jetzt ihre Zweitausgabe und verspricht die gleichen Befriedigungswonnen wie das Original. Wenn sich ein Mann/eine Frau den Partner nach dem Eltern-Substitut-Modell auswählen, dann beruht diese Wahl in der Regel auf zwei, voneinander zu trennenden Bedürfnissen: Sie wollen Unerledigtes erledigen oder Altes fortsetzen.

Bei den hier zu besprechenden Konstellationen geht es allerdings nicht um die von Freud gemeinten Beweggründe einer Wahl, nämlich: die Wiedererrichtung von geschätzten und lieb gewordenen familiären Zuständen, wie man sie aus der eigenen Ursprungsfamilie kennt, sondern um einen aus der Not geborenen Kunstgriff. Im ersten Fall wird das Alte reproduziert, um es zu verändern, besser zu machen; im zweiten Fall wird es gewählt, weil der Betreffende infolge der eigenen seelischen Deformation so sehr auf die speziellen Umstände eines pathologischen Milieus angewiesen ist, dass er sich nur hier und nirgendwo anders lebensfähig vorkommt.

Ich werde nun anhand vieler Fallbeispiele jene Paarkonstellationen beschreiben, in denen mindestens ein Partner darauf aus ist, Unerledigtes zu erledigen. Er wählt das Alte (der Partner als Mutter- oder Vater-Substitut), um es im zweiten Anlauf positiv zu verändern. Für viele Menschen gilt die Feststellung, dass sie – obwohl längst erwachsen – noch mit unzähligen, unsichtbaren Fäden an Mutter oder Vater gebunden sind. Das rührt daher, weil zwischen dem Kind von damals und seinen Eltern viele Dinge offen geblieben, nie zur Sprache gekommen sind und geklärt wurden: Ungerechtigkeiten wurden nicht gesühnt, Konflikte nicht gelöst, emotionale Schulden nicht beglichen, Tränen nicht getrocknet, Wut nicht ausgedrückt und verschwiegene Bedürfnisse nicht befriedigt. Der inzwischen erwachsene Mensch gleicht in dieser Hinsicht einer unerlösten Seele, die immer wieder an den Schauplatz eines schrecklichen Geschehens zurückkehren muss, um eine unabgeschlossene Handlung doch noch zu Ende zu bringen. Oft weiß der betreffende Mensch um das Ausmaß und Gewicht dieser offen gebliebenen Rechnung nicht. Aber spätestens, wenn er aus dem unbewussten Drang heraus, die unvollständige Gestalt zu schließen, einen mutter- oder vaterähnlichen Partner wählt, leben die alten familiären Konflikte von einst wieder auf. Der Partner wird als Aufarbeitungshilfe benötigt und soll dem anderen die Möglichkeit bieten, sich erneut mit den Themen seines früheren Lebens zu beschäftigen. Bei der Wiederholung längst vergangener Beziehungsstrukturen aus der Kindheit kommt es zu einer Neuauflage der alten, aber nie gelösten Dramen. Nun können sie wieder inszeniert werden, und die Beteiligten erleben die Fortsetzung des alten Kampfes auf einem neuen Schauplatz.

Bei den hier darzustellenden Konstellationen geht es also nicht um das eingangs geschilderte Beziehungsglück, das der Wählende in seinem neuen Partner wiederzufinden hofft, sondern darum, dass ihm Mutter/Vater etwas schuldig geblieben sind und alte, desolate Beziehungsmuster aus der Kindheit niemals aufgelöst werden konnten. Indem er seinen Partner zu »Mutter« oder »Vater« macht, hofft er in der Auseinandersetzung mit ihm, das Vergangene zu erledigen und alte Wunden zur Abheilung zu bringen.

3.1 Die Wahl des abweisenden, lieblosen Partners

Es würde mich nicht wundern, wenn der Leser beim Aufnehmen obiger Überschrift stutzend innehält und sich skeptisch fragt, wieso ein Individuum so offensichtlich in sein eigenes Unglück rennen kann. Der Mensch ist doch ein lustorientiertes Wesen, das nach Befriedigung und Glück strebt. Warum sollte er sich einen Partner wählen, der ihn lieblos behandelt und gar zurückweist. So etwas kann doch nur ein Masochist tun, der Freude am eigenen Leiden hat.

So paradox es auch klingen mag: Es gibt nicht wenige Personen, die nach obigem Wahlmodus handeln und trotzdem keine Masochisten sind. Sie haben durchaus eigennützige Anliegen an den anderen, wähnen sich aber nur dann an der richtigen Adresse, wenn der Gewählte kühl und distanziert ist, uninteressiert erscheint, abweisende Gesten und Äußerungen macht, ein liebloses Verhalten an den Tag legt und deutlich signalisiert, wie wenig ihm der Werbende bedeutet. »Früher haben mich Männer, die mich nicht wollten, mächtig fasziniert!«, sagte eine Patientin von mir im Zusammenhang mit diesem Thema.

Wenn wir uns die – meist unbewussten – Motive derjenigen Menschen anschauen, die nach diesem Wahlmuster handeln, so stoßen wir auf vier Beweggründe:

a) Der spröde, abweisende Partner, der deutlich vorgibt, »mich nicht zu lieben«, wird als eine Herausforderung erlebt und erweckt die Eroberungs- und Kampfinstinkte der betreffenden Personen. In den meisten Fällen sind sie sowieso nicht gewöhnt, dass ihnen etwas in den Schoß fällt. Sie haben vielmehr die Erfahrung gemacht, dass sie sich Zuwendungen jeglicher Art oft sauer verdienen mussten.

Eine Patientin von mir kämpfte ihre ganze Kindheit lang um die Liebe und Zuwendung ihrer Mutter. Sie wurde nur beachtet und gemocht, wenn sie sich in irgendeiner Weise besonders angestrengt und extra Leistungen vollbracht hatte. Zitat: »Ich musste mir Mutters Zuwendungen immer durch Wohlverhalten verdienen, indem ich gute Zensuren nach Hause brachte, Fröhlichkeit ausstrahlte, nie jammerte oder krank war, Mutter bei der Hausarbeit half und meine eigenen Wünsche zurückstellte. Komischerweise habe ich meine häusliche Situation von damals auf meine Partnersuche übertragen. Mich reizen nur Männer, die mich nicht mögen. Wenn ich mich dann aber besonders anstrenge – so denke und hoffe ich –, werde ich es schaffen, sie für mich zu gewinnen. Liebe wird erst schön, wenn man sie sich durch harte Arbeit und durch eine Unzahl von Enttäuschungen hindurch erstreitet.«

Eine andere Patientin berichtete mir, dass sie auf abweisende Männer »fliege und ein Lächeln auf ihr Gesicht zaubern möchte«. Sie habe geradezu den sportlichen Ehrgeiz, den »Eisberg zum Schmelzen zu bringen« und mitzuerleben, wie aus einem spröden Finsterling ein warmherziger Mann werde. Es soll Menschen geben, deren gesamte Eroberungsarbeit einzig und allein auf diesen Kick ausgerichtet ist. Für sie ist dieser Moment des »Umkippens« das höchste der Gefühle und eine fast süchtig genossene Erlebnisqualität.

b) Die menschliche Seele besitzt eine fatale Eigenschaft: Sie kehrt immer wieder zu denjenigen Geschehnissen der Kinderzeit zurück, die in ihr ein Trauma hinterlassen haben. Unter dem Einfluss des so genannten Wiederholungszwanges (Freud) konstelliert sie in der Gegenwart Situationen, die denen der Kindheit strukturell ähnlich sind. So wundert es uns nicht, dass Menschen, die eine lieblose und abweisende Mutter (Vater) hatten, diese lebensbestimmende Erfahrung neu inszenieren möchten, um sie – als nunmehr reifere Erwachsene – erneut zu bearbeiten und besser zu verdauen als damals.

c) Der durch Lieblosigkeit in seiner Kindheit geschädigte Mensch bleibt innerseelisch an die Entwicklungsphase fixiert, in der eben jene Traumatisierung stattfand. Er möchte die zurückgebliebene Leerstelle nachträglich ausfüllen und hofft, sein Partner könne ihm die damals entbehrte Mutterliebe nachliefern und damit das einstige Unrecht wiedergutmachen. Er hofft letztlich auf ein Wunder.

d) Ein letzter Punkt verdient Erwähnung:
Ungeliebte oder wenig geliebte Kinder haben fast immer eine Beeinträchtigung in ihrem Selbstwertgefühl erlitten. Das zu-

rückgewiesene Kind kommt zu dem fatalen Schluss, dass es wohl an ihm, das heißt an seinem Unwert oder an seiner Schlechtigkeit, liegen müsse, wenn Mutter (Vater) so wenig liebevolle Empfindungen für ihre Tochter/ihren Sohn aufbringen können. Das Gefühl, ein wenig wertvoller Mensch zu sein, bleibt als fortwährende Kränkung ein Stachel im Fleisch und veranlasst den Leidenden, nach Abhilfe zu suchen. Wen wundert es deshalb, dass der Betroffene nun in einem zweiten Anlauf versucht, seine Rehabilitierung zu betreiben. Wenn ein späteres mütterliches Objekt (Partner) – das sich erst spröde und ablehnend verhält – plötzlich den Wert und die Lieberswertheit des anderen erkennt und seinerseits Zuneigung entwickelt, dann ist der bisher Zurückgewiesene in einen anderen, nämlich wertvolleren Menschen verwandelt worden. Ihm ist es gelungen, was er bei seiner eigenen Mutter nie erreichen konnte, Glückshoffnungen sind aufgegangen, die Korrektur des Schicksals aus eigener Kraftvollkommenheit ist geglückt. Jetzt kann er sich erlöst zurücklehnen und befreit ausrufen:»Ich hab' es ja immer schon gewusst: Ich bin ein begehrenswerter und akzeptabler Mensch und jetzt wird es auch für alle Welt offensichtlich!« Einen uninteressiert-abweisenden Partner für sich zu gewinnen, tilgt das unselige Erbe aus frühen Kindertagen, nämlich die Befürchtung, minderwertig zu sein.

Uns soll nun die Frage beschäftigen, warum eine solche Wahl – die Wahl des abweisenden, lieblosen Partners – in der Regel zum Misslingen verurteilt, das Scheitern also gewissermaßen vorprogrammiert ist. Das liegt zum einen an der Beschaffenheit des Liebesobjekts. Es wird wohl jedem einleuchten, dass ein potenzieller Partner, der deutlich sein Desinteresse an der ihm entgegengebrachten Zuneigung bekundet und laufend Distanzsignale aussendet, der den Werbenden herzlos und gleichgültig behandelt und im Grunde nichts von ihm wissen will, schwerlich umgepolt und in einen Liebenden verwandelt werden kann. Insofern versucht sich der Werbende am untauglichen Objekt und übersieht tragischerweise die Zeichen der Vergeblichkeit seines Tuns über weite Strecken. Häufig befinden sich unter den auserwählten Liebesobjekten vermehrt jene Menschen, die in der Fachsprache der Psychoanalyse mit dem Begriff »schizoid« bezeichnet werden. Es sind dies jene Individuen, die durch die Nähe und Liebe eines anderen Menschen in ihrer Identität und in der Kontinuität ihres Selbst bedroht werden und deshalb versuchen, ein von Beziehungen unabhängiges Leben zu führen. Sie fallen durch einen Mangel an mitmenschlicher Bezogenheit auf, wirken emotional abwesend und distanziert, pendeln zwischen Anziehung und Rückzug hin und her und leugnen die eigene liebende Bedürftigkeit vor sich und den anderen. Sie sind aus innerer Not heraus echt beziehungsunfähig und stoßen den Werbenden durch verletzende Bemerkungen und unübersehbare Rückzugsmanöver vor den Kopf. Wer an einem solchen Menschen seine Bewährungsprobe (Bin ich liebenswert oder nicht?) versucht, wird schmerzlich enttäuscht und noch tiefer in seine Selbstzweifel hineingestoßen.

Ein weiterer Grund für das Scheitern des hier besprochenen Wahlmodus liegt in dem Umstand, dass die im Erwachsenenleben nachgelieferte Akzeptanz und Zuneigung eben nicht jenes Befriedigungsdefizit aus der Kindheit ausgleichen kann. Die heutige Liebesnahrung stillt zwar den Hunger des Erwachsenen, aber sie sättigt nicht das sehnsuchtsvolle Begehren der ganz jungen Seele aus ganz fernen Kindertagen. Und so erleben wir manchmal das tragische Paradoxon, dass die nach langen und kräftezehrenden Kämpfen manchmal fließende Liebe des einstmals abweisenden Partners ihren Empfänger gar nicht nährt, ihn kalt lässt und nicht jene emotionale Lücke erreicht und schließt, die immer noch aus grauer biographischer Vorzeit existent ist.

Aber es gibt noch ein anderes Hindernis, das ebenfalls im wählenden Subjekt liegt und das ein Gelingen der ersehnten Partnerschaft mit dem anfangs spröden Objekt verunmöglicht. Die betreffende Person wartet nämlich unbewusst darauf, vom Partner genauso zurückgestoßen und missachtet zu werden wie damals von der eigenen Mutter (Vater). »Der Hass auf die versagende Mutter steckt also von Anfang an in der Einstellung« (Horst Eberhard Richter, 1963, Seite 92) zum anderen mit drin und führt zu misstrauischen Grübeleien über die Echtheit der erhaltenen Liebesbeweise. Die Aufmerksamkeit wird auf die negativen Verhaltensweisen des Partners konzentriert, die Wahrnehmung wird verfälscht in Richtung negatives Bild vom anderen. Der zurückgestaute, aber weiter wirkende Hass aus der Kindheit schafft den Rahmen, durch den das Objekt gesehen wird. Aus der subjektiven, aber verzerrten Perspektive des Subjekts wirkt der Partner wie ein Schurke, und oft hat er wenig Chancen, diese Sichtweise seiner Person zu korrigieren. Der wählende Mensch – und darin liegt seine Tragik – hat sich das abweisende Liebesobjekt zwar ausgesucht, hasst es aber gerade dieser Eigenschaften willen, weil es ihn an die unzähligen Enttäuschungen durch seine Mutter (Vater) erinnert.

3.2 Das Rettungsmotiv oder die Wahl des »gefallenen Engels«

Es gibt Menschen mit einer Retter-Mentalität. Fremdes Elend zieht sie wie magisch an. Besonders im Umfeld der eigenen Partnerwahl aktivieren diese Individuen übermenschliche Geduld und Kraft, wenn es gilt, ein notleidendes, potenzielles Liebesobjekt aus den Verstrickungen seines Schicksals herauszubrechen. Mag der andere noch so derangiert und charakterlich zweifelhaft sein, sie sehen in ihm einen »gefallenen Engel«, der durch die Ungunst der Verhältnisse in seine missliche Lage gekommen ist.

Die Retter selber, so verschieden sie sonst auch sein mögen, haben eines gemeinsam: nämlich eine spezifische Kindheitserfahrung. Sie mussten meist ohnmächtig mit ansehen, wie an ihrer Seite eine geliebte Mutter (manchmal auch ein geliebter Vater) den seelischen oder körperlichen Grausamkeiten eines sadistischen Ehepartners oder den Wechselfällen eines besonders harten Schicksals ausgesetzt waren. In Identifikation mit diesem Elternteil litten sie alle seine Qualen mit und malten sich in wildesten Phantasien aus, wie sie mit starker Hand oder List dem Schrecken ein Ende machen oder das Opfer in Robin-Hood-Manier befreien könnten.

Die Wahl eines notleidenden Partners entspringt dem starken, weil lebenslang aufgestauten Kinderwunsch, die Mutter vor dem bösen Vater (oder Schicksal) zu schützen und ihr ein besserer Weggefährte zu sein. Die Aussicht auf Erfüllung dieses Bedürfnisses (und sei es zwanzig Jahre später mit einem Muttersubstitut) brächte so viel ödipale Genugtuung (»Ich bin besser als Vater und habe ihn bei der Mutter ausgestochen« und solchen narzisstischen Gewinn, dass sie Kräfte von enormer Schubkraft aktiviert. Endlich helfen und etwas ändern, endlich die Wunde der Ohnmacht von damals heilen und endlich ein Lächeln in das vergrämte Gesicht des geliebten Wesens zaubern zu können: das wäre der Gipfel der Befriedigung.

Ich bringe nun vier Fallbeispiele zu diesem Thema. Sie schildern zum einen die Mentalität und das Leben der zu rettenden Opfer und zum anderen vier charakteristische Notlagen (Beziehungselend, moralisches Elend, soziales Elend, psychisches Elend), von deren Joch sie vom Retter befreit werden sollen.

Fallbeispiel: Claire und Josef Q. oder der Versuch, eine Frau aus ihrem Beziehungselend zu befreien

Claire und Josef sind seit elf Jahren verheiratet. Josef trinkt, ist von cholerischem Temperament, reizbar und aggressiv und krankhaft eifersüchtig. Er kontrolliert seine Frau, ob sie auch ja nicht fremdgeht, indem er tagsüber vom Büro aus zu Hause öfter anruft. Sie muss ihm über jeden Ausgang Rechenschaft ablegen. Wenn sie beide einen gemeinsamen Stadtbummel machen, wirft er ihr vor, sie habe einen entgegenkommenden Mann angeguckt und ihm verliebte Blicke zugeworfen. Er zerschnitt ihre Unterwäsche und befahl ihr, nur noch »Liebestöter« zu tragen. Manchmal schlägt er sie; manchmal schockt er sie mit dem Versuch, Selbstmord zu begehen: Zu diesem Zweck klettert er aus dem Fenster im vierten Stock der gemeinsamen Wohnung und droht, sich fallen zu lassen. Sie muss ihm dann Besserung geloben und ihre Liebe zu ihm beschwören. Claire selbst ist von grau-mausiger Wesensart, angepasst bis zur Selbstverleugnung, ohne Eigeninitiative und eigene Kontur. Ihr Charakter ist ganz Reflex und Widerhall; sie hat keine Phantasie über ihre Zukunft, sie kennt ihre Bedürfnisse nicht. Sie möchte gebraucht werden und für einen anderen Menschen sehr wichtig sein. Offenbar benötigt sie einen hohen Reizpegel, das heißt Aufregungen und dramatische häusliche Szenen, um sich selber einigermaßen lebendig zu fühlen. Sie hat eine ausgesprochene Opferidentität, badet in Selbstmitleid und entlädt in tränenreichen Klagen den Zorn auf ihren Ehemann. Ihr vertrautes Lebensbewältigungsmuster besteht darin, vor anderen ihre jammervolle Existenz auszubreiten. Tief im Inneren erlebt sie aber die einengende Brutalität ihres Mannes und seiner Eifersucht als Indiz für ihre eigene Wichtigkeit. Wenn er bereit ist, sich für sie zu töten, darf sie sich als etwas Großes und Besonderes dünken. Claire wird von einem Retter, dem sie sich tränenreich anvertraut hatte, unter dramatischen Umständen aus ihrer grausamen Ehe herausgeholt. Das neue Pärchen muss untertauchen, um der Rache des Ex-Mannes zu entgehen, später zieht es in eine andere Stadt. Nach knapp zwei Jahren geht die neue Beziehung in die Brüche. Der Versuch, Claire eine liebevollere und von Aggression freiere Beziehungsform anzubieten, war gescheitert.

Fallbeispiel Nadine Z. oder der Versuch, eine Frau aus ihrem moralischen Elend zu befreien
Nadine ist ein leichtes Mädchen, 19 Jahre alt und hübsch anzusehen. In der zweiten Ehe ihres Vaters gibt es fünf Kinder, Nadine hat außerdem noch drei Halbgeschwister. Sie war ein ungewolltes Kind, wenig geliebt, vom Vater aber jahrelang sexuell missbraucht. Nadine ist von sehr schlichter Geistesart. Sie hat die Schule mit der siebten Klasse verlassen, keinen Beruf erlernt und sich von dem ersten besten Freund auf den Strich schicken lassen. Im Mittelpunkt ihres extrem einfachen Weltbildes steht das Geld als zentraler Lebenszweck: Geld erklärt alles, heilt alles und befriedigt alles. Nadine hat ein sehr eingeengtes Erlebnisspektrum: Viele Gefühlsregungen sind ihr fremd, ihr Gemüt ist wenig ansprechbar, Interessen fehlen, ebenso der Blick auf alles Zukünftige. Sie lebt in den Tag hinein und ist ausgesprochen bequem. Als sie einem Freier eines Tages erzählt, dass ihr Vater sie über Jahre hinweg als Kind sexuell allabendlich missbraucht habe und sie nun in den Fängen eines ungeliebten Zuhälters sei und für ihn anschaffen gehen müsse, entschließt sich dieser, Nadine zu retten und sie zu seiner Frau zu machen. Die Verbindung zerbricht nach kurzer Zeit.

Fallbeispiel Max F. oder der Versuch, einen Mann aus seinem sozialen Elend zu retten
Max ist seit Monaten obdachlos und nächtigt auf einer Bank im Stadtpark. Trotz seiner verzweifelten Lage versucht er, ein einigermaßen appetitliches Outfit aufrechtzuerhalten und seine Hygiene nicht zu vernachlässigen. Eine Sozialarbeiterin, die mit ihm von

Berufs wegen zu tun hat, verliebt sich in ihn und nimmt ihn in ihrer Einzimmerwohnung auf. Max leidet an einer Depression, seine Grundstimmung ist die der Ausweg- und Hoffnungslosigkeit. Er hat kein Vertrauen in die Welt und die Menschen. Er strahlt einen resignativen Pessimismus aus, ständige Unheilserwartungen machen den Umgang mit ihm schwer. Max zeigt kaum Antrieb, Initiative oder Kampfbereitschaft. Jede Anforderung erlebt er als nicht zu bewältigende Riesenaufgabe. Er ist schnell bereit, Schuld auf sich zu nehmen oder in Selbstanklagen zu verfallen. Sein mangelndes Selbstwertgefühl macht ihn überempfindlich gegenüber jeder Form von Kritik. Schicksalsergeben leidet er still vor sich hin und lässt sich finanziell und emotional von seiner tüchtigen Freundin tragen. Trotz mehrerer Klinikaufenthalte und einer daraus resultierenden Besserung seiner depressiven Symptomatik hält die Beziehung nur ganze vier Jahre.

Fallbeispiel Rosemarie R. oder der Versuch, eine Frau aus ihrem psychischen Elend zu retten
Rosemarie trinkt seit mehreren Jahren und geriet dadurch in eine unaufhaltsame Suchtspirale. Unter Aufbietung aller Kräfte war es ihr gelungen, die Trunksucht vor der Umwelt, insbesondere ihrem Kollegenkreis, zu verheimlichen. Als dramatische Höhepunkte ihrer Alkoholkarriere gestalten sich Zustände von Volltrunkenheit, die sie im Nachhinein mit abgrundtiefer Scham erfüllen. Als sie wieder einmal hilflos und fast gehunfähig aus einer Kneipe kam, begleitete sie ein junger Mann nach Hause, der sie fortan immer häufiger besuchen kam. Er wurde ihr Liebster. Zusammen versuchten die beiden, gegen den Dämon Alkohol zu kämpfen. Rosemarie entsetzte das Zittern ihrer Hände, ihr zunehmender körperlicher Verfall und ihre Tränensäcke, die immer voluminöser wurden. Sie litt unter quälenden Verlustängsten, klammerte sich an ihren Freund und ließ ihn keinen Schritt alleine machen. Ihr ausufernder Wunsch nach Wärme und Geborgenheit brachte sie dahin, den Freund vor Liebe fast aufzufressen. Er musste sie dauernd seiner Zuneigung versichern und jede Nacht – eng umschlungen – an ihrem Körper kleben. Seine Freunde sollte er aufgeben und stattdessen in dualer Fixierung ganz auf sie bezogen leben. Ein ausgeprägtes Harmoniebedürfnis ließ sie, wenn möglich, jeden Streit vermeiden. Wenn aber ihre verzweifelten Versuche, das

Trinken aufzugeben oder die Beziehung auf der Höhe innigen Verliebtseins zu halten, scheiterten, geriet sie in unerträgliche Spannungszustände und schnippelte sich mit einer Rasierklinge Wunden in die Unterarme. Das wiederum erzeugte bei ihm starke Schuldgefühle, weil er sich als Versager vorkam, der den selbsterteilten Rettungsauftrag nicht erfüllen konnte. Nach einem knappen Jahr scheiterte die Beziehung.

An dieser Stelle soll auf die Darstellung weiterer Fallbeispiele verzichtet werden. Die Grundmelodien der geschilderten Paarungen ähneln einander so stark, dass auch die Gründe für ihr Zerbrechen dieselben sind. Ich zähle nun im Einzelnen die Ursachen für das Scheitern auf:

a) Der Notleidende ändert sich nicht. Die Hilfsangebote des Retters haben nicht die heilsame Macht, eine Strukturveränderung bei dem anderen zu bewirken. Der Retter übersieht in seinem naiven therapeutischen Optimismus die teilweise schwere psychische Gestörtheit des Adressaten. Dieser ist ja in der Regel kein durch Fremdverschulden gefallener Engel, dem man aus einer Grube heraushelfen kann, in die ihn andere gestoßen haben. Sein Leiden resultiert aus dem bereits in der Kindheit gestörten Mechanismus der eigenen Seele, auch wenn es so aussieht, als trüge die jetzige Umwelt Schuld an seinem Elend.

b) Der Retter unterschätzt die Größe seiner Aufgabe. Er ist mit seinem Auftrag total überfordert. Er fühlt sich eines Tages ausgelaugt und durch die Vergeblichkeit seiner Bemühungen entmutigt.

c) Der Notleidende gerät durch die ihm zuteil werdende Hilfe oft in ein Abhängigkeitsverhältnis zu seinem Retter. Er bekommt wegen der gestörten Balance im Prozess des Gebens und Nehmens oft starke Schuldgefühle, die er häufig durch mürrische Unfreundlichkeit oder Aggressionen abwehrt. Statt erwarteter Dankbarkeit erntet der Retter dann ein unzufriedenes Gesicht oder gar den Vorwurf, nicht genug getan zu haben. Seine Sehnsucht, »Mutter« (»Vater«) zu erlösen und als strahlender Prinz (Prinzessin) dazustehen, werden massiv frustriert. Er wendet sich von dem Objekt seiner Bemühungen enttäuscht ab.

d) Nicht alles, was unhaltbar und desolat erscheint, muss es auch wirklich sein. In mancher – vermeintlich katastrophalen – Ehe sind Opfer und Täter so aufeinander eingespielt und angewiesen, so häufig im Rollenwechsel begriffen und aufgrund ihrer psychopathologischen Dynamik so ineinander verzahnt, dass sie sich gegenseitig brauchen (siehe Fallbeispiel Claire und Josef) und ein für Dritte nicht sichtbares Befriedigungsglück genießen. Der Retter kann sich da enorm täuschen. Nicht jeder, der lautstark seine Ehe beklagt, ist woanders besser aufgehoben. Oft merkt der Initiator einer Trennung das erst hinterher.

e) In wenigen Fällen gelingt eine Rettung doch. Aber dem Retter gereicht das oft nicht zur Freude. Der Geheilte oder wieder zu Kräften und Lebensmut gekommene Partner möchte den Zeugen seiner Schmach und seelischen Schwäche nicht weiterhin als lebende Erinnerung an diese seine Vergangenheit um sich haben. Noch möchte er durch irgendeine Dankbarkeitsverpflichtung an ihn gebunden sein. Er geht – und sucht sich ein Liebesobjekt, dem er sich gleichrangig fühlt und das ihn nicht aus den dunkelsten Stunden seines Lebens kennt.

3.3 Die Wahl des abwertenden Partners

Menschen mit der schmerzlichen Erfahrung des total abgelehnten oder entwerteten Kindes und einem daraus resultierenden stark deformierten Selbstbild – bis hin zu dem Gefühl des existentiellen Unwertes – haben oft als Erwachsene den brennenden Wunsch nach Rehabilitierung. Sie möchten aller Welt, vor allen Dingen aber den Personen ihres engeren Lebenskreises offensichtlich machen, dass sie als Kinder und Jugendliche von den Eltern, Geschwistern, Verwandten und Bekannten völlig verkannt und zu Unrecht in die Ecke des Kranken, Unnormalen, Verrückten oder Unterbegabten gestellt wurden. Es geht ihnen um das Erstreiten der eigenen Identität und des eigenen Selbstwertes, aber auch darum, den Triumph einer späten Genugtuung zu erleben: Die anderen sollen sich schuldbewusst und zerknirscht die Augen reiben und bestürzt ausrufen: »Du bist ja doch ganz anders, als wir dachten. Du bist ja liebenswert, attraktiv und intelligent und nicht dies elende, verrückte, debile kleine Nichts, für das wir dich alle hielten. Wir haben mit unseren Verdammungsurteilen schwere Schuld auf uns geladen und bitten dich hiermit um Vergebung. Sei ab nun in unserer Mitte ein geachtetes und wertvolles Mitglied der Familie!«

Leider gehen Wunschträume dieser Art selten in Erfüllung, weil die primären Bezugspersonen eines derart ausgegrenzten und entwerteten Kindes ihr Bild von der Tochter oder vom Sohn nicht ändern wollen oder können. Die um Rehabilitierung Bemühten wählen deshalb meist unbewusst – in Mutter- oder Vaterübertragung – einen Partner, der ähnlich wie ihre Eltern erst einmal wenig positive Seiten an ihnen gelten lässt oder die Tendenz hat, die Fähigkeiten und Qualitäten anderer gering zu schätzen. Natürlich tun sie das in der festen Hoffnung, diesen einen Menschen schon bald vom Gegenteil dessen, was er glaubt und meint, überzeugen zu können. Wenn er sein Unrecht einsieht und Abbitte leistet, dann darf sich der bisher Verkannte erleichtert und erlöst zurücklehnen und fortan ein normales Leben führen.

Fallbeispiel: Wally und Egon
Wally war für ihr Alter ein zu kleines und zartes, von der Haltung her geducktes, ängstlich sich in die Ecken und die Schattenzonen ihrer häuslichen Umwelt verkriechendes Mädchen. Sie war der Sündenbock und der schwarze Fleck auf der tugendsamen, weißen Weste einer kleinbürgerlichen Familie. Sie hatte immer Angst, anderen auf den »Wecker zu gehen«, etwas falsch zu machen, allen Menschen Pech zu bringen und jedes Fest durch ihre Anwesenheit zu verderben. Sie wagte es kaum, den Mund aufzumachen, denn man fiel ihr sofort ins Wort. Sie wagte aber auch nicht, den Mund nicht aufzumachen, denn dann hieß es vorwurfsvoll, sie sei muffelig und so anders als die anderen. Wally fand sich überflüssig. Niemandem würde es auffallen, wenn es sie nicht gäbe. Sie sei wie der Blinddarm, ein unnützes Ding. Ihren Erzählungen schenkte man keinen Glauben. Beklagte sie sich über Schmerzen, hieß es, es sei Einbildung. Sätze wie: »Du bist doof, du tickst nicht richtig; halt deinen Latz, du Depp; die muss in die Anstalt; die ist ja gemeingefährlich, die ist ja nicht richtig im Kopp, die hat ja 'nen Dachschaden, die gehört ja eingesperrt!« hörte sie fast täglich. Abends am Tisch bekam sie fast regelmäßig eine Ohrfeige. Sie musste neben ihrem Vater sitzen, damit er sie bequemer schlagen konnte. Schrie

sie vor Angst, bekam sie noch was obendrauf – und Mutter guckte seelenruhig und billigend zu. In der Schule setzte sich ihr Martyrium fort. Da sie kaum etwas kapierte, nur stumm da saß, wurde sie an den Ohren gezogen und bekam eins auf die Hände. Fast jeden Tag musste sie eine Zeit lang eine Stunde nachsitzen. Auch die Mitschüler hielten sie bald für einen Deppen und erklärten sie zum Dorftrottel. Wally gewöhnte sich an, ein willenloser Roboter zu sein: »Nichts sagen, nichts fragen, nur Befehle ausführen. Man darf atmen, sonst nichts.« Aber schon in der Kinderseele von damals regte sich ein bitterer Trotz gegen die grausamen Definitionen ihrer Person durch ihre Mitmenschen. Ganz tief im Innern gab es die Gewissheit für sie, ganz normal zu sein. Sie nahm sich vor, alle Welt von dieser Tatsache zu überzeugen und eines Tages im Triumph ihre Rehabilitierung zu genießen. Aber trotz aller späteren Versuche – Wally erlernte zum Beispiel einen geachteten Beruf – konnte sie ihre Eltern und deren Bild von ihrer »doofen Tochter« nicht korrigieren. Als sie heiratete, geriet sie an einen Mann, der voller Zynismus und Menschenverachtung war und dem es Spaß machte, seine Mitbürger auf sublime Weise abzuwerten und lächerlich zu machen. Er war Lehrer von Beruf, hatte alle Weisheit für sich gepachtet, wusste alles besser, ließ die Meinung anderer nicht gelten und setzte natürlich auch Wally, seine Frau, in spöttelnder Manier herab (»Du hast keine Fehler, mein Schätzchen, du bist der Fehler!«). Wally hatte unbeabsichtigt, aber durch unbewusste Motive sinnvoll gesteuert, ihre Kindheitssituation wieder konstelliert und begann nun im zweiten Anlauf, ihren Mann verändern zu wollen. Wenn sie ihn von ihrer geistigen Normalität überzeugen könnte – so dachte sie –, wäre auch für die Wunden aus jenen schlimmen Kinderjahren eine Heilung möglich. Aber sosehr sie auch um intellektuelle Anerkennung und Ernstgenommenwerden rang, ihr Ehemann spielte nicht mit. Als er nämlich ihre spezifische Verletzlichkeit spürte, machte er sich einen Spaß daraus, sie zu kränken. Ja, er entwickelte eine fast sadistische Freude daran, sie immer wieder in den Abgrund ihrer Selbstzweifel zu stoßen und sich seinerseits neben ihr als der große Zampano aufzubauen. Die Ehe entwickelte sich für Wally zur Dauerkrise.
Wir sehen: Die Wahl des zur Abwertung neigenden Partners in der Hoffnung, ihn in einen anderen, Akzeptanz ausstrahlenden

Menschen zu verwandeln, ist in den meisten Fällen zum Scheitern verurteilt. Die auf Rehabilitierung bedachte Person konstelliert ihr altes Kinderelend von neuem.

3.4 Die Wahl des ödipalen Liebesobjekts

Obwohl die Allgemeingültigkeit des von Freud in den Mittelpunkt seiner Lehre gestellten Ödipuskomplexes heutzutage von vielen Forschern in Frage gestellt wird: als Spezialfall existiert er unbezweifelbar und entfaltet seine neurotische Dynamik.

Im Zusammenhang mit der Thematik dieses Buches spielt dieser Ödipuskomplex eine Rolle. Ich beschreibe jetzt nämlich Menschen, die als Erwachsene mit Hilfe eines Partners ein Nachholen der unerfüllt gebliebenen ödipalen Liebe anstreben. Hier müssen wir allerdings zwei recht unterschiedliche Entwicklungslinien verfolgen:

Da gibt es einmal das Liebesverhältnis zwischen Vater und Tochter (Mutter und Sohn), das von intensivsten, erotischen Gefühlen beherrscht wird, ohne dass es zu einem körperlichen Vollzug dieser Liebe kommt.

Nehmen wir ein Beispiel: Erika, die Tochter, war schon immer Vaters Sonnenschein. Als die Mutter infolge von Krankheit häufig und über Jahre immer wieder von zu Hause abwesend ist, nimmt das Mädchen den Platz der Gattin ein und wird Vaters Vertraute. Sie besorgt, so gut sie kann, den Haushalt und erntet dafür überschwängliche Anerkennung und Streicheleinheiten. Zwischen den beiden entsteht mit der Zeit eine ausgesprochen erotische Atmosphäre mit ausgedehnten Zärtlichkeitsritualen und Näheangeboten von Seiten des Vaters. Allmählich verwischen sich die Generationsschranken. Sie idealisiert ihren Vater maßlos. Er wird ihr »Gott«, die Kontakte mit Gleichaltrigen treten in den Hintergrund. Er verwöhnt sein Prinzesschen nach allen Regeln der Kunst und stimuliert dauernd ihr körperliches Verlangen, ohne dass es je so etwas wie eine Erfüllung gibt. Die Inzestschranke bleibt voll wirksam, aber ebenso die Fixierung an den Vater und an die mit ihm erlebte wunderschöne Zweisamkeit. Sie, die Tochter, kann sich erst vom Vater lösen, als sie – als erwachsene Frau – einen Mann findet, der »ganz der Vater ist«.

Eine zweite ödipale Entwicklungslinie verläuft über fast entgegengesetzte Kindheitserfahrungen: War es im ersten Fall ein Übermaß an Liebe und Zärtlichkeit und Verwöhnung, so sind es hier Lieblosigkeit und schmerzliche Mangelerlebnisse, die zu einer frühen Sexualisierung der Eltern-Kind-Beziehung führen. Es sind die emotionale Kargheit und der Mangel an Empathie und Spiegelung durch ein mütterliches Objekt, die ein Kind sehnsüchtig nach anderen Befriedigungsquellen suchen lassen. Hinzu kommt das Missverstehen der kindlichen Zärtlichkeitsausbrüche durch ein Elternteil als grob sexuelle Annäherungen, die bei einer ausgehungerten Mutter (Vater) eine sexuelle Antwort hervorrufen. Da das Kind seinerseits extrem begierig ist nach jeder Art von lustvoller Stimulation, weil seine phasenspezifischen Bedürfnisse von den Eltern eben nicht erfüllt werden, entdeckt es die eigene sexuelle Erregung als Mittel gegen ein leeres Selbst und eine leere Depression. Es entwickelt verfrüht konkrete sexuelle Sehnsüchte und richtet sie auf das gegengeschlechtliche Elternteil. Auf diese Weise werden die ödipalen Wünsche im Unbewussten nie aufgegeben, die leidenschaftliche, aber verbotene Liebe bleibt Inbegriff jedes Beziehungsglücks. Sobald der – in dieser Weise Vorgeschädigte – spätere Erwachsene auf einen Menschen trifft, der Vater/Mutter ähnlich erscheint, wird er sich verlieben. Oft genügen geringfügige Übertragungsauslöser, um den potenziellen Partner im gewünschten Licht erscheinen zu lassen (ähnliche Haarfarbe, eine bestimmte Geste, der Tonfall der Stimme, die Art zu lachen, die Bevorzugung der gleichen Speise). Wenn die beiden dann als Paar einen gemeinsamen Hausstand gründen und zusammenziehen, entsteht eine Neuauflage der primären häuslichen Situation und ein illusionäres Gefühl von Gleichheit in Bezug auf damals. Der odipal Bedürftige erscheint am Ziel seiner Wünsche.

In der Regel jedoch baut dieses glückverheißende Arrangement auf einer Illusion auf. Die mit so viel Enthusiasmus begonnene Beziehung (sowohl in Fall eins und zwei) scheitert oder wird von pausenlosen Konflikten erschüttert.

Die Gründe:

a) Der ödipal Bedürftige erkennt den Surrogatcharakter seines Partners, die sprachlose Verständigung – wie damals im Elternhaus – klappt nicht, der Gleichklang der Seelen bleibt aus, die Verwöhnungserwartungen werden enttäuscht. Der Ehemann (die Ehefrau) ist eben nicht der geliebte Vater (die geliebte Mutter).

b) Die vermeintliche Ähnlichkeit des Partners mit einem Elternteil lässt die Inzestschranke erneut wirksam werden. Es kommt zu schweren sexuellen Störungen und Meidungen, die eine Ehe enorm belasten.

c) Der Partner enttäuscht, weil die Sexualität mit ihm das leere Selbst des Frühgestörten nicht füllen kann. Die erhoffte Erlösung, in der Sexualität zu verschmelzen und auf diese Weise komplett zu werden, gelingt nicht.

3.5 Die Wahl des emotional unzuverlässigen Partners

Auch hier begegnet dem Leser wieder ein bereits vertrautes Muster: Der Partner wird im Wiederholungszwang gewählt; er verkörpert ein unzuverlässiges Elternteil und soll im zweiten Anlauf gemäß den Wünschen des Wählenden zum positiven umgemodelt werden. Ich bringe gleich ein Fallbeispiel zum oben genannten Thema:

Corinna F. wuchs im Dunstkreis einer ewig missgelaunten, ewig nörgelnden, ewig kranken Mutter auf, die alle Lebensfreude des Kindes unter den düsteren Wolken ihrer Melancholie erstickte. Das Mädchen kümmerte lustlos vor sich hin, weinte viel und führte ein fast unsichtbares Schattendasein. Nur wenn der Vater kam, dann blühte sie auf. Er war die ganze Woche über weg, ein Handelsvertreter auf Reisen, aber am Freitag Abend, da hörte sie seine Schritte, da sah sie den Glanz in seinen Augen und die weit ausgebreiteten Arme, mit denen er sie empfing. Er war ihr Leben, die Wärme für ihr Wachstum und die hoffnungsfrohe Zuversicht, dass es jenseits der mütterlichen Welt andere Daseinsräume gab, in denen es Spaß machte und lohnte zu existieren. Die ganze Woche über lebte sie auf diesen einen Moment hin: Wenn er kam und strahlte und sie herzte und küsste, mit ihr spielte, lachte und wirbelte und tolle Geschichten erfand.

Wer beschreibt aber ihre Panik, als dieser geliebte Vater eines Tages die Familie verließ, sie im Stich ließ, sie bei einer Mutter zurückließ, deren zunehmende Bitternis sich nun wie tödlicher Mehltau über ihre Kinderwelt ausbreitete. Corinna erlebte Vaters Weggang als schrecklichen Verrat. Sie war sprachlos vor Entsetzen, versteinert, glaubte an den Weltuntergang. Es war, als sei ihr die eigene Daseinsermöglichung entzogen worden. Das Trauma des Verlassenseins begleitete sie als dumpfes Hintergrundrauschen durch Kindheit und Jugendzeit und bestimmte auch später die Wahl ihres Partners. Corinna wählte sich einen charmanten, extrovertiert-lebendigen, äußerst attraktiven Mann, der mit dem lieblichen Gesang seiner Worte jede Frau um den Finger wickeln konnte. Patrick war ein Genussmensch, den Freuden des Augenblicks zugetan, von sorgloser Gleichgültigkeit gegenüber den möglichen Wechselfällen des Lebens. Er hatte starke, aber schnell flüchtige Gefühle; eine Strohfeuernatur, deren Vorlieben und Interessen nur von kurzer Dauer waren. Er war weder von des Gedankens Blässe angekränkelt noch von besonderen Moralvorstellungen in seinem Handlungsspielraum eingeengt. Er strotzte vor Selbstbewusstsein, suchte und brauchte Abwechslung, Action und die Erregungsmomente eines farbigen Lebens. Corinna spürte schon kurz nach der Eheschließung, dass ihr Gatte nicht unbedingt für Treue und die tiefen Übereinstimmungserfahrungen einer stabilen Liebe geschaffen war. Trotzdem erlebte sie mit ihm die ganze Fülle des Glücks und den Rosenschimmer unvergesslich schöner Stunden. Aber mit zunehmender Ehedauer nahmen die Phasen zu, in denen er sie nicht mehr begehrte, in denen er ihre Nähe mied, auf Distanz ging, verschlossen war und seine Stacheln ausfuhr. Sie geriet in eine Dauerbesorgnis, alte Verlassenheitsängste brachen wieder auf und versetzten sie in einen fast unerträglichen Alarmzustand. Patrick kam abends oft sehr spät nach Hause. Er machte sie eifersüchtig, prahlte mit früheren Erfahrungen und quälte sie mit Äußerungen, die alle in Richtung Trennung zielten: »Liebe kommt, Liebe geht! Jeder Mensch ist ersetzbar! Ich weiß doch heute nicht, ob ich dich morgen noch lieben werde! Nichts bleibt, wie es ist, alles ändert sich! Ich bin zu schade für nur eine Frau! Frauen gibt's wie Sand am Meer!«

Corinna war einem Wechselbad der Gefühle ausgesetzt. Das Klima der emotionalen Instabilität machte sie krank. Ihr Mann war zu einem unkalkulierbaren Risiko geworden, und sie selber erlebte die Wiederkehr des vertrauten Schreckens. Wieder stand sie fassungslos vor einer Situation, die im göttlichen Schöpfungsplan nicht vorgesehen sein durfte. Ein Vater, der sein Kind verlässt, beging ein Sakrileg, er verletzte ein ehernes Naturgesetz. Genauso fühlte sie in Bezug auf ihre Ehe. Für sie war der Liebste ein singulärer Glücksfall, durch nichts und niemanden ersetzbar, einmalig bedeutsam und nicht auszutauschen. Sie glaubte an die bindende Kraft der gemeinsam erlebten Stunden und Glücksmomente. Die Idee der Treue war zum Leitmotiv ihres Lebens geworden. Liebe war ein Versprechen auf Ewigkeit. Ein Akt des Willens, zu einem einmal gegebenen Entschluss zu stehen und nicht den Schaukelbewegungen der Gefühle kampflos nachzugeben. In ihren gemeinsam gefeierten und tief empfundenen Gipfelerlebnissen hatten sie sich einander versprochen und die Unwiderruflichkeit dieses Versprechens mit tausend Küssen besiegelt. Nun gehörten sie bedingungslos zusammen. Für Corinna ist Liebe eine Werthaltung: ein Sich-Verpflichten auf Dauer. Sie schließt die Gewissheit ein, dass der innerste Wesenskern eines Menschen über alle Zeiten hinweg derselbe bleibt und dass ein existenzielles Berührtsein durch die Kraft einer einmal erlebten großen Liebe für einen anderen Menschen für immer ein Teil dieses Kernes sein wird.

Corinna kann nicht fassen, warum nicht alle so denken und fühlen wie sie. Ihre Tragik liegt in der Wahl eines genau »falschen« Partners. Um die Wunde ihres Verlassenwordenseins in der Kindheit zu heilen, hatte sie in Vaterübertragung einen Mann gewählt, der emotional genauso unzuverlässig war wie ihr Daddy. Sie hatte um seine Unzuverlässigkeit irgendwie gewusst, aber die Hoffnung, diesen Mann zu ändern und über diese Änderung doch noch die Dauerhaftigkeit von Beziehungsglück leben zu können, hat sie die damals schon deutlich sichtbaren Warnsignale ausblenden lassen.

3.6 Die Wahl des dominanten Partners

Hier sind es häufig Frauen, die ein gestandenes Mannsbild, einen autoritären »Vater« oder einen Pascha-Typ wählen, um die eigenen ungelösten Macht-Ohnmachtkonflikte aus ihrer Kindheit erneut zu bearbeiten. Aber es gibt auch männliche Aspiranten, die im Schatten einer herrischen Mutter aufwuchsen und sich nun in Wiederholung alter Beziehungsstrukturen eine dominante Partnerin suchen. Allen Kandidaten gemeinsam sind ähnliche Erfahrungen:
Sie mussten sich, mehr als bekömmlich, einem Fremdwillen beugen, wurden kontrolliert und erhielten wenig Entfaltungsspielraum für eigene expansive Wünsche und Unternehmungen. Erlebnisse der Ohnmacht und die Unmöglichkeit zu widersprechen oder den Gehorsam zu verweigern, prägten ihren Alltag. Sie waren den Launen und Willkürimpulsen eines Menschen ausgeliefert, der seine angebliche Überlegenheit oft einzig und allein auf seine Elternposition stützte. In einem zweiten Anlauf versuchen sie nun – mit Hilfe des gewählten, dominanten Partners –, die Peinigungen des einstigen Unterlegenseins zu tilgen, Selbstbehauptung zu trainieren, eine frühe, nie stattgefundene Auflehnung zu wagen und einen späten Sieg zu erfechten. Das Wiederholungsdrama kann beginnen.
Als erste Gruppe fasse ich alle diejenigen Individuen zusammen, die unter dem Joch eines autoritären Vaters oder einer gnadenlosstrengen Mutter einem übermäßigen Anpassungsdruck ausgesetzt waren.
Eine zweite, typische Familienkonstellation, in deren Klima das Macht-Ohnmacht-Thema gelebt wird, hat mit der Vermischung der Generationsschranken zu tun. Hier haben wir es häufig mit schwachen und hilflosen Müttern zu tun, die infolge mangelnder Erwachsenenreife mit ihrem Kind auf der Ebene von Gleichrangigkeit Durchsetzungsprobleme ausfechten. Das Kind wird häufig maßlos verwöhnt, zum Mittelpunkt der mütterlichen Welt gemacht und beginnt mit immer neuen Ansprüchen und launischen Interessenwechseln jahrelang die Mutter zu tyrannisieren. Diese fühlt sich durch das egoistische Machtgebaren des Kleintyrannen

immer mehr gedemütigt und in die Ecke gedrängt. In ihrer Not schlägt sie nun einen doppelten Salto mortale und schlüpft in die unechte Rolle angemaßter Autorität. Sie gibt sich plötzlich streng und versagend und liefert ihrem Kind Gefechte bis an die Grenze der gegenseitigen Erschöpfung. Ab nun wogen die Machtverhältnisse hin und her. Das Kind kämpft um seine alte Vorrangstellung, unternimmt trotzige Befreiungsversuche und verliert am Ende die Orientierung, wer oben oder unten ist. Die Frage, wer nun das Sagen hat, bleibt sein ungelöstes Dauerproblem und wird spätestens in seiner Ehe mit einem dominanten Partner wieder aufleben.

Es gibt drittens auch Familienstrukturen, in denen ältere Geschwister eine das nachgeborene Kind prägende Rolle spielen. Ich denke an einen Patienten, der als unerwünschter Nachzügler in einem materiell und emotional kargen Milieu von zwei neidvollen Brüdern aus dem elterlichen Nest geschubst wurde und der sich buchstäblich in einem nackten Überlebenskampf durch Schlagen, Kratzen und Schreien seine Daseinsberechtigung erstreiten musste. Noch sein späteres Weltbild war durch die Struggle-for-Life-Metapher bestimmt und prägte ganz wesentlich den streitbaren Verlauf seiner Ehe.

Die vierte und letzte Gruppierung soll durch ein Beispiel illustriert werden. Hier geht es um das Schicksal von Kindern, die unter der Knute eines Pascha-Vaters heranwachsen müssen, für den Töchter oder Söhne kostenlose Dienstleistungsträger sind.

Beatrice war von Kindesbeinen an die »Krankenschwester« eines hypochondrischen, durch Jähzornsausbrüche einschüchternden Vaters und einer depressiven Mutter. Sie hatte ihrem herrischen Vater die Pantoffeln und die Zeitung zu bringen und das Frühstück zu machen, bevor sie morgens zur Schule ging. Sie musste einkaufen, kochen, putzen, ihr Ohr den Jammertiraden des Vaters leihen und als dienstbarer Geist – gewissermaßen in Habachtstellung – ihren Papa umstreichen und seine Wünsche erraten und erfüllen. Als sie, inzwischen 18 Jahre alt geworden, von zu Hause gegen ein ausdrückliches Verbot des Vaters fortlief, ließ er sie durch einen Privatdetektiv suchen und zurückholen. Trotzdem hatte Beatrice das Gefühl, durch ein unendliches Schuldkonto an das Elternhaus gebunden zu sein. Gleichzeitig rebellierte sie innerlich gegen das Ausmaß an Verantwortung, das man ihr aufgebürdet hatte. Sie wollte frei sein von jeglicher Rücksichtnahme und

Verpflichtung, endlich ein eigenes Leben führen und den lange zurückgestauten eigenen Bedürfnissen freien Lauf lassen. Beatrice heiratete in Vaterübertragung – kurze Zeit nachdem sie das Elternhaus zum zweiten Male fluchtartig verlassen hatte – einen Mann, der sich bald als Pascha entpuppte. Die jung vermählte Frau begehrte aber schon nach wenigen Monaten gegen die ihr zugedachte Aschenbrödelfunktion auf. Von nun an konzentrierte sie ihr ganzes Sinnen und Trachten auf die Entthronung ihres Ehegatten. Die Rolle der sich Verweigernden wurde zum zentralen Anliegen ihres Lebens.

Beziehungen oder Ehen, die mehr oder weniger unbewusst hauptsächlich zu dem Zweck eingegangen oder geschlossen werden, um einen mächtigen Partner zu besiegen oder wenigstens in seine Schranken zu verweisen, sind von Anfang an stark gefährdet. Hier geht es ja in erster Linie um Kampf, Verweigerung und Distanznahme, um das Erstreiten und Durchsetzen der eigenen Bedürfnisse und weniger um das Kompromisseschließen, das Mit- und Füreinander-Dasein und das Denken auch an das Wohlbefinden des anderen. Besonders ein bisher unterdrückter oder ausgebeuteter Mensch verliert oft das Augenmaß für das angemessene Handeln. Aus Furcht, seine Selbstbehauptung könne misslingen, schießt er über das Ziel hinaus und mutet seinem Partner die quälende Streitatmosphäre eines Dauerkonflikts zu. Seine Motivation nämlich, sich aufzulehnen oder zu siegen, steht im krassen Gegensatz zum Wesen einer Beziehung, die doch zum Wohlbefinden beider Teilnehmer beitragen soll. Schon aus diesem Grund sind derartige Verbindungen von der Struktur ihrer Prämissen her gesehen meist zum Scheitern verurteilt.

Etwas anders verhält es sich mit jenen Konstellationen, die von kampfhungrigen Power-Frauen geschaffen werden. Sie sehen im erwählten, starken Mann den Sparringpartner, der ihnen Widerstand und jene Gegenwehr bereiten soll, die niederzuringen ihre tiefste Befriedigung ausmacht. Der Kampf mit dem männlichen Liebesobjekt dient ihrer Selbstprofilierung und der immer zu wiederholenden Bestätigung der eigenen Überlegenheit. Wenn sich in diesem Spiel die Passenden finden, kann es trotz nicht endender Exzesse zu einem Gleichgewicht der Interessen und zu einem intensiven Befriedigungsglück kommen.

3.7 Die Wahl des Pfleglings

In der Biographie neurotisch erkrankter Menschen taucht eine El-
tern-Kind-Konstellation relativ häufig auf: gemeint ist die Vertau-
schung der Rollen innerhalb eines Familiensystems. Es gibt den
Missbrauch leiblicher Kinder zum Zwecke der eigenen Bedürfnisbefriedigung. Kinder können in Elternfunktionen gepresst werden, um für die eigenen Eltern »Vater oder Mutter« zu sein. Insbesondere werden die Kinder aber benötigt zur Angst- und De-
pressionsabwehr und um das stark gefährdete seelische Gleichgewicht der Eltern aufrechtzuerhalten. Die bedürftigen Eltern brauchen Akte der Fürsorge, die tröstende Anteilnahme der Kleinen an
ihren Sorgen und Kümmernissen, liebevolle Zuwendung und verstehende Resonanz, wenn sie sich über das häusliche Jammertal,
die Ehe oder andere Probleme beklagen. Kinder können und sollen als Stimmungsaufheller fungieren. Sie sollen durch ihre Fröhlichkeit – die eine unechte ist und über den Abgrund der eigenen
Verzweiflung hinwegtäuscht – die Welt der Mutter (des Vaters)
wieder erträglich machen. Kinder eignen sich für ausbeuterischen
Missbrauch auch deshalb besonders gut, weil sie allzeit verfügbar
und von den Eltern abhängig sind und weil sie ihre Rolle nicht
aufkündigen können, von deren Pathologie sie ja selbst nichts
ahnen. Manchmal werden zum Beispiel auch die Erstgeborenen
zur Betreuung und Pflege ihrer nachfolgenden Geschwister heran-
gezogen. Sie entwickeln sich dann oft zu kleinen, hilfsbereiten
Geistern mit ausgeprägten mütterlichen Tugenden. Dabei gerät
ihnen die eigene Wunschwelt immer mehr in Vergessenheit. Der
Mitmensch tritt in das Zentrum ihres kleinen Kosmos, seine Gesundheit und Zufriedenheit werden wichtiger als das eigene Wohlbefinden. Später, als Erwachsene, lassen sich Menschen mit dieser
Vergangenheit bevorzugt in den Reihen von Krankenschwestern
und karitativ Tätigen, in aufopfernden Rollen als Altenpfleger
oder ehrenamtlichen Gemeindehelfern wiederfinden. Aber nicht
alle setzen ihren gewohnten Weg fort und identifizieren sich auch
weiterhin mit der erlernten Helferrolle. Manche rebellieren gegen
die ihnen einstmals aufgezwungene Opferhaltung und versuchen
in einer späteren Beziehung oder Ehe, die alten Karten neu zu

mischen und die bisher geübten Verhaltensweisen abzuschütteln oder gar den Spieß umzudrehen. Diese Gruppe soll uns hier beschäftigen. Es wird zwar erst einmal – in alter Gewohnheit – ein Elternsubstitut als Partner gewählt, das die Rolle des Pfleglings einnimmt und im Helfer-Typ die neurotisch geprägten Bemutterungsimpulse wiederbelebt. Binnen kurzer Zeit löst aber die erneut eingenommene Opferhaltung einen enormen Überforderungsdruck beim Helfer-Typ aus. Gleichzeitig brechen lang angestaute Individuationswünsche auf. Die Beziehung wird zum Gefängnis, die Ansprüche des Partners werden zur Kralle, die sich wie im Würgegriff um den Hals des Betroffenen legt. Mächtige Ausbruchstendenzen und ein ungeahnter Freiheitsdrang stacheln den bisher Ausgenutzten an, die selbst gewählten Fesseln abzuwerfen und im zweiten Anlauf jene Befreiung zu leben, die im Elternhaus niemals glückte. Der Helfer möchte nicht mehr pflegen und hegen, sondern frei oder selber Pflegling sein.

Fallbeispiel: Rebekka M.
Rebekka hatte einen schwachen Vater. Nach außen hin gab er sich autoritär, ließ sich zu Jähzornsausbrüchen hinreißen und betrachtete seine kleine Tochter als sein Eigentum. Er liebte Rebekka auf seine Weise. Sie war eine Fortsetzung seiner eigenen Person, ein Anhängsel ohne Recht auf Eigensein. Trotzdem zeigte er Wohlwollen und eine gewisse gemüthafte Wärme für sie. Wenn sie ganz auf seiner Wellenlänge schwamm und deren Lautpegel uneigennützig verstärkte, umfing ihn ein zufriedenes Glück. Besonders dann, wenn sie vierhändig Klavier spielten. Aber hinter der Fassade seiner scheinbaren Lebenstüchtigkeit und bürgerlichen Solidität verbarg sich ein zutiefst selbstunsicherer, mutterbedürftiger und nach Liebe und Fürsorge hungernder Mensch. Herr M erzog seine Tochter zu seiner persönlichen Bediensteten, erwartete Zuspruch und Spiegelung von ihr, unterband alle eigenmächtigen Regungen ihrer jungen Seele und nährte sich wie ein Parasit an ihrer Lebendigkeit. Rebekka durfte und sollte keine Freundschaften pflegen oder gar einen Jungen mit nach Hause bringen. Als sie 19-jährig das Elternhaus verlassen wollte, geriet er in eine so starke seelische Krise, dass eine Klinikeinlieferung notwendig wurde.
Die Mutter des Mädchens hatte die Familie durch mehrere Selbstmordandrohungen in eine permanente Alarmstimmung versetzt.

Sie glich einem hilflosen Kind, das dringend Außensteuerung und einen stützenden Arm benötigte, der sie beruhigend und tröstend umfing. Sie gab eine recht lächerliche Figur ab und wurde ihrer Schwäche und mangelnden hausfraulichen Kompetenz wegen von ihrem Gatten und ihrer Tochter verachtet und abgewertet. Kompliziert wurde die Situation dadurch, dass Rebekka ihre Mutter aber trotzdem liebte, sie wie ein eigenes Kind bemutterte und mit therapeutischem Beistand bedachte, wenn sie wieder einmal in eines ihrer depressiven Tiefs verfiel. Rebekka erlebte sich als ein unwillkommenes und letztlich nicht angenommenes Kind, das eigentlich kein Lebensrecht besaß, weil es aus eigener Schuld heraus zutiefst schlecht war. (Wodurch sie sich schuldig gemacht hatte, konnte sie allerdings nicht angeben.) Rebekka durfte sich weder entwickeln, noch »Ich« sein; ihr Leben war eine Nicht-Existenz. Sie benötigte ihre ganze Kraft und frühreife kindliche Intelligenz, um das Leben ihrer Eltern zu ermöglichen und zu erhalten. Existenzberechtigt war sie nur, wenn sie sich nützlich machte, Hilfe leistete, Sorge trug und als »kleines gebücktes Kind zwei lebensunfähige Erwachsene hinter sich her zog«. Sobald sie etwas für sich tat, bekam sie ein schlechtes Gewissen. Es gab niemanden, der sie wahrnahm und in ihren Entwicklungswünschen bestätigte. Sie war ein »leeres Fass, dass versuchte, sich selbst zu füllen.« Rebekka hatte für ihre Eltern da zu sein. Ihre ganze Anstrengung galt der Frage, was der andere wohl jetzt und hier von ihr erwartete. Sie entwickelte sehr früh die Fähigkeit, den Eltern ihre Wünsche von den Augen abzulesen und »geil auf die Probleme anderer zu sein«.

»Ich kann das, ich mach' das schon!« war ihre Parole. Sie strahlte Zuversicht und die verzweifelte Stärke eines Kindes aus, das sich für seine Familie zuständig und verantwortlich fühlte. Rebekka entwickelte ausgesprochen therapeutische Fähigkeiten und brachte das Kunststück fertig, die Gefühle von Vater und Mutter zu sortieren, deren Ehestreit zu schlichten, Puffer zu sein und ein stets wachsames Auge auf Mutter zu werfen, um einem erneuten Selbstmordversuch ihrerseits rechtzeitig entgegenzusteuern. Sie half der Mutter im Haushalt und schmierte für Vater die Stullen. Für ihn war sie sein zweites Ich. Sie fühlte sich meisterhaft in ihren Vater ein, spiegelte seine Gefühle, war immer präsent und bezogen, stand zur Verfügung und vollstreckte den väterlichen

Willen. Aber tief in ihrem Inneren – und je älter sie wurde, desto heftiger – brodelten ein mächtiger Gegenwille und Hass auf diejenigen, die sie in die Dienerrolle zwangen. Sie begehrte danach, selber Kind sein zu dürfen, Zuwendung zu bekommen, geliebt und gepäppelt zu werden, ein kleines, flauschiges Küken zu sein mit dem Eigenrecht auf Leben. Sie phantasierte sich in die sorglose Wärme eines Bettes, umgeben von Eltern, die sie fütterten und von jeglichen Pflichten und Verpflichtungen freistellten.

Als junge Frau geriet Rebekka – in Elternübertragung – mit schöner Regelmäßigkeit immer wieder an hochsensible, äußerst bedürftige und mit sich und der Welt zerfallene Männer. Sofort blühten ihr therapeutischer Ehrgeiz und die ganze Bandbreite ihrer mütterlichen Qualitäten wieder auf und umhüllten den schwachen und stützungsbedürftigen Freund mit dem seidigen Mantel ihrer weiblichen Wärme. Rebekka arbeitete sich in der Helferrolle so lange ab, bis ihre Kräfte versagten, die Liebe in Hass umschlug und sie nun in einem Kraftakt triumphierender Härte den Schmarotzer von ihrer Brust stieß. Alles wurde ihr nun zu viel und zu eng; sie wollte weg, nur weg, frische, unverbrauchte Luft atmen, die Zentnerlast der Verantwortlichkeit abwerfen, im Raum der Freiheit ganz den eigenen Wünschen und Sehnsüchten leben. Und es dem Ausbeuter heimzahlen: sich selbst für die Jahre ihrer Fronarbeit durch die Befreiungstat einer abrupt vollzogenen Trennung entschädigen. Rebekka versuchte, die Last der eigenen Vergangenheit loszuwerden und sich selbst zu heilen. Aber leider bewirken derart nachgeholte und am Stellvertreter-Objekt vollzogene Rundumschläge keine echten Strukturveränderungen und Entwicklungsschritte. Die betreffende Person – wenn sie keine Analyse macht – fällt häufig wieder in ihre alte Helferhaltung zurück, wählt einen Pflegling zum Mann, rebelliert und stößt ihn nach geraumer Zeit wieder ab. Das wiederholt sich unter Umständen viele Male. Die Wahl des pflegebedürftigen Partners führt zur Selbstüberforderung, zu Enttäuschung und letztlich dann zum Aufbrechen eines in langer Kindheit aufgespeicherten Wutpotenzials. Die Beziehung ist zum Scheitern verurteilt.

3.8 Die Wahl des frauenfeindlichen Mannes

Zugegeben: Die hier angesprochenen Frauen wählen sich weder bewusst den Frauenhasser noch haben sie den Wunsch, an der Seite eines solchen Negativ-Exemplars der menschlichen Gattung zu leben. In der Regel fallen sie auf ihn herein, weil er die hohe Kunst der Tarnung besitzt und sich außerdem im Zustand der Verliebtheit als äußerst liebenswert, einfühlsam und leidenschaftlich präsentiert.

In der Gefühlswelt eines solchen Mannes existiert das weibliche Geschlecht in einer zweifachen Ausgabe:

Da gibt es einmal die gute, nie besessene, aber immer heiß ersehnte Mutter-Geliebte, um deren Bild ein strahlender Glorienschein wallt, und zweitens die böse, versagende, strafende, untaugliche und deshalb zu hassende Mutter, die er aus eigener qualvoller Erfahrung kennt und die sein ganzes Kinderleben verdüstert hat.

Wenn der frauenfeindliche Mann um ein Liebesobjekt wirbt, weil er es begehrenswert findet, projiziert er sein idealisiertes Traumfrau-Wunschbild auf dieses Objekt und begegnet ihm mit den liebenswerten Anteilen seiner Persönlichkeit, die er natürlich auch hat. Er kann dann äußerst charmant, einfallsreich und zärtlich sein und die Frau mit der Glut seines Liebesfeuers in Flammen versetzen. Aber schon infolge kleinster Enttäuschungen bricht sein illusionäres Gebäude von der idealen Mutter-Geliebten zusammen. Das viel wirkmächtigere böse Mutterbild kommt nun zum Tragen und wird fortan seine Beziehung zu der erwählten Frau bestimmen. Nun zeigt er sich von einer völlig neuen Seite, benimmt sich rücksichtslos, ja mitunter brutal und hat anscheinend Freude daran, seine Gefährtin zu brüskieren, zu schockieren oder zu quälen. Und jetzt – in diesem Augenblick – beginnt die eigentliche Pathologie dieser Beziehung. Die gedemütigte und verletzte Frau wird nicht etwa hellhörig und überdenkt erschrocken die getroffene Wahl. Sie wehrt sich nicht energisch, droht dem Gemeinen nicht die Trennung an oder vollzieht sie sogar in dem Bewusstsein, an den total Falschen geraten zu sein. Nein, ganz im Gegenteil: Sie findet ihn nun besonders begehrenswert und seinen möglichen Verlust als unendlich schmerzhaft und nicht ertragbar. Und je entschiedener ihre gemeinsame Liebeskurve von ihrem einstigen Idealzustand abweicht, desto stärker werden ihre verzweifelten Bemühungen, die ungebrochene Zuneigung dieses Mannes zurückzugewinnen. Die Heftigkeit dieses Vorgangs legt den Verdacht nahe, dass alte, nie geklärte und nie zur Aussöhnung gelangte Beziehungsmuster aus der Primärfamilie wieder aufgelebt sind und mit der ganzen Kraft einer unerledigten Aufgabe nach einer Lösung schreien. Also noch einmal: nicht dass sie an einen Frauenhasser geraten sind, ist unbedingt das Neurotische an dieser Wahl, sondern dass sie bei ihm bleiben!

In ihrem psychologischen Fachbuch »Liebe als Leid« beschreibt Susan Forward sehr ausführlich erstens die ganz spezifische Sozialisation von Knaben, die zum Frauenhasser werden, und zweitens die seelische Verfassung solcher Subjekte in der Gegenwart. Ich will an dieser Stelle nicht auf die lebensgeschichtliche Entwicklung der später frauenfeindlichen Männer eingehen, sondern nur ganz kurz ihre psychische Struktur als Erwachsene schildern, wobei ich mich im Folgenden ganz an die Ausführungen von Forward halte, die ich allerdings in eigene Worte fasse.

Der Frauenhasser zeichnet sich durch tief sitzende Ängste vor der Frau aus. Er schreibt der Frau eine besondere Macht zu. Er glaubt: Sie kann mich emotional vernichten, mich tief verletzen, mich berauben, verschlingen, erdrücken, frustrieren, mich schwach und klein machen, mir ihre Liebe verweigern und unersättliche Ansprüche an mich stellen. Besonders aber beherrscht ihn die Angst, von dieser Frau wieder verlassen zu werden, und auf sich selber zurückgeworfen zu sein. Um dieser furchteinflößenden Situation zu entgehen, tritt er die Flucht nach vorne an und behandelt die Frau so, wie er befürchtet, von ihr behandelt zu werden oder wie er es – in Identifikation mit einem tyrannischen Vater – in seinem Elternhaus gelernt hat. Seine emotionale Sicherheit hängt davon ab, über seine Partnerin totale Macht zu haben. Er muss gewinnen, sie verlieren. Er muss die Gedanken, Gefühle und das Verhalten der Partnerin bestimmen können und darüber entscheiden, mit wem sie sich trifft und was sie tut. Dazu benutzt er ein ausgedehntes Repertoire an einschüchternden Taktiken, Beleidigungen und erniedrigenden Bemerkungen. Er brüllt, droht, hat Anfälle, schimpft, nörgelt, schlägt, übt ständig Kritik, leugnet eigenes Verschulden ab, verdreht Vorfälle und misshandelt seine Partnerin. In der Sexualität verhält er sich wenig liebevoll, der Verkehr findet nur statt, wenn er es will. Er verweigert sich sexuell oder ist sexuell brutal. Er übt finanzielle Kontrolle aus, kontrolliert die Außenkontakte und auch jene zu nahen Familienangehörigen. Auf die Kinder ist er häufig eifersüchtig.

Warum um alles in der Welt – so fragen wir uns jetzt – lieben Frauen ein solches Ekelpaket und was hält sie so gebunden? Es ist ausdrücklich kein Masochismus, dem es darum geht, gequält zu werden. Es handelt sich vielmehr um einen ganzen Komplex von Faktoren:

a) Da ist einmal der »Trieb«, das Vertraute zu wiederholen, und das genauso elementare Bedürfnis, es im zweiten Anlauf besser zu machen, den Familienroman neu zu schreiben und glücklicher als damals enden zu lassen.

b) Da kommt zum anderen der Umstand zum Tragen, dass Liebe süchtig entarten kann. Die gelegentlichen Höhepunktserlebnisse an der Seite eines Frauenhassers – eingebettet in eine ganze Kette schmerzvoller Erlebnisse – erzeugen ein emotionales »High«, dessen Wiederholung zum zwanghaften Verlangen wird.

c) Frauen mit der Affinität zu einem frauenfeindliche Mann sehen in ihrem Partner die primäre und durch nichts ersetzbare Quelle ihrer positiven Gefühle. Er ist ihr Lebensmittelpunkt, ihre Sonne, das Wichtigste überhaupt. Sie glaubt, ohne seine Liebe nicht überleben zu können. Insofern ist ihr Wohlbefinden von dem jeweiligen Barometerstand seiner Zuwendung und Gnade abhängig.

d) Aus der Lernpsychologie wissen wir, dass nicht ein gleichmäßig zugewandtes und verlässlich herzliches Verhalten des einen das Verlangen und die Liebesglut des anderen besonders anheizen, sondern der Wechsel zwischen Zärtlichkeitsphasen und abweisenden Wutattacken.

»Nichts bindet eine Frau stärker und abhängiger an einen Frauenhasser als sein Schwanken zwischen Liebe und Misshandlung« (Forward, S. 110). Es sind also Gemeinheiten und machohafte Verhaltensweisen, die diese Abhängigkeit fördern.

e) Hinzu kommt, dass die hier vorgestellten Frauen aus ihrem Elternhaus ein ganz spezifisches Weltbild und ein neurotisches

Denksystem über sich selbst, die Liebe und die Männer mitgebracht haben:

- Die Frauen halten sich selber für schlecht, wertlos und unliebenswürdig und glauben deshalb, froh sein zu müssen, wenn ein Mann sie überhaupt nimmt. Wenn zu Hause oder in der Ehe etwas schief läuft, dann übernehmen sie wie selbstverständlich die Schuld dafür.
- Sie sind davon überzeugt, dass es ihre Aufgabe sei, das Benehmen ihres Ehegatten, seine Aggressionen und seinen Egoismus klaglos hinzunehmen.
- Für sie ist die Welt ohne Mann ein furchtbarer Ort. Frauen sind von Natur aus hilflos – so glauben sie – und deshalb auf Männer angewiesen. Männer haben in einer Beziehung alle Macht und Frauen keine.
- Eigene Gefühle dürfen keine Rolle spielen. Wenn sie sich schlecht fühlen, haben sie einen Fehler gemacht, geht es auf ihr Schuldkonto.
- Diese Frauen halten Aufruhr und Chaos in der Beziehung für Liebe. »Sie betrachten die Schwankungen zwischen Verzweiflung und Freude, zwischen Liebe und Hass, zwischen Misshandlung und intensivem Liebesspiel als Liebesbeweis.« (Forward, S. 171)

Alle diese Einstellungen haben diese Frauen als Kinder in Identifikation mit einer schwachen, ausgebeuteten und gequälten Mutter erlernt oder im bedrohlichen Einflussbereich eines tyrannischen Vaters, der die Frauen verachtete und entsprechend brutal mit ihnen umsprang. Verbindungen mit einem Frauenhasser und einer Frau, die in Abhängigkeit von den spärlich fließenden Liebeszuteilungen ihres Partners verzweifelt um ein bisschen Glück kämpft, sind schon von ihrer Konstruktion her zum Scheitern verurteilt. Dass sie – rein äußerlich betrachtet – über Jahre, manchmal Jahrzehnte halten, darf nicht über ihren desolaten und inhumanen Charakter hinwegtäuschen. Eine Aufarbeitung des beiderseitigen Kinderleids mit Hilfe einer Partnerbeziehung gelingt eben nicht.

3.9 Die Wahl des Anklägers

Wir haben es hier mit einem Wahlmodus zu tun, der eine große Ähnlichkeit mit Punkt 3.3 »Die Wahl des abwertenden Partners« hat. Aber während sich dort der Vorwurf an die Adresse des anderen auf seine Minderwertigkeit bezieht, geht es hier um Schuld und moralisches Versagen.

Es gibt Menschen, deren Gewissen nicht ausreichend in das eigene Ich integriert wurde. Es ist auf einer kindlichen Entwicklungsstufe stehen geblieben und steht dem Ich noch immer gegenüber wie der strenge Vater (Mutter) einstmals dem Kind. Insofern enthält es eine geballte Ladung Aggression, die sich aus nicht-entladener Wut gegen die Eltern in der Kindheit und aus der Identifikation mit der Strenge oder Brutalität eines Vaters oder einer Mutter speist. Dieses unreif gebliebene Über-Ich hat nun die Tendenz, seinen Träger zu strafen, zu peinigen und zu entwerten, weil es ihn in der Phase seiner Kinderzeit als ein abzulehnendes, schlechtes und zutiefst unvollkommenes Wesen vorgeführt bekommen hat. Menschen mit einem solchen Über-Ich schleppen also ständig eine ihnen feindlich gesonnene Instanz mit sich herum, die jede Gelegenheit benutzt, die Restperson zu verurteilen. Diese Instanz ist wie ein Schatten, der sie ständig verfolgt und nicht zur Ruhe kommen lässt. Ein in dieser Weise gestrafter Mensch leidet unter seiner biographischen Erbschaft. Er sucht nun unbewusst nach einem Ausweg, wie er dem Sadisten in der eigenen Seele entkommen kann. Es gibt in der Tat eine Art Scheinlösung, dem Verfolger zu entkommen: Das eigene sadistische Gewissen wird auf den Liebespartner projiziert, der innere in einen äußeren Feind verwandelt. Gegen diesen äußeren Feind kann er dann zu Felde ziehen; ihm kann er die Stirn bieten und der Lieblosigkeit und Ungerechtigkeit zeihen.

Menschen, die sich durch einen inneren Schuldspruch niedergedrückt fühlen, werden sich bevorzugt einen Partner suchen, der in angemaßter Richterpose den schuldigen anderen wegen jeder Geringfügigkeit tadelt oder sich in oberlehrerhafter Manier über ihn empört. Häufig muss der vermeintliche Ankläger aber längst nicht die von den Eltern gezeigte Strenge oder Abwertungstendenz mitbringen. Er wird durch gekonnte Provokationen des Opfers unter Umständen erst zu einer strafenden Autorität aufgebaut, gegen die er dann Sturm laufen kann. Das Ziel dieser Partnerschaft besteht nun allerdings nicht darin, altgewohnte Beziehungsmuster aus der Kindheit fortzusetzen, sondern ganz im Gegenteil darin, endlich einen Freispruch zu erstreiten. Der Schuldbeladene möchte den Elternstellvertreter, das heißt seinen Partner, dazu bringen, dass er die Unhaltbarkeit seiner Anklagen einsieht, sich durch Argumente vom Gegenteil überzeugen lässt und im günstigsten Fall eine Entschuldigung ausspricht und den »Angeklagten« rehabilitiert. Tut er das nicht, so bleibt dem Beschuldigten aber immer noch die Möglichkeit, in nie endenden Kämpfen gegen den uneinsichtigen Partner anzuwüten.

Leider erweist sich die »Hoffnung auf Freispruch« in den meisten Fällen als eine Illusion: entweder der Ankläger bleibt Ankläger und denkt gar nicht daran, sich zu ändern und die moralische Aufwertung seines Liebesobjekts vorzunehmen, oder aber sein Freispruch verfehlt die erhoffte, erlösende Wirkung. Er verfehlt sie deshalb, weil eine von außen kommende Schuldentlastung nur eine Augenblickswirkung zeigt, nicht aber die verborgene innerseelische Quelle beseitigt, die tief in die Struktur des Betreffenden eingegraben ist und fortwährend weitersprudelt. Der Versuch, das vermeintliche Schuldkonto über eine Beziehung abzutragen, muss scheitern.

(Es soll an dieser Stelle angemerkt werden, dass Menschen mit einem streng oder archaisch gebliebenen Über-Ich auch einen anderen Lösungsweg gehen können: Sie werden zum Beispiel masochistisch und erfahren durch die Quälereien eines sadistischen Partners eine Schuldentlastung und damit auch eine gewisse Befriedigung.)

3.10 Die Wahl des uneinfühlsamen, emotional stumpfen Partners

In meinem Buch »Die gestörte Zweierbeziehung – der Hunger nach Verständnis und der Schmerz des Nichtverstandenseins« beschreibe ich, wie dringlich und über alle Maßen wichtig es für einen Menschen sein kann, von seinem Partner wahrgenommen, erkannt und verstanden zu werden. Die wichtigsten Bedingungen für das Gelingen einer Verständigung hatte ich dort in sieben Punkten zusammengefasst, die ich an dieser Stelle noch einmal aufführen möchte:

1. Mein Partner interessiert mich. Ich habe das Bedürfnis, ihn zu verstehen, und bemühe mich darum.
2. Ich mache die Pforten meiner Sinne auf und versuche, den anderen möglichst umfassend wahrzunehmen.
3. Die Mitteilungen meines Partners muss ich entschlüsseln. Erst dann kann ich erfassen, was er mir in Wirklichkeit sagen will. Die an ihm wahrgenommenen Ausdruckserscheinungen helfen mir, das Gemeinte richtig zu erfassen.
4. Ich versuche durch Einfühlung, seine momentanen Gefühlsregungen, Wünsche, Anliegen und Konflikte zu erspüren. Ein tieferes Verständnis gelingt mir immer dann, wenn ich mir mit Hilfe seiner Kindheitsentwicklung und Lebensgeschichte sein jetziges Verhalten erklären kann.
5. Wenn ich meinen Partner verstanden habe, so zeige ich ihm meine Anteilnahme.
6. Ich akzeptiere seine Position, seine Sicht der Dinge und Art zu fühlen, weil sie Ausdruck seiner psychischen Realität sind, aber ich billige sie nicht in jedem Fall.
7. Zu guter Letzt bedenke ich, wie wichtig es ist, mein Verstandenhaben in Worte zu fassen und entsprechend zu äußern.

Für manche erwachsene Personen stellt das Verstandenwerden ein existenzielles Bedürfnis dar. Sie sehnen sich nach einfühlsamer Resonanz und möchten durch die verstehende Teilhabe ihres Partners aus ihrer bisherigen »Privathölle des Allein- und Unverstandenseins« erlöst werden. Sie benötigen diesen anteilnehmenden

Widerhall, um ein jahrzehntelanges, trauriges Kinderschicksal nachträglich in seiner schmerzhaften Auswirkung zu mildern, das heißt, um die Wunde des Nicht-Verstandenseins im Nachhinein zu schließen. Der Partner als bessere Mutter soll das wiedergutmachen und absättigen, was die reale Mutter (Vater) aus Unvermögen oder Lieblosigkeit nicht leisten konnte: ihn/sie verstehen und das Verstandenhaben mitfühlend zum Ausdruck bringen. Es ist die uralte Menschensehnsucht, von einem anderen in der eigenen unverwechselbaren Individualität und Einmaligkeit gesehen, erkannt und begriffen zu werden. Das solchermaßen sehnsüchtige Subjekt war in der Regel ein zutiefst unverstandenes Kind. Es durfte sein wahres Selbst nicht zeigen – zum Beispiel nicht weinen, übermütig sein, heiß begehren oder Wut äußern –, weil es damit gegen die Wunschvorstellungen oder Normen eines Elternteils verstieß und damit Empörung oder Enttäuschung auslöste. Angst vor Strafe oder vor Liebesentzug haben es dann veranlasst, seine Gefühle, Kümmernisse und triebhaften Impulse zu unterdrücken. Manchmal diente seine Selbstverleugnung der Schonung einer schwachen oder sehr störbaren Mutter, manchmal musste es dem erdrückenden Zugriff einer primären Beziehungsperson entfliehen, um nicht total vereinnahmt zu werden. Häufig wuchsen der Sohn/die Tochter aber im Schatten einer depressiven oder kranken oder vom Lebenskampf total beanspruchten Mutter auf, die so stark in ihre eigenen Probleme verstrickt war, dass sie weder Augen noch Ohren hatte für die Belange ihres Kindes. Anderen Eltern wiederum mangelte es an der Fähigkeit, die kindliche Erlebniswelt wahrzunehmen und zu verstehen. Sie versagten in ihrer Aufgabe, die Seelenregungen des Kindes widerzuspiegeln und sie ihm damit sprachlich verfügbar zu machen. Der in dieser Weise entwicklungsgeschädigte Mensch möchte die Versäumnisse seines frühen Kinderlebens in einer späteren Partnerschaft nachholen, eine tragfähigere Begegnungsebene herstellen und jene mütterliche Antwortbereitschaft erfahren, die ihm damals so mangelte. Sein fast körperhaftes Verlangen nach der Berührung durch das richtige Wort verhindert es aber nicht, dass er sich einen Partner wählt, der genauso uneinfühlsam und emotional stumpf ist, wie seine primäre Beziehungsperson es war. In Elternübertragung wird das Übel von einst neu konstelliert, aber diesmal mit dem wild entschlossenen Vorsatz, den unbeweglichen Klotz in einen sensiblen und aufnahmebereiten Menschen zu verwandeln, der endlich Augen bekommt für die fein ausgefächerte Erlebniswelt und Persönlichkeitsstruktur seines Gegenübers. Wen überrascht es aber zu erfahren, dass dieser Versuch in der Regel scheitert, weil der gewählte, seelenblinde Partner bleibt wie er ist: ein Analphabet im Bereich des Verstehens.

3.11 Das Pygmalion-Motiv

Der römische Dichter Ovid (43 v. Chr. bis 17 n. Chr.) erzählt in seinen »Metamorphosen« die Geschichte des Bildhauers Pygmalion, »der ehelos bleiben will, sich aber in eine von ihm verfertigte Elfenbeinfigur verliebt und durch die Gunst der Venus die Belebung der Figur und ihre Liebe erlangt« (E. Frenzel, S. 627). In dutzenden weiterer Gedichte, Märchen, Dramen, Traktate, Romane und Libretti wurde das Pygmalion-Motiv aufgegriffen und variiert, zuletzt in dem bekannten Musical »My Fair Lady«. Im 19. Jahrhundert erfuhr der Stoff eine interessante, neue Auslegung: »Die Statue versinnbildlicht die Frau als Geschöpf des Mannes und Objekt seines Bildens« (E. Frenzel, S. 629), der Mann erschafft sich sein eigenes Liebesobjekt, und zwar ganz so, wie es seinen Wunsch- und Idealvorstellungen entspricht.

Ich will an dieser Stelle das Märchen von Pygmalion nicht von der Warte des Mannes, sondern aus dem Blickwinkel der zu formenden Frau betrachten und auf eine Entsprechung im wirklichen Leben eingehen.

Es gibt Frauen, die ihrem Liebsten ein grandioses Liebesangebot machen, Ton in seiner Hand sein möchten und den Wunsch äußern: »Mache mich zu dem, was ich für dich sein soll!« Weniger selbstlos und von der Bedürfnislage der Frau her besehen erscheint ihr wahres Begehren: »Ich brauche jemanden, der sagt, wie ich zu sein habe!« Hier klingt eine Spur von Not an: Die Betreffende benötigt jemanden, der ihr Struktur, ein Profil gibt, da sie selber noch unerschaffen ist.

Ich will anhand einer Fallschilderung aufzeigen, wie die Lebensgeschichte einer Frau aussieht, die keinen eigenen Selbstkern, kein eigenes Ich entwickeln konnte und die später einen Mann wählt, der ganz versessen darauf ist, sie seinem eigenen Bedürfnisprofil nahtlos anzuschmiegen, sich seine Ideal-Geliebte selbst zu schaffen à la Pygmalion.

Hester F. wuchs bei einem schwer depressiven Vater (Berufsmusiker) auf, der tagsüber viel zu Hause war. Mit zwei Jahren hatte sie ihre Mutter durch einen Verkehrsunfall verloren. Herr F., der Vater, lebte weitgehend isoliert mit seiner Tochter in einem abgelegenen Haus und hielt sie von gleichaltrigen Spielgefährten möglichst fern. Er machte seine Tochter frühzeitig zu seiner Vertrauten und fing an, ihr mit drei Jahren das Klavierspielen beizubringen. Seine romantische Liebessehnsucht bestand darin, mit dieser Tochter vierhändig Klavier zu spielen und im Gleichtakt mit ihr gemeinsam den Tonzauber der Musik zu genießen. Herr F. geriet aber jedesmal aus der Fassung, wenn sich der Tastenanschlag des Mädchens nicht seinem vorgegebenen Leitbild anpasste. Dann konnte er einen bedrohlichen Jähzornsanfall bekommen. Herr F. machte die Tochter zu seiner »Mutter« und bestand darauf, dass sie stark, vernünftig, diszipliniert und unendlich einfühlsam und verstehend sein sollte, um ihm Beistand, Lebensmut und mütterliche Fürsorge geben zu können. Sie musste dem Vater sein schweres Leben leidlich erträglich machen und aufpassen, dass er schlimme seelische Krisen heil überstand. Sie selber durfte keine Bedürfnisse und Eigenheiten entwickeln. Sie war Teil ihres Vaters, und das ohne eigene Grenze. Hester F. entwickelte eine gewisse Tüchtigkeit in der Betreuung des Vaters, aber sie blieb ohne eigene Identität. »Ich bin nichts außer das, was man von mir erwartet!«

In ihrer späteren Ehe lebt Hester – sehr zum Entzücken des Gatten – ganz auf ihren Partner bezogen, ihm jeden Wunsch von den Augen ablesend. Sie ist leise und sanft, nie aggressiv und unwillig. Sie verzichtet auf eigene Anliegen, wenn sie meint, sie könnten den Unwillen ihres Mannes erregen oder ihn traurig machen. Er soll ihr sagen, wer sie ist, was für eine Frau sie werden soll, wie das wahre Leben zu sein hat. Er greift dieses Angebot freudig auf und entwirft glühende Bilder von ihrer Liebesgemeinschaft und den zukünftigen Möglichkeiten seiner Frau. Aber zu ihrem eigenen Erstaunen wird sie durch die Visionen ihres Gatten erschreckt. Sie hat stets und ständig das Gefühl, von der Gestalt, die sie abgeben soll, meilenweit entfernt zu sein. Hester F. wundert sich über ihre zunehmende Gefühlskälte, die ihr ganzes Wesen ergreift, und über den Druck, der wie ein Eisenreif ihren Brustkorb ummantelt und ihr die Luft zum Atmen nimmt. Sie wird magersüchtig und rettet, ohne es zu wissen, einen Rest von eigener Autonomie hinüber in dieses Symptom. Sie kann keine Nähe mehr ertragen und hat Angst, sich aufzulösen und zu vergehen, sobald sie in den körperlichen Dunstkreis ihres übermächtigen Gatten gerät. Hester F. hat, dem Wiederholungszwang folgend, ein Vatersubstitut zum Ehemann gewählt, weil sie ohne formgebende Direktiven und die Definitionsmacht des anderen nicht lebensfähig schien. Gleichzeitig versuchte sie – natürlich unbewusst – in einem zweiten Anlauf das Problem ihrer mangelnden Individuation zu lösen. In dem Maße aber, wie sich die Tragik ihres Nicht-Ich-Seins wiederholte, geriet sie endgültig an die Grenze ihres Fassungsvermögens und dekompensierte. Als sie im Rahmen einer Psychoanalyse erste Ansätze zu einer Ich-Entwicklung nachholte, überkam sie der unwiderstehliche Impuls, alle jene Bezugspersonen von sich fortzustoßen, deren Nähe sich wie ein erstickender schwerer Mantel über sie legte. Der Versuch, das Märchen von Pygmalion nachzuleben, war gescheitert.

Häufig sind es gerade Mädchen, die aufgrund ihrer sanften Wesensart Anpassungsbereitschaft und eines großartigen Einfühlungsvermögens zum Wunschpartner eines Elternteils umfunktioniert werden. Oft ist es eine depressive, aggressionsgehemmte und in ihrer Ehe todunglückliche Mutter, die ihre Tochter zu ihrer »besseren Hälfte« macht. Das Mädchen soll dann das Ich-Ideal der Mutter verkörpern und in dieser Eigenschaft all die Entwicklungsschritte vollziehen, zu denen sie selbst – die Mutter – nicht fähig ist. Diese Mädchen erleben die ihnen aufgezwungene falsche Identität als bedrückende Enge und ständige Leistungsanforderung. Sie sollen ja in der Regel einem schmeichelhaften Idealbild entsprechen (zum Beispiel: immer vernünftig, stark, selbstständig, einfühlsam, harmonieliebend und tüchtig sein), spüren aber, dass sie von dieser Vorlage oft meilenweit entfernt sind. Tragischerweise heiraten sie später häufig einen Mann, der eine starke, dominierende Persönlichkeit hat und sie – wie Mutter – auf eine Ideal-Frau-Figur verpflichtet. In dem Maße, wie sie vergeblich versuchen, diesem Idol nachzukommen, geraten sie in eine nervöse Dauerspannung, in Aggressionsverzicht und Selbstüberforderung. Sie verlieren den Spaß an der Sexualität (falls sie ihn jemals hatten) und bauen einen Charakterpanzer auf, um ihre Rest-Identität zusammenzuhalten und um nicht von der Ansprüchlichkeit ihres Partners aufgesogen zu werden. Die Veränderung in ihrem Verhalten stößt auf wütenden Protest des bisher verwöhnten Mannes. Er klagt das Gewünschte nur noch heftiger ein, bringt aber damit seine Frau in eine immer unmöglichere Lage der geforderten Selbstverleugnung. Jetzt bilden nur noch Selbstmord (Vergehen im Nichts) oder aber Ausbruch, das heißt Verlassen der ehelichen Gemeinschaft, gangbare Lösungsmöglichkeiten.

3.12 Komplikationen und Kombinationen

Im dritten Kapitel dieses Buches geht es bekanntlich um die »Wahl des Elternsubstituts« in Gestalt des zukünftigen Partners. Dazu habe ich anhand vieler Beispiele bisher allerdings nur den jeweils einfachsten Wahlmodus, nämlich den »einseitigen«, dargestellt. Das heißt: In einer sich anbahnenden Beziehung nimmt einer der Protagonisten eine Elternübertragung vor. Der andere muss diese Übertragung aushalten oder sich unter ihr, gemäß den Wünschen und Zielvorstellungen des Übertragenden, verändern (so soll sich zum Beispiel aus einem groben Klotz ein einfühlsamer und verständiger Mensch entwickeln).

In der Wirklichkeit des Partneralltags dagegen gibt es eine Vielzahl von Übertragungsmöglichkeiten.

Eine Eltern-Übertragung kann »einseitig«, aber auch »beidseitig« vorgenommen werden. Das im anderen gesuchte Elternsubstitut kann auf den gegen- oder gleichgeschlechtlichen Elternteil gerichtet sein (heterologe oder homologe Wahl). Es können Doppelübertragungen in dem Sinne vorgenommen werden, dass ein Mensch in seinem Partner sowohl den Vater als auch die Mutter (von früher) sucht. Und es gibt die Fälle, in denen beide, Mann und Frau, »gleichsinnig« übertragen (der Mann und die Frau suchen beide im anderen die Mutter/Vater) oder »ungleichsinnig« (sie suchen jeweils den anderen Elternteil). Tabellarisch dargestellt ergäbe sich ein Raster mit insgesamt 15 Kombinationsmöglichkeiten.

einseitige Wahlen:

Frau sucht im Ehemann die Mutter	= Wahl des homologen Objekts
Frau sucht im Ehemann den Vater	= Wahl des heterologen Objekts
Mann sucht in der Ehefrau die Mutter	= Wahl des heterologen Objekts
Mann sucht in der Ehefrau den Vater	= Wahl des homologen Objekts

beidseitige Wahlen:

Frau sucht im Ehemann die Mutter, der Gatte sucht in ihr auch die Mutter!	gleichsinnige Wahl: beide suchen im anderen das gleiche, mütterliche Objekt
Frau sucht im Ehemann den Vater, der Gatte sucht in ihr auch den Vater!	gleichsinnige Wahl
Frau sucht im Ehemann die Mutter, der Gatte sucht in ihr den Vater!	konträre Wahl: beide suchen im anderen ein jeweils anderes Objekt
Frau sucht im Ehemann den Vater, der Gatte sucht in ihr die Mutter!	konträre Wahl

einseitige Doppelwahl:

Frau sucht im Ehemann Vater und Mutter
Mann sucht in der Ehefrau Vater und Mutter

beidseitige Doppelwahl: (selten)

Frau sucht im Ehemann Vater und Mutter,
ihr Gatte sucht in ihr auch Vater und Mutter!

Kombinationen:

aus Einfach- und Doppelwahl
Frau → Vater, Gatte → Vater + Mutter
Frau → Mutter, Gatte → Vater + Mutter
Mann → Vater, Gattin → Vater + Mutter
Mann → Mutter, Gattin → Vater + Mutter

Wie wir aus der Tabelle entnehmen können, gibt es eine stattliche Anzahl von Paarungen mit jeweils unterschiedlichen Konstellationen. Wenn wir bedenken, wie viele Problemfelder und Störungsmuster auf ein Elternsubstitut, also den Partner, übertragen werden können, gewinnen wir einen Eindruck von der schier unerschöpflichen Fülle möglicher Komplikationen, die auf diesem Sektor menschlichen Zusammenlebens lauern.

Als besonders konflikt- und damit störanfällig erweisen sich meines Erachtens aber drei Beziehungsmuster, nämlich:

a) die Wahl des homologen Liebesobjekts,
b) die gleichsinnige Wahl und
c) die so genannte Doppelwahl.

Zu a)

Bei der homologen Wahl wird der männliche Partner zur »Frau« und der weibliche zum »Mann« gemacht und damit in seiner eigenen Geschlechtsidentität nicht akzeptiert. Der Betroffene kann und darf dann oft seine eigene Geschlechtsrolle nicht voll ausleben, weil sie den Erwartungsvorstellungen des Partners zuwiderläuft. Hinzu kommt, dass die Dynamik einer solchen Konstellation für die im Konflikt befindlichen Paare oft viel schwerer durchschaubar ist, als bei einer Heterosituation. Wenn eine Frau mit ihrem Ehegatten im Clinch liegt, erscheint es doch viel plausibler anzunehmen, sie trägt mit ihm stellvertretend unbewältigte Enttäuschungen mit ihrem Vater aus, als auf die Idee zu kommen, hier handele es sich um einen ungelösten Mutter-Tochter-Konflikt. Folgendes Beispiel soll das verdeutlichen:

Sigurd F. wählt sich in Vaterübertragung eine starke, durchsetzungsfähige, obendrein noch kluge und selbstständige Frau, die äußerst lebenstüchtig ist, klare Zielvorstellungen und eine hohe kommunikative Kompetenz besitzt. Sigurd blickt bewundernd zu dieser Frau auf und unterwirft sich stillschweigend ihrem Führungsanspruch. Er tut es mit dem unbewussten Wunsch, von dieser Autorität akzeptiert und in seiner Wesensart angenommen und auch wertgeschätzt zu werden. Er ahnt nicht, dass sie für ihn eine Vater-Stellvertreterin ist, das heißt an die Stelle seines geliebten und verehrten Vaters treten und dessen Unterlassungen wieder gutmachen soll. Sigurd hatte sich nämlich als Kind von seinem Vater wenig gemocht, unbeachtet geblieben und gegenüber dem tüchtigeren Bruder immer zurückgesetzt gefühlt. Sigurd schätzt besonders die männlichen Tugenden seiner Frau, die ihn an den Lebensstil seines erfolgreichen Vaters erinnern. Er missbilligt dagegen all jene Verhaltensweisen seiner Gattin, die sie in die Nähe seiner anlehnungsbedürftigen und schwachen Mutter rücken. Sobald sie, die Ehefrau, nämlich einmal ihren Schwung verliert, krank wird, aus Kummer oder Erschöpfung weint und sich an seine männliche Schulter kuscheln möchte, weist er sie zurück. Sie kann bei ihm ihre weiblichen und weichen Seiten nicht leben, wird dadurch immer unzufriedener und immer weniger bereit, ihrem Ehegatten das zu geben, was er so dringend von ihr einfordert, nämlich Akzeptanz und Zuspruch. Die beiden leben sich auseinander.

Ich will an dieser Stelle gleich noch ein zweites Fallbeispiel anschließen, das demonstrieren soll, wie die Übertragung eines Tochter-Mutter-Konfliktes auf den Ehemann einen Beziehungsclinch total aufheizen, aber für die Beteiligten völlig undurchschaubar machen kann, sodass eine rettende Aufhellung der Psychodynamik des Geschehens aus eigener Kraft heraus unmöglich ist.

Conny M. wuchs im krank machenden Einflussbereich einer viel zu jungen, kindlich-unfertigen, total bedürftigen und emotional gestörten Mutter auf, die mit ihrer Tochter konkurrierte und sie beneidete. Das vitale und begabte Mädchen lernte bald, der eigenen Mutter Stütze und versorgende »Mami« zu sein, um das mütterliche Elend so gut es ging zu lindern. Connys angeborene Sensibilität und Begabung für die Wahrnehmung feiner Gefühlsnuancen ließen sie bald spüren, dass sie ein ungewolltes Kind war. Ihre Mutter lehnte sie ab. Ja, es gab Zeiten, in denen sie ihren kaum beherrschbaren Hass zu spüren bekam. Besonders trafen sie abwertende Bemerkungen der Mutter in Bezug auf Aussehen und Körperlichkeit. In der Pubertät des Mädchens bespöttelte sie seine kümmerlichen Brüste und den viel zu voluminösen Hintern. Sie prophezeite ihr immer wieder, dass sich an ihr als Frau wohl kaum je ein Mann vergreifen würde. Das Verwirrende an dieser Situation lag aber nicht in der Tatsache, dass Conny abgelehnt wurde, sondern darin, dass ihre Mutter diese Ablehnung nicht nur verschleierte, sondern verbal in ihr Gegenteil verkehrte. Conny erhielt häufig Liebesbeteuerungen von einer Mutter, deren Gefühlskompass genau in die entgegengesetzte Richtung zeigte. »Ich liebe dich ja so sehr«, sagte die Mutter, während ihr gleichzeitig die emotionale Kälte aus allen Poren quoll. Conny wurde mit diesem Widerspruch nicht fertig. Sie bäumte sich auf. Sie »spielte verrückt«, attackierte die Mutter, um kurz darauf im heftigen Liebeswerben diese Frau mit Gesten der Fürsorge zu überschütten. Sie wähnte sich dann geliebt und wusste – auf einer sehr tiefen und verborgenen Ebene ihrer Seele – doch die ganze schreckliche Wahrheit um die Unerwünschtheit ihrer Existenz.

Conny wählte sich als Lebenspartner einen sehr feinsinnigen und gebildeten, dabei aber schwachen und mit wenig Lebenstüchtigkeit ausgestatteten Mann. Wie selbstverständlich übernahm sie die Führung in dieser Ehe und ließ ihrem Ingo eine liebevolle Rundum-Bemutterung zukommen, unter deren wärmenden Mantel er sich wohlig rekelte. Sie tat das, obwohl sie selber starke symbiotische Bedürfnisse verspürte und gerne auch einmal in die Position des Pfleglings gerutscht wäre. Für Conny war dieser Mann eindeutig ein Muttersubstitut. An und mit ihm wollte sie die große Schicksalsfrage ihres Lebens klären und darüber Gewissheit erlangen, ob sie wirklich und vorbehaltlos um ihrer selbst willen geliebt wurde oder nur wegen ihrer Dienstleistungen als versorgende Mami. Die sich entwickelnde Beziehungskonstellation zwischen den beiden gab auch deshalb einen guten Nährboden dafür ab, ihren Familienroman erneut durchzuspielen, weil Ingo als »erwachsenes Riesenbaby« vielmehr an den mütterlichen Qualitäten seiner Frau interessiert war und nicht so sehr an ihrer Weiblichkeit und Sexualität. Conny fühlte sich dadurch in ihrer Identität als sexuell attraktive Frau nicht bestätigt und an alte mütterliche Sprüche erinnert, in denen ihre Weiblichkeit total in Frage gestellt wurde. Tragischerweise machte sie nun gerade das sexuelle Begehrtwerden durch ihren Mann zur Bewährungsprobe dafür, ob er sie wirklich liebte oder nicht. Dabei passierte es dann aber immer wieder, dass sie mitten im sexuellen Akt einen heftigen Widerstand gegen ihre Hingabe spürte und die unbezweifelbare Gewissheit empfand, dass ihr Gatte nur der eigenen Lust frönte, sie als Sexualobjekt missbrauchte und »alles in einer großen Verarschung enden« würde. Wie angeekelt stieß sie ihn dann von sich und überschüttete ihn mit Vorwürfen ob seiner egoistischen Art. Es ging der jungen Frau unbewusst ja darum, die große, vermeintliche Verlogenheit in ihrer ehelichen Beziehung aufzudecken und ihren Mann der Lebenslüge zu überführen. Er sollte gestehen, dass er sie gar nicht liebte, damit sie endlich die lang ersehnte, aber auch gefürchtete Gewissheit hatte, ein unerwünschtes Exemplar der menschlichen Gattung zu sein. Dieser Wahrheitsschock hätte sie dann in die Lage versetzt, ihren aufgestauten Hass in voller Breitseite gegen ihn (gemeint ist letztlich die leibliche Mutter) abzuschießen und ein Leben in Klarheit und Autonomie zu führen. Ihr dazugehöriger innerer Monolog in dieser Situation hätte etwa wie folgt lauten können: »Ich wusste es ja, die (Mutter) lässt mich fallen, hat mich längst fallen gelassen, die interessiere ich nicht. Leck mich am Arsch! Ich brauche keinen, am allerwenigsten dich, Mutter! Ich schlage mich alleine durchs Leben, ich verlasse mich einzig und allein auf mich selbst! Mit meinem Mann ist es genauso: er sagt etwas scheinbar Liebes, und hinterher ist alles anders. Er sagt, er liebt mich, in Wahrheit nutzt er mich nur aus!«

So durchsichtig, wie die Psychodynamik dieser Zweierbeziehung hier geschildert wird, war sie für die Beteiligten natürlich nicht. Conny ahnte nichts von ihrer Mutterübertragung, geschweige denn ihr Mann. Was sich dagegen für beide in den Vordergrund schob, war die zunehmende Potenzstörung von Ingo, der die durchbrechenden Wutattacken seiner Gattin immer lustloser gemacht hatten. Conny hatte ihren unerledigten Tochter-Mutter-Konflikt unbewusst auf ihren Mann verschoben und nun im zweiten Anlauf versucht, das Problem zu lösen. Wenn sie nicht im Verlaufe einer psychoanalytischen Psychotherapie den Mechanismus dieser Übertragung erkannt hätte, wäre ihre Beziehung ganz sicher zum Scheitern verurteilt gewesen. Bei der homologen Wahl – der Partner verkörpert ein Elternsubstitut, das das gleiche Geschlecht hat wie der Übertragende – wirkt sich also die erschwerte Durchschaubarkeit der vorliegenden Psychodynamik besonders zerstörerisch aus.

Zu b)

Im Falle der »gleichsinnigen Wahl« (beide, Mann und Frau, suchen im Partner den gleichen Elternteil, zum Beispiel die Mutter) kann es zur Konkurrenz gleichgerichteter Bedürfnisse kommen. Jeder möchte vom anderen gerade das erhalten, was er selber in der Kindheit so schmerzlich vermisst hat (zum Beispiel Geborgenheit, Unterstützung, Fürsorge usw.), ohne dass er seinerseits bereit und fähig wäre, die gleichlautenden Wünsche des anderen zu erfüllen. Die in jeder Beziehung notwendige Rollenaufteilung (männlich-weiblich, väterlich-mütterlich, aktiv-passiv usw.) unterbleibt, sodass eine erwünschte wechselseitige Ergänzung nicht gelingen kann. Manchmal verfügen Mann und Frau im Hinblick auf die gleiche elterliche Konfliktperson (zum Beispiel die Mutter) über sehr ähnliche Erfahrungen, die sich dann beim erneuten In-Szene-Setzen gegenseitig destruktiv aufschaukeln und die Beziehung stark gefährden.

Zu c)

Als besonders brisant erscheint mir die so genannte »Doppelwahl«, also jene Situation, in der eine Person in ihrem Partner das Vater- und Muttersubstitut konstelliert. Es führt zu einer heillosen Überforderung des anderen, weil er viel zu vielen Wünschen ausgesetzt wird und obendrein noch sehr widersprüchliche Bedürfnisse erfüllen soll. Um das zu illustrieren, gebe ich folgenden Fallbericht:

Florian G. hatte einen viel arbeitenden Rechtsanwalt zum Vater, der das Leistungsprinzip zu seinem Götzen erkoren hatte und nur jene Menschen für daseinsberechtigt hielt, die wie er am beruflichen Fortkommen und dicken Geldverdienen interessiert waren. Sein Sohn sollte diesen Lebensentwurf ebenfalls realisieren und mit Ehrgeiz vorantreiben. Aber leider enttäuschte er ihn. Auf Sohn Florian, das verträumte und zart besaitete Muttersöhnchen, das den musischen Seiten des Lebens zugetan und obendrein noch ein Schulversager war, blickte der Vater deshalb enttäuscht und mit eisiger Verachtung herab. Florian hatte seinem Vater gegenüber immer eine Beißhemmung gehabt, sich vor seiner Autorität ängstlich geduckt, nie Widerworte gewagt oder irgendeine Form kindlichen Ungehorsams geäußert, und das auch noch als Student und später als verheirateter Mann. Gehasst hatte er ihn immer: weil er sich nie aufbäumen und Luft machen konnte und von ihm ein Life-Script aufgenötigt bekommen hatte, das seiner Wesensart und Begabung so sehr entgegenstand.

Als Florian zehn Jahre als war, verlor er seine geliebte Mutter durch ein Krebsleiden. Es war dies das schrecklichste Trauma seines Lebens. Seine Mutter war bis zu diesem Zeitpunkt seine zentrale und einzige Wärme- und Glücksquelle gewesen, dabei gütig und schutzbietend vor den väterlichen Attacken auf den vermeintlich missratenen Sohn. Nach ihrem Tod war Florian der emotionalen Kühle und lautlosen Strenge eines Vaters ausgesetzt, der pflichtbewusst und klaglos einen Zwölf-Stunden-Arbeitstag absolvierte, verächtlich auf alles Weiche und Verspielte herabsah, stumpf blieb für die Schwingungen des kindlichen Gemüts und ohne Interesse war für die aufregenden Wechselfälle und Kümmernisse eines Kinderlebens. Wenn der Vater ihm zürnte, erlebte ihn der Junge übermächtig und groß und als einen Riesen an Vernichtungskraft. Er selber fühlte sich in diesen Situationen stets »gewogen und zu leicht befunden«. Er konnte Vaters Erwartungen nicht entsprechen und erging sich deshalb in Selbstanklagen. In seiner Ehefrau Irma wählte sich Florian sowohl ein Vater- als auch ein Muttersubstitut. Sein Vater hatte ihn schon frühzeitig auf die Karriereschiene gesetzt und ihn zum Viel-Geld-Verdienen verpflichtet. Irma sollte ihn von dieser Verpflichtung freisprechen und damit seine Existenzverfehlung aufheben. Denn letztlich – tief in seinem Inneren – war er der musische Mensch geblieben, dem Musikmachen und Liederschreiben viel mehr bedeuteten als der Umgang mit Börsenkursen und Finanzgeschäften. Durch seine Frau erhoffte er die bisher ausgebliebene Anerkennung des Vaters zu bekommen. In ihr suchte er »den sich zum Guten wandelnden Vater«, der selber von dem Götzen Leistung abrückte und seinem Sohn erlaubte, ein anderer zu sein. In seiner Frau erlebte er aber auch ungewollt den übermächtigen, zürnenden Vater, in dessen Macht es stand, ihn ganz klein werden zu lassen oder zu vernichten. Gleichzeitig sollte Irma an die Stelle der toten Mutter treten und ihn liebevoll und stützend umfangen. Er hoffte auf die Wiederkehr jenes Kinderparadieses, aus dem er so abrupt und brutal vertrieben worden war.

Vergegenwärtigen wir uns in einem Überblick, welche Fülle an Anforderungen der junge Mann an Irma stellte:

Seine Frau sollte ein Vatersubstitut sein und sollte in dieser Eigenschaft:
- Anerkennung nachliefern und seinen Berufserfolg lobend bestätigen;
- selber dem Leistungsprinzip abschwören und ihm dasselbe erlauben;

– das eigene schuldhafte Verhalten einsehen und unter Reueäußerungen Besserung geloben;
– aggressive Auseinandersetzungen ermöglichen und seine damit verbundene Angst und Gehemmtheit auflösen.

Seine Frau sollte gleichzeitig für ihn auch ein Muttersubstitut sein und sollte in dieser Eigenschaft:
– ihm Arbeit abnehmen;
– ihm Wärme, Zärtlichkeit und Glück spenden;
– für alles Verständnis haben;
– ihn vor dem bösen (verinnerlichten) Vater schützen und eine Gegenwelt an Werten aufbauen;
– Trost spenden und seelischen Beistand leisten, wenn es ihm psychisch schlecht ging;
– seine musischen Talente wahrnehmen und fördern.

Was Florian möchte, gleicht der Quadratur des Kreises: ein und dieselbe Person soll so grundverschiedene Menschen wie »strenger Vater – liebe Mutter« in sich aufnehmen und das zutiefst Widersprüchliche und Nichtlebbare dieser Konstellation zur Versöhnung bringen. Das gelingt nicht, kann nicht funktionieren. Es ergäbe sich die paradoxe Situation, dass ein Mensch, der geschlagen wird, bei eben jener Person Schutz und Tröstung sucht, die ihn schlägt.
Ich will an dieser Stelle nicht auch noch Irmas verschlungene Seelenstruktur beleuchten und damit das gezeichnete Bild noch komplizierter und verwirrender machen. Nur so viel sei gesagt: Irma fand wenig lobende Anerkennung für die berufliche Karriere ihres Mannes, weil sie im Stillen mit ihm konkurrierte und von seinen Erfolgen nichts wissen wollte. Sie konnte seine vielen und widersprüchlichen Bedürfnisse entweder nicht oder nur teilweise befriedigen, was sehr bald zu erheblichen Spannungen zwischen den beiden und dann zu tief reichenden gegenseitigen Vorwürfen führte. Da Florian aber aggressiv gehemmt war und in seiner wutenden Frau unbewusst dem eigenen Vater wieder begegnete, fühlte er sich ihr ohnmächtig unterlegen. Er verwandelte seine unausgedrückten Aggressionen in eine depressive Verstimmung. In dieser Verfassung bot er sich ihr als hilfloses und trostbedürftiges Kind an, das auf ihre liebevolle Bemutterung angewiesen war. Irma dachte aber nicht daran, ihren traurigen Mann zu trösten. Sie zog

sich ihrerseits zurück und überließ den Schmollenden seinem Schicksal.

In diesem Kapitel wurde bisher das psychologische Phänomen behandelt, dass manche Menschen ihren Partner nach dem Eltern-Substitut-Modell auswählen und dabei von dem unbewussten Motiv bestimmt sind, das Familiär-Unerledigte aus der Kindheit im Raum von Partnerschaft und Erwachsenenliebe erneut durchzuspielen und zu erledigen und alte Konfliktmuster wieder aufleben zu lassen. Am Ende dieses Abschnitts wollen wir uns einem verwandten Thema zuwenden. Es geht darum, dass Partner deshalb ausgewählt werden, um das Alte von früher fortzusetzen und eine Neuausgabe der einstigen Primärfamilie zustande zu bringen. In diesem Fall – und das soll uns jetzt beschäftigen – kann es durchaus zu tragfähigen und dauerhaften Paarverbindungen kommen, weil man auf ein vertrautes Beziehungssystem zurückgreift und weder das ursprüngliche Familienmuster noch den Partner ändern will. Man möchte vielmehr angeblich glückliche Kinderzeiten wieder erwecken und das Leben von damals fortführen.

So wählt zum Beispiel eine junge Frau, die ganz mit ihrer Mutter identifiziert ist, einen Mann, der ihrem Vater ähnelt, und behandelt ihn so, wie Mutter ihren Mann behandelt hat. Es geht darum, von der neuen Verbindung genauso zu profitieren, wie man es früher im Elternhaus getan hat. Der mangelhaft individuierte, lebensängstliche und unselbstständige Mensch zum Beispiel sucht sich in Mami (oder Papi) ein steuerndes Objekt, das gerne die Führungsrolle übernimmt und bereit ist, den anderen mitzutragen, um seinerseits sein Gebrauchtwerden und seine einzigartige Wichtigkeit für den anderen zu genießen.

Das Aschenbrödel findet den anspruchsvoll-egoistischen Mann und setzt ihre dienende Rolle, die sie schon in ihrer Primärfamilie inne hatte, bruchlos fort.

Ein junger Mann aus einem sozial stark gestörten Milieu, an heftige Gefühlsausbrüche der Eltern, tätliche Auseinandersetzungen, emotionalen Terror und dramatisch zugespitzte häusliche Szenen adaptiert, wählt sich einen Troublemaker, eine Chaotenfrau zur Partnerin, die seinen Reizhunger stillt und ihm ein optimales Stimulationsniveau garantiert.

Männer, die es schwer haben, eigene Willkürimpulse zu steuern, und die in der Gefahr stehen, zu verwahrlosen, wählen sich nicht selten eine Gouvernante zur Frau, die wie Mutter sehr streng aufpasst, dass alles seine Ordnung hat.

Es gibt andererseits Personen, die so an den »Stallgeruch ihrer Kindheit« fixiert sind, dass sie den vertrauten Schrecken jeder anderen Lebensform vorziehen. Sie wurden durch ein pathologisches häusliches Milieu selber so deformiert und in ihrer Erlebnisfähigkeit eingeschränkt, dass sie sich als Erwachsene nur in einer annähernd ähnlichen Atmosphäre einigermaßen wohl fühlen. Es ist schon paradox: statt die Hölle von einst peinlich zu meiden, konstellieren sie sie neu bzw. suchen sich einen Partner, der sie ihnen erneut bereitet. Auch wenn diese Menschen in ihrer Ehe leiden, sie beklagen, ein Bild des Jammerns abgeben und immer wieder hoch motivierte Retter auf den Plan rufen, die sie aus ihrem Elend herausholen wollen: Es gibt keine Alternative für sie. Die selbst gewählte, anscheinend so notvolle Lebensform – zum Beispiel eine masochistische – bringt diesen Menschen jenen Rest an Befriedigung, den ihre schwer gestörte psychische Struktur gerade noch in der Lage ist zu erleben.

Ich bringe jetzt ein Beispiel für eine zutiefst desolate Ehe, deren Befriedigungswert jedem außenstehenden Beobachter gleich Null erscheinen müsste:

Die Klagen der Ehefrau Ina M. über ihren Mann würden ganze Bände füllen. Sie hatte ihn zu einem Charakterschwein hochstilisiert und war nicht bereit, auch nur ein gutes Haar an ihm zu lassen. Er schien, folgte man ihren Berichten, tatsächlich ein totaler Miesling zu sein. Aber wenn ich mir dann wieder einmal eine angeblich skandalöse Begebenheit schildern ließ, die er zu verantworten hatte, merkte ich immer häufiger, wie groß Inas Interesse war, den Vorfall besonders negativ wahrzunehmen und den mitprovozierten Streit eskalieren zu lassen. Auf meine gelegentlichen Versuche, Verständnis für ihren Mann zu finden und ihn zu entschuldigen, reagierte sie mit abwehrender Empörung. Sie war geradezu fanatisch darauf bedacht, ihren Gatten auf das Bild eines zutiefst schlechten, verständnislosen und egoistischen Schurken festzulegen. Irgendwie hing ihre seelische Balance geradezu von der Tatsache ab, dass ihr Mann ein so hassenswertes Subjekt war. Ina hatte sich einen »bösen« Partner gesucht, um die Berechtigungsbasis zu haben, ihr aus der Kindheit und Jugend mitgebrachtes Hasspotential immer wieder über ihn auszuschütten. Ohne die

Möglichkeit der Abfuhr dieser geballten Wutladung wäre sie am eigenen Hass erstickt. Ihr Mann erfüllte für sie eine wichtige Funktion, die Funktion, als Prügelknabe zu dienen.

Ina war an der Seite einer ständig leidenden, unzufriedenen, kränkelnden Mutter groß geworden, die ihr ganzes Lebensunglück dem Ehegatten anlastete und die Tochter zum Hass gegen die triebhaften und egoistischen Männer, insbesondere gegen ihren Vater, erzog. Ina wurde zu einer glühenden Parteigängerin der Mutter, rebellierte gegen den Vater und hatte in der Pubertät häufige Auseinandersetzungen mit ihm. Da sie seine Autorität in Frage stellte, provozierte sie ihn zu heftigen und unangemessen harten Gegenattacken, die ihn eindeutig ins Unrecht setzten. Mutter und Tochter konnten triumphieren und sich in ihrer Meinung bestätigt fühlen. Das unbeholfene Werben des Vaters um Ina, seine Zuwendungen und Geschenke, seine linkischen Spielangebote und seine fürsorglichen Verhaltensweisen, wenn sie krank war, all das wertete das Mädchen ab bzw. übersah sie. Als die Mutter dann frühzeitig durch einen Unfall starb, sagte sich Ina endgültig vom Vater los und machte ihn direkt für den Tod seiner Frau verantwortlich. Unversöhnlicher Hass gegen ihn erleichterte ihr die Trauer um den frühen Verlust der geliebten Mutter.

Ina heiratete in Vaterübertragung einen »schrecklichen« Mann, über den sie sich – wie damals zu Hause über Vater – laufend empören konnte. Es ging ihr selber seelisch sehr schlecht. Ihre glücklosen Tage wurden von gelegentlichen Depressionen noch zusätzlich verdüstert, sie war verbittert und reizbar, eine Wutbombe, die häufig explodierte. Manchmal hatte sie Angstzustände und litt an rätselhaften körperlichen Erkrankungen. Als sie im Verlaufe ihrer fortgeschrittenen Psychoanalyse unter heftigen Gefühlserschütterungen erkennen musste, dass ihr abgelehnter und verteufelter Vater ganz passabel war, seine Tochter geliebt hatte und auf tragische Weise immer wieder zurückgestoßen wurde, geriet sie total aus der Fassung. Ina hatte sich aus schicksalshaften Zwängen heraus mit der schwachen Mutter solidarisieren müssen und den Vater – genau wie die Mutter – zur Unperson gemacht. Sie hatte sich mit der Mutter verbündet, obwohl sie von ihr wenig Unterstützung und Seelennahrung erhalten konnte; Mutter war selber noch ein unreifes und zutiefst bedürftiges Kind, sodass Ina sich fürsorglich um sie bemühte und selber dabei ständig zu kurz kam. Auf diese Weise war sie doppelt betrogen: Die mit sehnsüchtigen kindlichen Bedürfnissen angeschmachtete Mutter erwies sich als nur sehr spärlich fließende, nie ausreichend spendende Quelle. Und gerade den Menschen, der auf seine Weise bereit und in der Lage gewesen wäre, Liebe zu geben, hatte sie in die Wüste geschickt. In diesem Zusammenhang dämmerte Ina eine schreckliche Erkenntnis. Sie durchschaute plötzlich die Funktion ihrer Ehe und warum sie unbedingt einen unleidlichen Ehemann brauchte, auf den sie – wie damals auf Vater – wild einprügeln konnte. Ina musste die furchtbare Ahnung von der Liebenswertheit ihres Vaters unter allen Umständen in der Verdrängung halten. Indem ihr nämlich der Ehegatte – als Vater-Stellvertreter – täglich seine Schlechtigkeit vor Augen führte, konnte sie ihren Verdacht beschwichtigen, dass Vater vielleicht doch ein ganz annehmbarer Mensch gewesen sein könnte. Wenn ihr Mann böse war, war es Vater auch, und die Chance, von ihm geliebt zu werden, hatte es dann nie gegeben. Ina benötigte ein Hassobjekt – und sie suchte es sich in ihrem Ehemann –, um eine entsetzliche Wahrheit zu unterdrücken: die Wahrheit, dass sie sich hätte lieben lassen können und dann vielleicht als ein glücklicheres Kind aufgewachsen wäre. Die Gewissheit, sich selber um eine so lebensentscheidende Glückschance gebracht zu haben, kann einen Menschen schier zerreißen und musste deshalb von Ina von ihrem Bewusstsein ferngehalten werden. Erst im Schutz der Psychotherapie konnte sie ihre Lebenslüge entdecken und aufgeben und den Schmerz über die entgangene Liebe unter Trauerarbeit überwinden. Nun hatte sie einen Prügelknaben nicht mehr nötig. Ohne die Aufdeckung dieses zutiefst desolaten Beziehungsmusters wäre Ina wahrscheinlich dazu verdammt gewesen, ein ganzes Leben lang gegen einen Menschen hassvoll anzurennen, der das Pech hatte, ihrem (verkannten) Vater zu ähneln.

4. KAPITEL

Kontrast-Programme

Eine häufig zitierte Spruchweisheit aus der populären Laienpsychologie über die Partnerwahl besagt, dass »Gegensätze sich anziehen«.

Neuerdings hat sich der Verhaltensforscher Karl Grammer zu Wort gemeldet und eben diese These zu untermauern versucht. Er ist der Überzeugung, dass Gegensätze sich suchen und dass das angeblich ungeeignete Liebesobjekt letztlich doch das Richtige sei: »Das Problem ist nur, dass viele Menschen nicht wissen, dass der angeblich falsche Partner der richtige ist.« Nach seiner Auffassung fänden Menschen das Fremde und Exotische aufregender und anziehender als das Altvertraute.

Obwohl sich viele Beispiele einer derartigen Wahl finden lassen – und ich werde selbst eine ganze Reihe beschreiben –, darf dieser Modus der Partnerwahl nicht verallgemeinert werden. Selbst wenn er häufiger vorkäme als bisher angenommen, so enthält er ein gar nicht hoch genug einzuschätzendes Konfliktpotential. Auf Dauer vertragen sich Gegensätze nämlich nicht gut.

Die Partnerwahl ist – wie wir gesehen haben – ein multikausal determiniertes Phänomen. Wie sollte es sich auf eine so simple und eindeutige Marschroute reduzieren lassen! Natürlich spielt das Prinzip der Gegensätzlichkeit im Bereich der menschlichen Anziehung eine mitunter große Rolle. Natürlich suchen und finden sich Paare, die auf dem Hintergrund ihrer eigenen Ergänzungsbedürftigkeit beim jeweils anderen jene Persönlichkeitsanteile schätzen, die ihnen selber nicht zur Verfügung stehen. So faszinieren beispielsweise: den wohl temperierten, in Antrieb und Gemütsart eher verhaltenen Mann der Gefühlsüberschwang und die gestische Ausdrucksfreudigkeit einer vor Lebenslust und Temperament vibrierenden Frau; den »schmächtigen Hänfling« die strotzende Leibesfülle einer vitalen Partnerin; die sozial ängstliche, berufsungeübte und wenig durchsetzungsfähige Frau die weltmännische Erfahrung und lebenspraktische Tüchtigkeit eines gestandenen Mannsbildes.

Wahlen nach dem Gegensätzlichkeitsprinzip sind aber nicht durchgängig die Regel. Sie können, wenn sie stattfinden, sowohl zu befriedigenden als auch zu gestörten Beziehungen führen, je nachdem, worin die Kontraste bestehen, wie damit umgegangen wird und wie gesund oder neurotisch beeinträchtigt ihre jeweiligen Träger sind. Es macht einen Unterschied aus, ob sehr zentrale oder verletzliche Persönlichkeitsanteile mit einer starken interaktionellen Dynamik in ihrer Ungleichheit aufeinander treffen oder ob es sich bei den Kontrasten im Charakter um liebenswerte und freudig zu akzeptierende Eigenschaften handelt. Ein Ausgleich der Mängel wird nur dann zu einer beglückenden Zweisamkeit führen, wenn man dem anderen sein Anderssein nicht neidet und die betreffende Person eine humorvolle Einstellung zu ihrer eigenen Unvollkommenheit finden kann.

Uns interessieren im Rahmen der Thematik dieses Werkes natürlich wieder nur jene Kontrast-Programme, die zu einer konflikthaft-instabilen Beziehung oder zum Scheitern einer intendierten Zweisamkeit führen.

4.1 Die Protestwahl

Bei dieser Art der Partnerfindung geht es ganz eindeutig um einen Affront gegen die eigene Herkunftsfamilie. Aus Protest gegen familiäre Wertvorstellungen und den Lebensstil im eigenen Elternhaus wird ein Liebesobjekt gewählt, das in seiner Daseinsorientierung und charakterlichen Beschaffenheit das Gegenbild zum Altgewohnten darstellt. Personen, die diesen Weg der Konfrontation mit ihrer Herkunftsfamilie wählen, sind in der Regel von ihren Eltern tief enttäuscht. Sie lehnen sie ab oder hassen sie gar. Die Wahl eines – in den Augen der Herkunftsfamilie unerwünschten – Partners stellt einen Racheakt gegen die Eltern und somit einen Vergeltungsschlag gegen jahrelang erduldete Peinigungen dar. Da die Betreffenden ihre bisherige Existenzform als zutiefst unbefriedigend erlebt haben, faszinieren sie natürlich auch die »Leuchtkraft eines neuen, ganz anderen Lebens«, so wie es durch den Partner verkörpert wird. (Ich untersuche an dieser Stelle allerdings nicht,

durch welche biographischen Beeinträchtigungen es zu einem emotionalen Bruch mit Vater oder Mutter gekommen ist.)
Die Funktion des Kontrastpartners kann dann unter anderem darin bestehen:

a) dass er stellvertretend für den anderen gegen seine Schwiegereltern wütet;
b) dass er als Bundesgenosse im Kampf gegen Schwiegervater und Schwiegermutter aufgebaut wird;
c) dass er durch sein anderes Wertesystem die verinnerlichten Über-Ich-Gebote und Ich-Idealforderungen des Rebellen relativiert und damit entschärft;
d) dass er durch seine so ganz andere Wesensart eine ständige Schockwirkung auf die Eltern des Rebellen ausübt.

Manchmal fühlen sich die Protestwähler durch ungelöste innere Konflikte an das Elternhaus gebunden, durch Loyalitäten verpflichtet, durch Aufträge eingeengt und möchten durch einen einzigen Schwerthieb die ungeliebten Taue kappen, die sie an das Alte fesseln.

Hierzu einige Beispiele:

– Eine Professorentochter heiratet einen hemdsärmelig-vulgären Bauunternehmer, einen Proleten ohne geistige Interessen. Ihre Familie ist entsetzt, ihr intellektueller Hochmut erfährt eine empfindliche Kränkung, hatte man doch bisher einen kultischen Umgang mit Bildung getrieben, sich selber zur geistigen Elite des Landes gerechnet und den Rest der Menschheit, die dumpfe Masse, in den verachtenswerten Niederungen der Ignoranz angesiedelt, deren »Getriebe sich durch Hunger und Liebe« erhält (Schiller).
– Eine junge Frau aus einer kleinbürgerlichen Beamtenfamilie heiratet einen leicht verwahrlosten, brotlosen Künstler, dessen ganzer Lebensvollzug sich in der schauervollen Nähe von Chaos, Ausschweifung und Hungerdasein abspielt. Sie selber, die junge Frau, stammt aus einem Elternhaus, wo alle erdenklichen Spießertugenden (Sparsamkeit, Sauberkeit, streng geregelter Tagesablauf usw.) freudlos zelebriert, wo gegen Verarmungsängste und die Bodenlosigkeit eines ungesicherten Daseins die Dämme von Risikoscheu, Genussverzicht und materi-

elle Sicherheit (durch eine kleine lebenslange Beamtenpfründe) errichtet werden.

- Der Sohn einer Karrieristenfamilie, die einen hohen sozialen Status hat, sehr reich geworden war, einen ungebrochenen Aufstiegswillen zeigte, sich in Arbeit, Leistung und glanzvollen gesellschaftlichen Partys verzehrte, heiratet eine mittellose, unbedeutende, grau-mausige Frau mit einem unehelichen Kind.
- Der Sohn aus einer Sektenfamilie, die ein puritanisches und sittenstrenges Leben führt, Lebensgenuss verpönt und Sexualität in all ihren Äußerungsformen in bigotter Weise total abwehrt, heiratet eine Frau, die in der Kleinstadt als Flittchen gilt.

In all den hier geschilderten Fällen kam es zum zeitweiligen oder totalen Bruch mit der Herkunftsfamilie. Das ersehnte Leben in Freiheit und ohne Rücksichtnahme auf alte Loyalitäten und Verpflichtungen versprach wunderbare Zukunftsperspektiven. Der Zugewinn an Daseinsraum mit der bisher nicht vorhandenen Chance, nie ausprobierte und genutzte Befriedigungsmöglichkeiten zu erschließen, machte die Trennung von der elterlichen Familie und ihre Brüskierung allemal lohnend.

Wir wollen uns jetzt fragen, warum die aus Protestwahlen hervorgegangenen Paarungen in der Mehrzahl der Fälle scheitern und es meistens nur zu einem kurzen Glück reicht. Ich stelle die Gründe stichwortartig zusammen:

a) Das Wutpotential, das den Rebellen zu dem Kraftakt befähigte, sich total gegen die eigene Familie zu stellen, verraucht mit der vollzogenen Partnerwahl. Stattdessen stellen sich Schuldgefühle wegen des gezeigten Ungehorsams ein, die sich bis hin zu magischen Unheilserwartungen aufschaukeln können: Wer gegen elterliche Ge- und Verbote verstößt, hat mit Bestrafungen zu rechnen.

b) Mit der abrupten Trennung vom Elternhaus verliert der Rebell auch jede Form der materiellen und emotionalen Unterstützung. Er merkt erst jetzt, wie wichtig und lebensfördernd sie ehemals war.

c) Die abgelehnte Wertorientierung seines Elternhauses lässt sich nicht durch einen Kraftakt aus der Welt schaffen. Der ursprüngliche Rebell merkt mit Bestürzung, wie tief er die elterlichen Werte verinnerlicht hat und wie sie aus der Verdrängung auftauchen und sein Denken und Fühlen erneut bestimmen. Der Rebell unterschätzt die Tiefe, mit der mütterliche/väterliche Werte in ihm verankert sind, und ahnt anfangs nicht, dass alte, familiäre Orientierungen von ihm eines Tages wieder als wichtig und richtig angesehen werden, zumal, wenn er selber heiratet, Kinder kriegt und selbst die Vater- oder Mutterrolle übernimmt.

Die ehemalige Professorentochter beginnt wieder, ihre Bildung zu schätzen, elitäre Gefühle zu bekommen und ihren geistig stumpfen und uninteressierten Mann zu verachten. Die Beamtentochter sehnt sich nach materieller Sicherheit und einem geregelten Leben. Der Karrieristensohn schämt sich seiner farblosen, unbedeutenden Frau und empfindet sie als Bremsklotz auf dem Weg nach oben.
Es erweist sich wieder einmal der konservative Charakter der menschlichen Natur: Frühe Prägungen besitzen eine penetrante Überlebenskraft und setzen sich mitunter gegen die ausdrückliche Willensbekundung, sie nicht haben zu wollen, trotzdem durch. In Therapien erlebe ich es immer wieder, wie Patienten jahrelang gegen ihre Mütter und deren lieblose oder falsche Erziehungsmethoden emotional anstürmen, um später mit Erschrecken festzustellen, dass sie ihre eigenen Kinder nach den gleichen Prinzipien behandeln und erziehen. Gegenüber dem Lebenspartner, dessen Anderssein die Quelle seiner einstigen Wertschätzung war, werden nun allmählich all jene elterlichen Werte vertreten, von denen sich der Betreffende ursprünglich lösen wollte. Der Aufstand gegen die eigenen Eltern – ausgedrückt in der Wahl eines Antitypen – schlägt um in die Treue zu den alten Orientierungen und Beziehungsmustern. Die Ehekrise setzt ein. Die Lösung aus den alten Familienbanden mit Hilfe des anderen misslingt, der intendierte Veränderungsversuch schlägt fehl.
»Der mit der Partnerwahl begonnene Individuationsversuch mündet in die Fortsetzung oder Wiederholung der ursprünglichen Beziehungskonstellation.« (Weiß, S. 111)
Es gibt aber auch Protestwahlen, die zwar sehr deutlich in Abgrenzung zur Wesensart der Eltern getroffen werden, aber den familiären Frieden mit der Primärfamilie nicht unbedingt erschüttern müssen. Die Person sucht und erwählt sich in diesem Fall einen Partner, der bestimmte, an Vater und/oder Mutter gehasste

Charaktereigenschaften oder Verhaltensweisen eben nicht hat, sondern mit dem Gegenteil imponieren kann. Ein solcher Wunsch-Kontrast-Partner sieht zum Beispiel folgendermaßen aus: »Er soll keine Angst vor meiner Wut haben (wie Vater) und sie aushalten können. Ich möchte ihn nicht schonen müssen, weil er so schwach und verletzlich ist (wie es Vater war). Er soll es nicht nötig haben, um meine Gunst zu buhlen. Er soll offenherzig zu seinen Wünschen und Gefühlen stehen und sie freimütig ausdrücken. Zwischen uns soll alles, wenn auch mit Taktgefühl, gesagt werden dürfen. Es darf keine Tabus geben wie in meiner Familie.« Die Gefahr bei dieser Kontra-Eltern-Wahl liegt darin, dass der gesuchte und gefundene Kontrastpartner die gewünschten Charakterzüge im Extrem verkörpert und – um im Beispiel zu bleiben – seine mangelnde Angst vor Wut zum Beispiel Stumpfheit, sein ausbleibendes Buhlen zum Beispiel Gleichgültigkeit und seine Tabulosigkeit eine Art von Zynismus darstellen, womit der Kontrastwähler auch nicht glücklich werden wird.

4.2 Das Abgewehrte, Verpönte: Die Wahl des negativen Selbst

Es ist das große Verdienst von Sigmund Freud, die Mechanismen aufgedeckt zu haben, mit deren Hilfe der bedrohte, schuldige oder um Selbstachtung ringende Mensch die Schattenseiten seiner Seele bagatellisiert, verleugnet, verdrängt oder vom übrigen Teil seiner Persönlichkeit abspaltet. Wir alle besitzen Seelenanteile, die uns schlecht, ja sogar verachtenswert erscheinen, deren Existenz uns kränkt, die Schamröte ins Gesicht treibt oder bei uns Schuldgefühle auslöst. Sie passen nicht zu unserem Selbstbild, verstoßen gegen unsere Wertorientierung, beunruhigen uns, ja bedrohen sogar die Integrität und seelische Balance unserer gesamten Person. Manche von uns haben gelernt, diese störenden Fremdkörper besonders gut unter Verschluss zu halten, in den Keller der Seele zu verdammen oder mit einer tonnenschweren Betonplatte abzudecken und damit konsequent der eigenen Selbstwahrnehmung zu entziehen, sodass sie nur noch im Unbewussten ihr dunkles Dasein fristen. Die verdrängten seelischen Inhalte können eine breite Palette von psychischen Phänomenen umfassen: Der eine muss seinen Hass, seine Feindseligkeit und Zerstörungslust abwehren, ein anderer seine sexuelle Triebhaftigkeit oder seine perversen Wünsche. Dieser leidet an einer alle Maßen sprengenden Bedürftigkeit und erlebt sich dabei als ein ausgehungertes Riesenbaby, das gierig nach der spendenden Mutterbrust schreit und von allen Verpflichtungen des täglichen Lebens entbunden sein möchte. Jener wird von Neid und Missgunst zerfressen, kann und darf aber um nichts in der Welt diese Gefühle zulassen. Manche Menschen müssen eine zutiefst unglückliche Kindheit oder jahrelange Missbrauchserfahrungen verdrängen, damit sie nicht von Schmerz oder tiefer Depression überwältigt werden. Wieder andere wehren schwere Schuldgefühle und ihre vermeintliche Strafwürdigkeit ab, um nicht in Selbsthass oder Akte der Selbstdestruktion zu verfallen. Manche müssen ein intensives Minderwertigkeitsgefühl oder das Wissen um ein total verfehltes Leben, lähmende Lebensangst, Furcht, ein Hochstapler zu sein, ein Ahnen um gravierende Mängel der eigenen Intelligenz und der eigenen beruflichen Fähigkeiten, Todessehnsüchte oder Mordgelüste vom eigenen Bewusstsein fernhalten, weil ein Erleben all diese Affekte und Erkenntnisse zu einer schweren Seelenerschütterung oder gar einem Zusammenbruch führen würde.

Nun wissen wir aber aus der Neurosenlehre, der Lehre von den seelischen Erkrankungen des Menschen, dass die verdrängten Inhalte einen a) unterschiedlichen Grad von Bewusstheit bzw. Unbewusstheit haben können; b) einzelne oder umfangreiche Bereiche des Seelenlebens umfassen können; c) unterschiedlichen Intensitätsgraden der »Verteufelung«, das heißt Ablehnung, ausgesetzt sind und d) eine unterschiedlich große energetische Aufladung besitzen. Wir wissen ferner, dass es dauernder seelischer Kraft bedarf, um die Verdrängung aufrechtzuerhalten, und dass es die so genannten Versuchungs- und Versagungssituationen gibt, in denen die errichteten Dämme brechen, das bisher Abgewehrte ins Bewusstsein zu fluten droht und seinen Träger seelisch erkranken lässt. Um diesen immer drohenden Katastrophenfall zu vermeiden, kann die menschliche Seele zu einem Kunstgriff greifen: Sie überträgt das eigene Störpotential aus ihrem Inneren auf den Partner. Wir sprechen in diesem Fall von »Projektion« und wollen damit verdeutlichen, dass der andere vom Subjekt so wahrgenommen und behandelt wird, als ob er nun Träger von dessen abgelehnten Persönlichkeitsanteilen ist. Dieses Hinausverlegen des Bösen in das Liebesobjekt bringt dem Projizierenden diverse Vorteile: Er entledigt sich der Scham oder der Schuldgefühle über den Besitz von verdammungswürdigen Eigenheiten, schützt sich vor Trieb- oder Über-Ich-Angst, vor Konflikten und Depression, vor Selbstwerterniedrigung und Ich-Desintegration. Er kann sich nun über den anderen empören und das »Schlechte« an ihm aktiv bekämpfen; das eigene grandiose Selbst (»Ich bin gut und großartig«) im Kontrast zum Partner festigen und letztlich über die Beschäftigung mit dieser »bösen Sache« ihren Daseinsvollzug im Leben des andern auf Umwegen mitgenießen. Also mehrere Fliegen mit einer Klappe schlagen! Im Kontrast zur eigenen, bewusst erlebten Seelenlage wird ein Liebesobjekt gewählt, das konträre Persönlichkeitseigenschaften oder Haltungen besitzt, in Wirklichkeit aber die abgewehrten bösen Seelenanteile des wählenden Subjekts auslebt. Die Person sucht und findet ihren persönlichen Schatten im anderen. Diese Art der seelischen Stabilisierung mit Hilfe eines Partners nennen wir »interpersonelle Abwehr«, wobei es darum geht, aus einem innerseelischen Konflikt einen solchen zu machen, der sich nun zwischen zwei Menschen, innerhalb einer Paarbeziehung abspielen kann. Die hier vorgestellte Spielart ist aber nur eine Form der interpersonellen Abwehr. Wir werden ihr in diesem Werk noch in vielen anderen Verkleidungen begegnen, aber immer in denselben, oben dargestellten Funktionen.

Ich möchte nun zur Illustration des Gesagten wieder einige Beispiele anführen:

Fallbeispiel: Diana und Sergej Z.

Diana Z. ist eine sehr tüchtige und pflichtbewusste, berufstätige Ehefrau, die weder rastet noch ruht, immer etwas tun muss und sich sorgenvoll im Mahlstrom des Lebens abstrampelt. Ihr Dasein ist von einem tiefen Ernst und einer ständig präsenten Zukunftsangst geprägt. Die Erde erscheint ihr als Jammertal und als Ort ständig drohender Katastrophen, denen sie mit einer Art Gegenzauber zu begegnen sucht. Die verpflichtende Kraft ihres Gewissens zwingt sie zur Übernahme auch jener Verantwortlichkeiten, die eigentlich Sache der anderen wären. Für sie gilt es, das Erdendasein mit Anstand und klagloser Würde, wie eine Art Gottesprüfung, zu überstehen und sich dabei keiner moralischen Verfehlungen schuldig zu machen. Just jene ethisch hoch stehende, aber fast genussunfähige Frau wählt sich einen »Bruder Leichtfuß« zum Gatten. Sergej Z. ist ein Mann ohne Ehrgeiz und ohne berufliche Ambitionen. Kein Pflichtgebot treibt ihn zur Arbeit, kein kategorischer Imperativ stört seinen Lebensgenuss. Er lässt sich treiben, begeht kleine Betrügereien und entwickelt eine fröhliche Gegenkultur zur Gemütsschwere seiner Frau. Diana ist anfangs von der liebenswürdigen Sorglosigkeit dieses Lebenskünstlers, seinem Spaßbewusstsein und dolce vita fasziniert. Ihr tief verdrängtes Lust-Ich spürt hier eine Seelenverwandtschaft, ihr Real-Ich – im Kontrast dazu – die drückende Last ihrer mit freudlosen und pflichtbeschwerten Tagen umstellten Existenz besonders deutlich. Vielleicht führt die Paarung der Gegensätze – so mag sie denken – zu einem besseren Gleichgewicht der beidseitigen Glücksmöglichkeiten.

Fallbeispiel: Astrid und Simon G.
Astrid leidet des öfteren an kleinen depressiven Episoden. Sie findet dann morgens nicht aus dem Bett, vernachlässigt ihre Hausfrauenpflichten, hat an nichts Lust und Interesse und gerät in eine weinerlich-klagsame Stimmung. Astrid traut sich überhaupt sehr wenig zu. Der tägliche Arbeitsanfall türmt sich zu einem riesigen Berg vor ihr auf. Sie mag nicht unter Menschen gehen. Sie muss sich dann nämlich dauernd mit den anderen vergleichen und schneidet dabei erbärmlich schlecht ab. Überhaupt ist sie häufig krank. Ihre körperlichen Beschwerden umfassen Magen- und Darmprobleme, Mundtrockenheit, Schwitzen, Schwindel und Kopfschmerzen, Druckgefühl in der Herzgegend, Appetitmangel. Sie kann schlecht schlafen, macht einen ängstlich-gequälten Eindruck und leidet unter starken Stimmungsschwankungen. Astrid begibt sich freiwillig und dankbar ganz unter die Fittiche ihres scheinbar sehr vitalen und seelisch gesunden Mannes, der ihre Anlehnungsbedürftigkeit schätzt, ihr Schutz und Trost bietet, sie fürsorglich empfängt und wie ein kleiner Psychotherapeut verstehend auf ihr Leiden und ihre weiche, verletzbare Gemütsart eingeht. Simon war früher Alkoholiker, ist seit Jahren aber trocken und

von auffallender Frische und Stabilität. Er hat seine eigene tiefe Gestörtheit und das Wissen um seine früheren Überlebenskämpfe erfolgreich verdrängt. Die Pflege seiner körperlich und seelisch kranken Frau und der Umgang mit ihrer emotionalen Weichheit ersparen ihm den Blick auf die eigene Neurose. Das Arrangement der Eheleute bietet beiden vorerst erfreuliche Vorteile.

Fallbeispiel: Carola und Burkhard N.

In ihrem Ehegatten Burkhard N. hat sich die zierliche Carola einen aggressiven, energisch auftretenden Mann gewählt, der gerne provoziert, aus Lust am Fighten in Opposition geht, »frech wie Rotz ist«, seine Mitmenschen durch unerwartetes Benehmen schockiert und sich eiskalt zu seinem eigenen Vorteil durchsetzen kann. Sie selber ist eine aggressiv Gehemmte, eine Ja-Sagerin, eine brav-angepasste, schüchterne Person, die sich weder behaupten noch um eigene Belange streiten kann, die sich zu viel gefallen lässt und ihren nicht-abgeführten Ärger in Magenschmerzen verwandelt. Burkhard verkörpert ihre schlechtere, aber dennoch unbewusst beneidete Hälfte. Carola versucht manchmal durch eine kläglich-leise Gegenrede und durch hilflose Beschwichtigungsversuche die aggressiven Attacken ihres Mannes zu dämpfen, aber ohne Erfolg. Da er ausdrückt, was sie sich zutiefst auszudrücken wünscht, aber nicht zuzulassen wagt (aus Gehemmtheit und moralischen Skrupeln), partizipiert sie in Identifikation an seiner Rauhbeinigkeit und Aggressivität.

Fallbeispiel: Mara und Georg K.

Mara, heute Erzieherin, wuchs unter der Zuchtrute einer sektiererhaften, dem Puritanismus verpflichteten Familie auf. Sie geriet als Spätpubertierende in den Strudel der 68er-Bewegung und sagte sich unter schweren Kämpfen von der harten elterlichen Ethik los. Sie selber mutierte – im Zuge einer antithetischen Idealbildung – zu einer menschenfreundlichen, sehr liberal eingestellten Person, die für alle kindlichen Schwächen und Verhaltensweisen großes Verständnis hatte, die unendliche Geduld entwickelte und pädagogischen Eros mit Nachgiebigkeit und Verleugnung der eigenen Bedürfnisse verwechselte. Sie war bei den Kindern beliebt, hatte aber Schwierigkeiten mit der Disziplin. Die ausufernden Ansprüche und Machtposen so mancher kleiner Tyrannen in ihrer zu betreuenden Jungen- und Mädchenschar suchte sie mit Fassung zu ertragen. Mara heiratete einen Witwer mit drei kleinen Kindern. Überraschenderweise wählte sie sich im Vater dieser Kinder einen strengen Mann, der keinen kindlichen Widerspruch duldete, der Tochter und Söhne zu Gehorsam und Pflichterfüllung erzog und der der Meinung war, dass man die heranwachsende Generation weder verzärteln noch verwöhnen dürfe. Mara brachte das Kunststück fertig, gelegentliche Phantasieblitze von schwarzer Pädagogik von ihrem Bewusstsein und eigenem Selbstbild total abzuspalten, das heißt nicht zur Kenntnis zu nehmen. Sie, die sanfte und liebevolle Erzieherin, stellte sich in Sekundenbruchteilen vor, wie sie Kindern den Mund verbot, sie mit dem Rohrstock prügelte, ihnen in die »Fresse« schlug und sie zu absolutem Gehorsam und äußerster Bedürfnislosigkeit verpflichtete. Was ihr da tagtraumartig durch den Kopf schoss, stand im krassen Gegensatz zu ihrer bewussten Einstellung gegenüber Kindern. Aber da sie über diese kurzen Episoden sadistischer Entgleisung nicht reflektierte, existierten sie auch gar nicht für sie. Lediglich ihr strenger Ehegatte verkörperte einen Anteil ihrer abgewehrten »schwarzen Seele«, den sie aber an ihm durch verbale Interventionen (»Du kannst doch nicht so mit den Kindern umgehen!«) bekämpfte und durch ausgleichende Milde bei Tochter und Söhnen wieder abzuschwächen versuchte.

Fallbeispiel: Alf und Helga W.
Seitdem die menschliche Rasse aus dem Dunkel der Geschichte aufgetaucht ist, gibt es kulturelle Zeugnisse über die Rolle, aber auch die angebliche Gefährlichkeit der Sexualität. Häufig übernahmen es die jeweils herrschenden Glaubenslehren oder religiösen Institutionen, den Menschen in seiner sexuellen Triebhaftigkeit einzudämmen und ihn zu einem »sittlichen« Lebenswandel zu verpflichten. Je stärker allerdings ihre Unterdrückung ausfiel, desto häufiger kam es zu durchbruchsartigen sexuellen Exzessen, wie zum Beispiel in der kollektiven Besessenheit ganzer Nonnenklöster im Mittelalter. Auch heute noch – im aufgeklärten und liberalen Mitteleuropa – gibt es Gesellschaftskreise, religiöse Gruppierungen und einzelne Familien, in denen die Sexualität mit triebfeindlichen Tabus belegt ist. Es grassieren Phantasien über die gesundheitsschädigende Wirkung oder die Verderben bringende Macht der Sexualität.

Auch Alf W. gehört in den Kreis der eben bezeichneten Personen. Er erwarb durch eine sexualfeindliche Erziehung diverse sexuelle Hemmungen, Schuldgefühle und die Tendenz, sexuelle Lebensäußerungen zu verteufeln. Alf ist das uneheliche Kind einer allein erziehenden, recht vergrämten Mutter, die zeitlebens unter ihrer Jugendsünde (uneheliches Kind) bitter litt und Partnerlosigkeit und freudlose Existenz als Strafe für ihre frühe und unerlaubte Sexualität ansah. Sie behandelte ihren Sohn wie ein Neutrum und wurde nicht müde, die Gefahren der verbotenen Liebe in den düstersten Farben auszumalen. Als Alf seine spätere Ehefrau Helga kennen lernte, war er ein verklemmter, junger Mann, der noch nicht einmal Onanie-Erfahrungen hatte, weil er sich vor drohender Rückenmarksschwindsucht fürchtete. Die sexuell unbedenkliche Leichtigkeit, mit der Helga ihn verführte, waren für Alf so überwältigend, dass bei ihm alle Dämme brachen und er für Monate nur noch als Gattungswesen, als männliches Exemplar der Spezies Mensch, agierte. Alf heiratete seine Helga; aber ehe er sich's versah, hatte ihn der Eispanzer seiner starren Moral erneut ummantelt und archaische Angststrukturen neu belebt. Inzwischen war ihm auch aufgegangen, dass seine Helga ein zweifelhaftes Vorleben hatte und offenbar ein »lockerer Vogel« war. Das kurbelte seine Phantasie, aber parallel dazu auch seine Abwehr- und Schutzmaßnahmen gegen mögliche sexuelle Dammbrüche mächtig an. Helga hatte ihn, den skrupelhaften Moralisten, mit der ganzen Bandbreite ihrer weiblichen Verführungskünste umgarnt und seiner Sittsamkeit entrissen. Er begann allmählich, in seiner Frau ein weibliches Triebwesen von unersättlicher Gier zu sehen, das möglicherweise bereit war, für jeden dahergelaufenen Kerl die Beine zu öffnen. Alf verbot ihr, kurze Röcke und Kleider mit Ausschnitten zu tragen; überwachte eifersüchtig ihren Umgang und beargwöhnte ihre Körpersprache als erotisches Angebot an potentielle Verehrer. Immer wieder unterstellte er ihr Fremdgehimpulse und Lust auf unmoralische Sexualpraktiken. Er machte ihr permanent Vorwürfe. Er bebte vor Zorn und Erregung, wenn sie Anspielungen auf oralen Sex machte oder ihm scherzhaft eine Brust zeigte. Alfs Freizeitleben war fortan darauf ausgerichtet, den sexuellen Brandherd an seiner Seite beobachtend zu umkreisen und dessen Aufflammen zu verhindern. Auf diese Weise konnte er seine eigenen (aber unbewussten) verpönten sexuellen

Impulse an seine Frau delegieren und die damit verbundenen Schuldgefühle auf sie abwälzen: nicht er war moralisch verkommen und deshalb ein schlechter Mensch, sie war es.

Hier zeigt sich wieder einmal, wie nützlich und entlastend es sein kann, eigene Schuld und damit verbunden Selbstbestrafungstendenzen auf den Partner zu verschieben. Man ist damit eine arge Last los.

Die eben aufgeführten fünf Beziehungsmuster sollen illustrieren, wie Paarungen nach dem Muster der interpersonellen Abwehr beschaffen sind.

Ich will noch ein paar Beispiele anfügen, dabei aber nur schlagwortartig je zwei konträre Typen einander gegenüberstellen. So wählen sich:

- der Egoist und die Selbstlose
- der Chaot und die Geordnete
- der Süchtige und die Disziplinierte
- das moralische »Schwein« und die Anständige
- der Herrscher und die Untertänige
- die Verwahrloste und der brave Biedermann
- der Star und die graue Maus.

Uns bleibt zum Schluss dieses Abschnitts noch die spannende Frage zu klären, warum Verbindungen der eben aufgezeigten Art häufig zum Scheitern verurteilt sind bzw. nur eine begrenzte Lebensdauer haben. Es lassen sich dafür mehrere Gründe finden:

a) Obwohl auf tief verschwiegene Weise in einem Sektor ihrer Persönlichkeit seelenverwandt, überwiegen bei den hier beschriebenen Paaren doch bei weitem die Gegensätze. Ihre Art zu denken und zu fühlen unterscheidet sich oft sehr, ganz unterschiedliche Weltbilder und Befindlichkeiten prallen aufeinander und finden keine Versöhnung. Ein großer Vorrat an sachlichen Reibungsflächen verhindert den harmonischen Zusammenklang und das Eintauchen in Nähe und fragloses Einverständnis. Letztlich finden die beiden nicht zueinander, zu groß ist die Kluft, die sie trennt.

b) Ein wichtiger, das Scheitern begünstigender Faktor ist die Ungleichwertigkeit der Positionen innerhalb ihres Eheverbandes. Die Glücksgüter zwischen den beiden sind hier oft ungerecht verteilt. Der größeren Lebens- und Ausdrucksfülle des einen stehen die kargeren Daseinsbedingungen des anderen gegenüber. Der eine lebt und lässt die »Sau raus«, der andere guckt aufgeregt zu, geht aber oft leer aus. Er kommt aus dem moralischen Korsett seiner Verpflichtungen, Ge- und Verbote nicht heraus und hat so das Nachsehen. Wen wundert es, wenn er dann auf seinen Partner neidisch wird, sein Gewissen ihm aber verbietet, den Neid auszudrücken. Die zersetzende Kraft dieses Gefühls tut aber dennoch ihre Wirkung.

c) Überwiegen in einer Beziehung die Momente der Abwehr und Verteufelung gegen die vom Partner ausgelebten Triebanteile, so wird der Akteur permanent gegängelt, kritisiert und abgewertet. Der solchermaßen zum schwarzen Schaf gemachte, böse andere fühlt sich unter dem Dauerbeschuss moralisierender Vorhaltungen zunehmend unwohler und als das, was er ist, zurückgewiesen und in seiner Identität nie bestätigt. Erreicht der Grad der Ablehnung des eigenen Schattens – verkörpert durch den Partner – sehr starke Ausmaße, so gerät der andere sogar in die Position des Verachteten. Unter diesen Bedingungen ist an ein gedeihliches Zusammenleben nicht zu denken.

d) Manchmal kommt es vor, dass der heimliche Mitgenuss des Verpönten am Partner eine fatale Nebenwirkung zeitigt: dann nämlich, wenn sich die Stoßrichtung der Triebäußerung nicht nur gegen die Menschen der ferneren Umgebung, sondern auch gegen den eigenen Partner richtet. Das Liebesobjekt »wettert und wütet« also nicht nur gegen Kollegen, Nachbarn, Freunde und Verwandte, sondern auch gegen seinen eigenen Partner. Der Egoist zum Beispiel beutet nicht nur seine Umgebung aus, spannt nicht nur alle Freunde und Kollegen für seine Interessen ein, erdrückt nicht nur Nachbarn und Verwandte durch seine Ansprüchlichkeit: sehr bald gerät auch seine Ehegattin in den Dunstkreis dieser Egoismen und wird Leidtragende Nummer eins.

4.3 Das Andere

Jeder Mensch ist ein einmaliges Exemplar seiner Gattung. Aber er verkörpert aus der riesigen Palette menschlicher Charaktere und Lebensentwürfe immer nur einen winzigen Ausschnitt. Jedem von uns ist nur ein verschwindend kleiner Bruchteil an Daseinsmöglichkeiten vergönnt. Wir brauchten tausende von Wiedergeburten, um auch nur annähernd die Potentialität unserer Rasse in immer wieder neuen Entfaltungsformen auszuschöpfen. Wen wundert es da, dass Menschen in ihrer Ergänzungsbedürftigkeit von einem Partner fasziniert sind, der anders ist als sie. Das Liebesobjekt hat das, was ich nicht habe: das mir Fehlende, das bei mir mangelhaft Ausgeprägte, das andere Temperament, den ganz anderen Lebensstil, komplementäre Erlebnis- und Verhaltensmuster, besondere Begabungen und Fertigkeiten, eine andere Lebensgrundstimmung, einen reicheren Erfahrungsschatz, mehr Vitalität, mehr Intelligenz, eine andere Form der Kreativität. Der andere kann aus einer Welt kommen, die mir bisher verschlossen war; oder er kann mir eine neue Welt eröffnen. Er kann imstande sein, etwas sehr Schönes und Aufregendes zu leben, wozu mir bisher die Gelegenheit, der Mut oder die seelischen Voraussetzungen fehlten. Wir begreifen: In der nicht-neurotischen Wahl eines Kontrast-Partners ist immer auch die allzu menschliche Sehnsucht enthalten, die Begrenztheit der eigenen Existenz zu transzendieren und von der möglichen Lebensfülle wenigstens einen Zipfel zu erhaschen. Der andere wird in seiner Funktion als »Bereicherung« gesucht und erlebt und manchmal auch über lange Zeiträume hinweg genossen.

4.4 Der viel jüngere oder viel ältere Partner

Wenn zwei Menschen das Gleiche tun, ist es noch lange nicht dasselbe. Das erheblich unterschiedliche Alter eines Paares kann, muss aber nicht unbedingt, einen starken Einfluss auf Erfolg oder Misserfolg einer Beziehung haben. Das Alter ist nämlich nur eine Variable unter vielen; nur ein Instrument im Konzert einer Paardynamik – allerdings manchmal ein so lärmendes, dass es mit seinen Dissonanzen das ganze Musikstück zum Abstürzen bringen kann. Wichtig erscheint mir, in was für ein charakterologisches Umfeld der Altersunterschied eingebettet ist, das heißt, welche Persönlichkeitsstrukturen hier aufeinander treffen, um den Generationssprung zu meistern. Auch ist ganz und gar nicht gleichgültig – worauf A. Dührssen hinweist –, in welchem Lebensabschnitt der Beteiligten die Verbindung stattfindet. Es macht einen großen Unterschied aus, ob eine 34-jährige Frau einen 19-Jährigen wählt oder ein 65-jähriger Mann eine 50-jährige Frau, obwohl in beiden Fällen die Differenz 15 Jahre beträgt. Natürlich spielt auch das soziale Umfeld des Paares eine Rolle, seine Akzeptanz durch die Gesellschaft und die Verwandten. Wenn die beiden ständig Spießruten laufen müssen und einem erheblichen sozialen Druck ausgesetzt sind, kann das die Stabilität einer solchen Verbindung erheblich mindern. Immerhin hat D. Prodöhl (1979) in einer Untersuchung festgestellt, dass bei 43% der Paare mit einer gestörten Beziehung der Mann jünger war als die Frau. Es hat den Anschein, dass große Altersunterschiede (zehn Jahre und mehr) bei einer Paarbildung einen erheblichen Störfaktor hinsichtlich des Gelingens einer solchen Gemeinschaft darstellen.

Ich will nun in meinen weiteren Ausführungen die Protagonisten von vier typischen Konstellationen schildern (die ältere Frau – der jüngere Mann; der ältere Mann – die jüngere Frau) und jeweils die Motive aufzeigen, die zur Wahl eines älteren/jüngeren Partners führen, und die Gefährdungen herausarbeiten, denen die Beteiligten ausgesetzt sind.

4.4.1 Die ältere Frau (und der jüngere Mann)

Das Prädikat »ältere« kann in diesem Zusammenhang die Assoziation »alte« Frau suggerieren und zu Missverständnissen Anlass geben. Der hier gemeinte Frauentyp ist alles andere als alt, sondern steht im Gegenteil in der Blüte seiner Weiblichkeit und erotischen Anziehungskraft und ist auch deshalb für den jungen Mann sehr attraktiv. Wir wollen uns fragen, was eine Frau im Alter von 30 bis 40 Jahren dazu bringt, einen Mann im Alter von 17 bis 25 zum Lebenspartner zu wählen. Fünf verschiedene Konstellationen habe ich gefunden:

a) Die Frau ist von dem jugendlichen Elan und der glücklichen Leichtigkeit des jungen Mannes hingerissen. Sie findet einen offenen und emotional aufrichtigen Menschen vor, der nicht nur zu seinen Gefühlen steht, sondern sie auch ausdrückt; der heftig begehrt und in aller Unschuld an die ganz große Liebe glaubt. Er hat noch keinen Schutzwall um seine Verletzlichkeiten errichtet, er kann weinen und zutiefst betroffen sein, ein Stück unverfälschten Lebens offenbaren. Er setzt sie in der Regel nicht unter Entscheidungsdruck bezüglich einer baldigen Heirat oder einer Umgestaltung ihrer jetzigen Daseinsweise. Er wagt es auch nicht, ihr Vorschriften zu machen. In idealisierender Verkennung der Realität findet er im Gegenteil alles »toll«, was sie macht. Mit dem jungen Mann muss sie nicht konkurrieren. In der Regel hat er viel Zeit. Sein großer Bedarf an Zärtlichkeit entzückt sie. Berufliche Sorgen oder Aufstiegswünsche haben ihn noch nicht aufgefressen oder einseitig auf Karriere ausgerichtet. Seine Manneskraft steht auf dem Gipfel ihrer Leistungsfähigkeit und kann ihrer großen sexuellen Bedürftigkeit oder ihrem Spaß am Sex volle Befriedigung geben. Sie genießt in vollen Zügen seinen jungen Körper und die Weichheit seiner Haut. Vielleicht ist sie selber eine erfolgreiche, beruflich gestandene Frau, die gelernt hat, für sich selbst zu sorgen und Verantwortung zu tragen. Sie möchte keinen Mann, der besondere Ansprüche an sie stellt, vielleicht Kinder haben möchte, bestimmte Anpassungsleistungen von ihr fordert, mit ihrem Erfolg nicht zurechtkommt oder einen verfestigten Charakter hat, an dessen Ecken und Kanten sie sich dauernd stößt. Manchmal wählt sie den viel Jüngeren ganz bewusst nur für die Sexualität, als ihren kleinen, starken, aber fügsamen Liebhaber auf Zeit. Sie möchte vielleicht unabhängig bleiben, selbst die Richtlinien der Politik bestimmen und nicht gezwungen sein, sich festzulegen. Da kommt ihr der Abiturient oder frisch gebackene Student gerade recht. Was einst das Privileg der Männer war, wird nun auch von selbstbewussten Frauen gelebt und ausgekostet. Wir finden diese Konstellation gehäuft bei Lehrerinnen, die sich mit einem ihrer Schüler nach dessen Abitur zusammentun.

b) Es begegnen einem Psychoanalytiker immer wieder Patienten, die glaubhaft versichern, dass ihr seelisches Alter weit hinter ihrem tatsächlichen zurückgeblieben sei. So erlebt sich beispielsweise eine 35-jährige Frau wie ein spätpubertierendes Mädchen, ohne Selbstbewusstsein, unzufrieden mit Körperbau und Aussehen, geplagt von Minderwertigkeitsgefühlen und beruflichen Zweifeln. Für sie wäre der gleichaltrige Mann ein Riese an Überlegenheit. Das gemutmaßte Reifegefälle lässt in ihr die Befürchtung aufkommen, an seiner Seite keinen Entfaltungsraum für ihre noch unfertige Persönlichkeit zu haben. Den sehr jungen Mann dagegen erlebt sie als »gleichaltrig« und sich in dieser Verbindung als gleichwertig. Seine Wahl dient der Stabilisierung ihres prekären narzisstischen Gleichgewichts.

c) Es gibt Frauen, deren Lebensthematik ganz von Autoritätsfurcht und der Angst vor dem dominierenden Mann geprägt ist. Sie haben in der Regel eine recht verzerrte Sicht von den Männern und unterstellen ihnen, dass es ihr ausschließliches Anliegen sei, Frauen klein zu halten, auszubeuten, zu bevormunden und nicht zum Zuge kommen zu lassen. Sie verwickeln sich mit gleichaltrigen Männern sehr schnell in Konkurrenzkämpfe und Macht-/Ohnmachtskonflikte. Oder haben in Reaktion auf eigene Unterlegenheitsangst überkompensatorisch einen dominierenden Lebensstil entwickelt, der sofort den männlichen Selbstbehauptungswillen herausfordert. Sie können sich einem gleichaltrigen Mann sexuell nicht hingeben, weil sie in dieser Konstellation auch die Hingabe als eine Art des Besiegtwerdens erleben. Deshalb suchen sie sich schwache, in erster Linie aber viel jüngere Männer in dem Bewusstsein, dass hier das Kräfteverhältnis von vornherein zugunsten der Frau geklärt ist.

d) Manchmal, aber deutlich seltener als von der klassischen Psychoanalyse vermutet, spielt der Ödipuskomplex eine weichenstellende Rolle bei der Wahl des Partners. Die betreffenden Frauen erleben den gleichaltrigen Mann gerade in jenem Alter, in welchem ihr heiß geliebter und erotisch begehrter Vater damals war, als sie selber drei bis fünf Jahre zählten. Mit der Wahl des viel jüngeren Mannes zum Liebesobjekt berücksichtigen sie das Inzesttabu und erschließen sich selber die Möglichkeit, sexuell zu sein. Der jüngere Mann ist für ihr Unbewusstes eben nicht der Vater.

e) Zum Schluss wollen wir noch jener verdienstvollen älteren Frauen gedenken, die à la Frau von Stein aus der Fülle ihrer Gefühle, Lebenserfahrungen und besonderen Kompetenzen heraus, Freude daran haben, einen jungen Mann zu bilden oder zu protegieren. Sie wärmen sich an der besonderen Achtung und auch Bewunderung, die ihnen von ihren Schützlingen entgegengebracht werden, und pflegen einen pädagogischen Eros, der beiden Parteien zugute kommt. Ihr stabiles Selbstvertrauen und die erlernte Kunst der Menschenführung befähigt sie dazu, Entwicklungen anzustoßen, Talente zu fördern oder auch seelische Hilfeleistungen zu erbringen, wenn der junge Mann eine Krise durchzustehen hat oder sonstwie mit dem Leben nicht zurechtkommt.

Wir wollen nun die emotionalen Gefährdungen diskutieren, die der »älteren« Frau speziell aus ihren eigenen Ängsten und Erfahrungen mit dem jüngeren Partner erwachsen.
Ist die Beziehung mit dem Jüngeren nicht von vornherein auf einen begrenzten Zeitraum angelegt, sondern ist Dauer intendiert, dann hat die ältere Frau häufig Angst, ihren Liebsten wieder zu verlieren. Sie vergleicht sich mit jüngeren Frauen und beschäftigt sich unter Umständen über Gebühr mit ihrem Alter und dem Älterwerden. In diesem Zusammenhang registriert sie bei sich kleinste körperliche Veränderungen. Jedes neu entdeckte Fältchen, die im Ansatz ahnbare Speckrolle, hier und da ein graues Haar, all das ruft Entsetzen und die vermehrte mühevolle Aktivität hervor, durch kosmetische Prozeduren die Schönheit und Jugend zu retten. Ihre Angst, ihm eines Tages nicht mehr zu gefallen, kann natürlich auch durch den versteckten oder manchmal offen geäußerten Spott der lieben Mitmenschen verstärkt werden. Wer steht schon über den Dingen, auch wenn es sich nur um einen dummen Witz in der Illustrierten handelt? (»Wenn die Frauen verblühen, verduften die Männer!«)
Eines Tages wird sie dieses Theater satt haben und sich nach dem Mann sehnen, an dessen Seite sie in Würde altern darf.
Häufig wird die ältere Frau auf die Rolle der Stärkeren und Überlegenen festgeschrieben. Sosehr sie auch in den ersten Jahren der

Verbindung ihren Vorsprung an Reife und Erfahrung genießen mag, ihre eigenen Anlehnungsbedürfnisse kommen dabei zu kurz. Wo ist die Stelle, wo sie schwach und kindlich und unbedacht und ohne Sorge um mögliche Konsequenzen sein darf? Wann und wo darf sie einmal die Verantwortung für den gemeinsamen Lebensweg abgeben und sich gehen lassen? Oft wird ihr ein Übermaß an Verständnis und verzeihender Nachsicht, an Beziehungsarbeit und Konfliktmanagement zugetraut oder abgenötigt. Auf die Dauer fühlt sie sich überfordert. Andererseits wird es manchen führungsgewohnten Frauen auch schwer fallen, die jahrelang ausgeübte Dominanz und Überlegenheit abzulegen und dem an Selbstbewusstsein und Stärke gewonnenen Ehegatten eine gleichrangige Position einzuräumen. Wer trennt sich schon von lieb gewordenen Gewohnheiten.

Wenn aus dem jüngeren Mann im Laufe der Jahre ein gestandener Mann wird, dann regen sich bei ihm nicht selten Kinderwünsche, die seine Frau in einem Alter jenseits der 40er Grenze treffen. Die Unmöglichkeit, ein gemeinsames Kind zu haben, kann zu einer Belastung werden. Ein letzter Punkt verdient Erwähnung: 15 Jahre Altersunterschied bedeuten so viel wie: Abstand von einer ganzen Generation. Wenn die Eheleute nicht im Isolierkontakt miteinander leben und sich weitgehend von der Umwelt abschirmen, sondern jeweils einen gleichaltrigen Freundeskreis besitzen, dann leben sie unter Umständen in recht verschiedenen Welten. Sie wurden von unterschiedlichen Zeitströmungen, Geschmacksrichtungen, Werten, Moden, Trends, Vorlieben und Abneigungen geprägt, ihre Vorstellungswelt ist eine andere. Die ältere Frau findet im jüngeren Mann oft keinen ihr gemäßen Gesprächspartner. Themen, die sie bewegen und ihrem Lebensabschnitt entsprechen, sind für ihn oft noch nicht aktuell. Vergleichen wir den menschlichen Lebenslauf mit einem Regenbogen (er hat einen Ursprung, steigt auf, erreicht den Zenit, steigt ab und endet am Horizont), so können wir feststellen: Die ältere Frau und der jüngere Mann befinden sich fortwährend an einem anderen Punkt dieses Regenbogens. Die durch unterschiedliche Entwicklungszeit bedingte Distanz schwindet manchmal nie.

4.4.2 Der jüngere Mann (und die ältere Frau)

Natürlich spielt der oft zitierte und belächelte Mutterkomplex bei der Wahl der älteren Frau (30 bis 40) durch den um vieles jüngeren Mann (19 bis 25) eine Rolle. Es genügt allerdings nicht, pauschal von einem Mutterkomplex zu sprechen. Wir müssen differenzieren und genauer bestimmen, um was für eine psychodynamische Konstellation es sich im Einzelnen handelt.

a) Da geht es einmal um die Hoffnung, durch die Beziehung zu einer älteren Frau eine »bessere Mutter« als die eigene zu finden. Im Grunde genommen wird die ideale Mutter gesucht, durch deren hingebungsvolle Liebe und Fürsorge die erlittenen Mangelzustände und emotionalen Defizite in der Kindheit nachholend wiedergutgemacht werden sollen.

b) Wiederum anders sieht es in der Gefühlswelt jenes jungen Mannes aus, der an seinem geringen Selbstbewusstsein leidet, den kleinmütige Selbstzweifel, Versagensangst, Gefühle der Unterlegenheit und des Nichtkönnens, der Hilflosigkeit und der Ohnmacht plagen und der sich den Anforderungen des Lebenskampfes nicht gewachsen fühlt. Er sucht eine »starke« Frau, die ihn unter ihre Fittiche nimmt und seine Daseinslast auf ihren Schultern trägt.

c) Die ältere Frau kann weiterhin in Mutterübertragung als Stellvertreterin der eigenen Mutter missbraucht werden, um mit ihr in einem zweiten Anlauf all jene Konflikte auszutragen und zu Ende zu bringen, die man mit der leiblichen Mutter nicht erledigen konnte. Stellvertretend für viele mögliche Problemfelder, die eine Wiederbelebung in der Partnerbeziehung erfahren können, will ich an dieser Stelle den so genannten »Trennungskonflikt« darstellen. Es handelt sich bei dieser psychischen Konstellation darum, dass einem Jugendlichen von der Mutter (und/oder Vater) nicht gestattet wird, sich allmählich vom Elternhaus zu lösen und eigene Wege zu gehen. Die – vom Entwicklungsniveau des Jugendlichen aus betrachtete – längst fällige und zeitlich angesagte Trennung wird von der Mutter als Verrat und Sünde angesehen. Sie benötigt ihren Sohn als Partnerersatz, als Stütze und Vertrauensperson, als Therapeuten, als Verbündeten gegen den Ehemann oder als jemanden, der stellvertretend für sie ihre nicht ausgelebte Wünsche und Bedürfnisse ausagiert. Der Jugendliche hat die Aufgabe, seine Mutter glücklich und froh zu machen und ihr auf diese Weise ein lebenswertes Dasein zu ermöglichen. Versagt er in dieser Funktion, indem er die Mutter verlässt, ihr »untreu« wird und in die Welt hinausstürmt, dann wird er für ihr Unglück verantwortlich gemacht. Der Jugendliche seinerseits leidet an seinem Gebundensein und stöhnt unter der drückenden Last seiner aufbrechenden Schuldgefühle, wenn er auch nur eine Trennung phantasiert. Er kann mit seiner Mutter über diesen Themenkreis nicht diskutieren, weil das Thema Trennung mit diversen Tabus belegt ist. Schon Andeutungen in dieser Richtung genügen, um eine entsetzte Reaktion, moralische Verurteilungen oder tiefen seelischen Kummer bis hin zu depressiven Reaktionen bei der Mutter auszulösen. Da sich eine normale Trennung in kleinen Schritten, verteilt über mehrere Jahre, nicht vollziehen lässt, bleibt der Jugendliche emotional und räumlich an das Elternhaus gebunden – oder aber er zerbricht in einem Kraftakt sämtliche Ketten, die ihn an die Mutter fesseln. Letzteres bedeutet allerdings den totalen Bruch. Es resultieren dann Schuldgefühle, aber auch eine furchtbare Wut auf ein Elternhaus, das dem jungen Menschen das Recht auf Individuation und freie Entfaltung verweigert hat. Zurück bleibt außerdem eine nicht erfüllte Entwicklungsaufgabe: die schrittweise Lösung aus den elterlichen Bindungen und die Versöhnung mit Vater und Mutter.

Fallbeispiel Günther T.
Günther hatte, als jüngster von drei Söhnen, Aschenbrödelfunktionen in der Familie. Er war ein sehr begabter und sensibler Junge, seelisch sehr fein gesponnen, sozial eingestellt und hilfsbereit. Er konnte gut trösten und sich besonders gut in die Seelenlage eines anderen Menschen einfühlen. Das brachte ihm die undankbare und strapaziöse Rolle einer »Krankenschwester« für Mutter und Vater ein und zwang ihn außerdem dazu, die ständigen Ehekonflikte der Eltern zu schlichten, Verantwortung für das Familienklima zu übernehmen und aufzupassen, dass keine »Katastrophen« den mühsam ausbalancierten häuslichen Frieden erschütterten. Günther musste seine eigenen

Wünsche und Bedürfnisse weitgehend zurückstellen. Wenn er auszubrechen versuchte, bekam der Vater Jähzornsanfälle. Er sollte und musste zu Hause bleiben und sich im Dienst für die Familie aufreiben. Günther geriet in eine immer prekärere seelische Lage. Er fühlte sich gekrallt, in die Verantwortung gezwungen und ohne ein Recht auf Eigensein. Je älter er wurde, desto mächtiger wuchs sein Freiheitsdrang. Er wollte frei sein von jeglicher Rücksichtnahme und jeglichen Verpflichtungen den Eltern gegenüber. Günther verließ eines Tages bei Nacht und Nebel sein Elternhaus und trampte ins Ausland. Auch später teilte er seinen Eltern seinen Wohnsitz nicht mit. Stattdessen begab er sich auf die fast süchtige Suche nach älteren Freundinnen. Er stürzte sich in jede neue Liaison mit dem Feuer und Überschwang der Jugend. Aber sobald die erste Verliebtheit vorbei war, agierte er das Ausbrechen: »Das Schönste an einer Beziehung ist, dass man wieder abhauen kann!«

Das Mutter-Substitut, die ältere Freundin, muss in diesen Fällen also dafür herhalten, ihrem jungen Geliebten das Abnabeln und spätere Fortgehen zu ermöglichen. Sie wird gewählt, um wieder verlassen zu werden.

d) Der junge Mann kann natürlich auch von der erotischen Ausstrahlungskraft und der einladenden sexuellen Bereitschaft einer Mittdreißigerin schlicht und einfach fasziniert sein und sich mit Wonne in das schon gemachte Nest setzen. Beide machen »Liebe nach dem Lustprinzip« und genießen wechselseitig die mitgebrachten Vorteile des anderen. Wohl keiner macht sich Illusionen über die Dauerhaftigkeit einer solchen Verbindung: Alles, was zählt, ist das Hier und Jetzt. Manchmal verbindet die beiden auch die klammheimliche Freude am Provozieren ihrer Mitmenschen, stellt ihre Verbindung doch einen Affront gegen die Spießermentalität vieler ihrer Mitmenschen dar.

e) Zu nennen wäre noch der ausbeuterische Missbrauch der älteren, voll im Beruf stehenden Frau als Steigbügelhalterin für die eigene Ausbildung und spätere Karriere. So manche Krankenschwester hat ihren Medizinstudenten beherbergt und durchgefüttert, um dann gegen eine jüngere und standesgemäßere Frau eingetauscht zu werden, sobald der Herr Doktor zu Titel und Amt kam. So mancher Schauspieler-Eleve ließ sich von einer älteren Freundin protegieren, um ihr nach erfolgtem eigenen Durchbruch Lebewohl zu sagen. Die ältere, versorgende Frau kann als Karriere- und Entwicklungshelfer sehr begehrt sein. Aber ihre Bedeutung und Rolle endet in dem Moment, wo sie nicht mehr benötigt wird.

In all den Fällen, in denen die Verbindung eines jungen Mannes mit einer älteren Frau allerdings auf Dauer hin angelegt wird, drohen einige klassische Gefahren:

– Der ins beste Mannesalter kommende Ehegatte kann sich mit den verblühenden Reizen seiner Frau schwerer abfinden, als er dachte. Er wird anfällig für die sexuelle Attraktivität der jüngeren Frau.
– Sein zunehmend stärker werdender Kinderwunsch findet keine Erfüllung.
– Der einstmals durch den Entwicklungsvorsprung legitimierte Führungsanspruch der Frau wird vom Mann nun in Frage gestellt. Sein wachsendes Selbstbewusstsein und sein erwachender Durchsetzungswille kollidieren zunehmend mit ihrer bisher praktizierten Übermacht.
– Die eingangs bei der älteren Frau gesuchten und gefundenen Befriedigungsmomente (Fürsorge, mütterliche Liebe, Stützung und Halt) werden mit dem Fortschreiten des eigenen Reifungsprozesses immer weniger benötigt.

4.4.3 Der ältere Mann (und die jüngere Frau)

Ich beschreibe jetzt eine Paarkonstellation, wie sie jahrhundertelang gesellschaftlich sanktioniert und oft aus ökonomischen Gründen notwendig war. Viele Männer des europäischen Kulturkreises (17., 18., 19. Jahrhundert) konnten erst jenseits der 40er an die Gründung einer eigenen Familie denken, weil sie erst in diesem fortgeschrittenen Alter in der Lage waren, Frau und Kinder zu ernähren. Sie wählten sich in der Regel eine viel jüngere, das heißt gebärfähige Frau zur Gattin.

a) Auch heute noch besitzt die Verbindung »älterer Mann – jüngere Frau« das höchste Akzeptanzniveau in Bezug auf Paare mit erheblichem Altersunterschied in unserer Gesellschaft. Der ältere Mann wird zu seinem jungen, knackigen Weibchen in der Regel beglückwünscht und von Gleichaltrigen beneidet. Er, der bereits arrivierte und weltmännisch Erfahrene, kann sich in der Vater- oder Gönnerrolle sonnen und aus der Position der Stärke und Überlegenheit heraus gelassen auf die Kapriolen oder auch unbeholfenen Gehversuche seiner kleinen Frau herabblicken. Er erfährt durch seine junge Gattin eine Aufwertung und vitale Bestätigung. Die Machtverhältnisse sind in der Regel von vornherein geklärt. Ihre Bewunderung oder gar Idealisierung stärken und streicheln sein Selbstwertgefühl. Er ist der Gewinner auf der ganzen Linie.

b) Mancher Mann hat Angst vor der gleichaltrigen Partnerin. Er erträgt keine selbstbewusste oder selbstständige Frau, die nicht auf ihn angewiesen und von ihm abhängig ist. Er fürchtet, dass seine mühsam kaschierte Schwäche und Selbstunsicherheit von einer gleichaltrigen Partnerin durchschaut wird und er den ehelichen Machtkampf verlieren würde. Angst und Unsicherheit, aber auch Minderwertigkeitsgefühle gegenüber Frauen können zu reaktiver Feindseligkeit führen, die dann per Projektion auf die Frau übertragen wird. Nur die nicht ebenbürtige Frau lässt dieses Erlebnismuster nicht aufkommen.

Vielleicht fühlt er sich infolge eines gespürten großen Reifedefizits auch tatsächlich emotional um zehn bis fünfzehn Jahre jünger und auch von daher gesehen der gleichaltrigen Frau in keiner Weise gewachsen. Vielleicht ist er in seiner Sexualität gehemmt und verunsichert. Die reife, 30- bis 35-jährige Frau erscheint ihm auf diesem Hintergrund als männerfressendes und sexbesessenes Wesen, von deren souveräner Triebhaftigkeit ihm graust. Nur der viel jüngeren Partnerin fühlt er sich gewachsen. Ihre mangelnde Lebenserfahrung und die häufige »Schüchternheit der Jugend« bauen ihn auf und lassen seine narzisstischen Defizite im Verborgenen. Ihre oft bescheidenen sexuellen Wünsche, gepaart mit einer gewissen Verschämtheit, ermöglichen es ihm, seine sexuellen Hemmungen und Ängste zu überwinden.

c) Wie bereits bei der »älteren« Frau ausgeführt, kann das Inzesttabu – bei Vorliegen eines floriden Ödipuskomplexes – die Wahl einer gleichaltrigen Partnerin verhindern. Die Psychodynamik dieser Konstellation unterscheidet sich nicht von der zuvor bereits beschriebenen.

d) Das ausgeprägte Bedürfnis, die eigene versäumte Jugend – inklusive Sturm- und Drangzeit – nachholen zu wollen, kann die besondere Affinität zu einer viel jüngeren Frau erklären. Es gibt ja nicht wenige Männer (und Frauen), die durch die Ungunst der Verhältnisse (Krieg, Armut etc.), durch Krankheit, eine besondere Familienkonstellation (das älteste Kind muss diverse Geschwister mitbetreuen) oder durch eine neurotische Störung (extrem schüchtern, kontaktarm, leistungsbesessen) daran gehindert wurden, ausgiebige Erfahrungen mit dem anderen Geschlecht zu machen und die Höhen und Tiefen stürmischer Jugendlieben auszukosten. Sie versprechen sich von der Wahl einer viel jüngeren Partnerin die Wiederkehr der eigenen Jugendlichkeit. Auf diese Weise wollen sie in einem zweiten Anlauf all jenes erleben, was ihnen in der Spätadoleszenz und als junger Mann nicht vergönnt war.

e) Die junge, unverbrauchte Frau mit ihrer unverzuckerten Sinnlichkeit wird als Bollwerk gegen das eigene Alter und Älterwerden benutzt. Sie muss nur ihren jungen Körper, Schmollmündchen und Kulleraugen, einen flutenden Haarschopf, eine Prise Naivität und die Unschuldspose des Anfangs mitbringen, alles andere hat ja er. Für den Mann ist sie eine Verjüngungskur und die vermeintliche Chance, auf ihrer noch ungebrochenen Lebenswoge mitzuschwimmen.

Die möglichen Gefährdungen dieser Konstellation sind schnell aufgezählt:
Bei selbstunsicheren Männern kann eine quälende Eifersucht die Quelle einer Dauerbeunruhigung werden. Die alltäglichen Mühen, leistungsfähig und jung zu bleiben, um mit dem Lebenstempo der Gattin Schritt zu halten, können den alternden Mann zermürben und ihn ängstlich auf seine nachlassende Vitalität und sexuelle Leistungskraft blicken lassen. Die Furcht, sie an einen jüngeren Mann zu verlieren, lässt sich nie beschwichtigen. Er wird immer dann zur tragischen, aber auch lächerlichen Gestalt, wenn seine Ehefrau an seiner Seite zur strahlenden und selbstbewussten Frau aufblüht, den ihr gebotenen Luxus voll genießt, ansonsten aber ein

völlig eigenes Leben (unter Umständen mit einem Liebhaber), eigenen Freunden und Daseinsgenüssen (Tennis, Segeln usw.) führt. Nach außen hin besitzt er sie als seine Frau. In Wahrheit gehört sie jedem anderen mehr als ihm. Er bleibt einsam am Rande einer üppig sprudelnden Quelle zurück, zu der er keinen Zugang hat.

4.4.4 Die jüngere Frau (und der ältere Mann)

In den ersten Jahren ihrer Ehe profitiert sie fast immer uneingeschränkt von der größeren Lebensreife und dem sozialen Status des älteren Mannes.

a) Nicht wenige »blutjunge Dinger« wählen den älteren Mann, um einen »besseren Vater«, als es der eigene war, zu haben. Sie haben einen Nachholbedarf an Vaterliebe und das große Bedürfnis nach uneingeschränkter Akzeptanz ihrer Person. In dieser Konstellation dient der »Vater« häufig nur als »Übergangsobjekt«: Unter dem wohlwollenden Schutz seiner uneigennützigen Liebe möchten sie die eigene Pubertät, die sexuelle Probierphase der Adoleszenz und letztlich die Ablösung vom Elternhaus (das heißt auch vom Vater) in einem zweiten Anlauf befriedigender bewältigen als in ihrer Primärfamilie. Der reifere Ehegatte handelt sich mit seiner jungen Frau ein unbeständiges Mädchen ein, das wie wild in die Welt hinausstürmt und an seiner breiten Brust ihren Liebeskummer mit anderen Jungens ausweinen möchte. Für sie ist der Partner eine Art Sicherheitsbasis, das Versorgungs-Mutterschiff, von dem aus sie ihre Expeditionen ins Leben startet und zu dem sie jederzeit zurückkehren kann, wenn ihr die Wechselfälle des Daseins schmerzliche Wunden geschlagen haben. Der Mann-Vater wird eindeutig wegen einer gewünschten Funktion gewählt. Er ist kein gleichrangiger Gesprächs- und Schicksalspartner, sondern hat Fels in der Brandung zu sein, unzerstörbar, stark und möglichst ohne eigene Ansprüche. Zitat einer jungen Frau: »Ich kann überhaupt nicht ertragen, wenn mein Mann (+25) irgendeine Schwäche zeigt, nicht stark ist, weint. Dann will ich sofort weg von ihm, da bin ich ganz hartherzig!« In der Regel verfehlen sich die Bedürfnisstrukturen dieser beiden Menschen total. Wenn er sehr geduldig und nachsichtig ist und seiner jungen Frau eine lange Leine lässt, kann diese Verbindung allerdings einige Jahre halten.

b) Weit mehr Aussicht auf Erfolg hat eine Paarbildung auf dem Hintergrund handfester materieller Interessen. Die junge Frau angelt sich einen Goldfasan, einen Mann mit viel Geld, hohem sozialen Status oder Berühmtheit. Sie vollzieht ein knallhartes Tauschgeschäft: Jugend und Attraktivität gegen Wohlstand und gesellschaftliches Prestige. Keiner macht dem anderen etwas vor. Jeder weiß, was er an seinem Partner hat. Das kann gut gehen.

c) Ähnlich steht es um die lebensängstliche, schüchterne, unselbstständige und schwache junge Frau, die hinter breitschultriger Männlichkeit Schutz und Sicherheit sucht und findet. Sie braucht jemanden, der ihr Halt gibt, der für sie sorgt und bei dem sie sich anlehnen kann. Er soll ihr großer, starker Papi sein und bleiben. Sie fühlt sich dem Lebenskampf nicht gewachsen, ist unter Umständen orientierungslos und neigt zu einem steuerlosen, chaotischen Daseinsstil, der nach einer strengen Hand verlangt. In seinem Windschatten kann sie ihr kleines, geschütztes Refugium entfalten. Eine solche Verbindung kann haltbar sein.

d) Eine häufige Verbindung zwischen junger Frau und älterem Mann stellt die zwischen Schülerin und Lehrmeister dar: »Die Studentin und der Herr Professor!« Paarbildungen dieser Art sind Legende. Hier profitiert der ältere Mann von seiner Kunstfertigkeit, seiner beruflichen Kompetenz, seinem Genie und wird just dieser Fähigkeit wegen von einer lernbegierigen jungen Frau angehimmelt und verehrt. Ein leidenschaftlich ausgeübtes Interesse stellt die Brücke zwischen jung und älter her und lässt den Altersunterschied auf der weiblichen Seite fast vergessen. Die junge Frau kommt in den Genuss einer kostenlosen, durch Liebe überhöhten, wunderbaren Ausbildung und Schulung mit einer Gründlichkeit und Hingabe, wie sie für Geld wohl nirgends zu haben ist. Ihr kann gar nichts Besseres passieren. Gleichzeitig gelingt es ihr mit Hilfe des etablierten Liebesverhältnisses, die fast immer vorhandene Furcht vor der

Autorität des Lehrers (und vor Prüfungen bei ihm) auszulöschen. Er dagegen kann eine böse Überraschung erleben und im Gefolge davon viele Schmerzen erdulden müssen, wenn er seine Funktion als Entwicklungshelfer nicht erkennt und an die ewige Liebe glaubt. Sobald sie nämlich annähernd auf der Höhe seiner Kunst angelangt ist, heimlich mit ihm zu rivalisieren beginnt und die bisherige Idealisierung zusammenschmilzt, werden für sie gleichaltrige Männer attraktiv. Der Mohr hat seine Schuldigkeit getan, der Mohr kann gehen.

e) Eine letzte Konstellation verdient Erwähnung: Die narzisstisch gestörte, junge Frau, die sich selber für unattraktiv, für wertlos oder gar schlecht hält, kann allein durch die einfache Tatsache, dass sie ein biologisch junges Wesen ist, bei einem älteren Herrn so viel Wertschätzung auslösen wie sonst nirgendwo. Er empfindet sie als Geschenk des Himmels. Ohne eigenes Verdienst wird sie auf die Höhen vorbehaltloser Verehrung katapultiert und so heftig begehrt, dass ihre narzisstische Wunde zu schmerzen aufhört. Sie fühlt sich plötzlich gebraucht und als einmaliges Individuum in ihrer körperlichen Erscheinung und seelischen Wesensart nachhaltig bestätigt. Da er ihre Kostbarkeit immer wieder preist, ebben auch ihre Verlustängste ab: Die Furcht, wieder verlassen zu werden, plagt nun eher ihn, den Beschenkten. Da kann sie sich beruhigt zurücklehnen. Auch ihre verminderte sexuelle Appetenz wird gottlob zwischen ihnen nicht zum Problem, da seine eigene bescheidene Potenz nach einer Frau verlangt, die ihn nicht fordert.

Worin, so wollen wir uns jetzt fragen, bestehen die Gefährdungen für die junge Frau in ihrer Verbindung mit einem älteren Partner? Außer den bereits erwähnten (siehe Punkt a) und d)) füge ich folgende Gefahrenquellen hinzu:

- Die anfangs noch recht unreife Frau gewinnt zunehmend an Selbstständigkeit und entwickelt einen immer größeren Wunsch nach Selbstbestimmung, der mit dem Führungsanspruch ihres Ehegatten kollidiert. Sie will und kann nicht mehr das kleine Mädchen sein, das sich geduldig belehren lassen muss.
- Ihre sexuelle Reaktionsbereitschaft nimmt zu, die ihres Mannes ab. Sie wird unzufrieden.

– Der ängstlich verteidigte Besitzanspruch des älteren Mannes engt sie in ihrem Entfaltungsspielraum zunehmend ein.
– Die Welt des Mannes und sein Freundeskreis gehören einer anderen Generation an. Sie fühlt sich zunehmend mehr von Greisen umstellt und mit Themen des Alters konfrontiert, die ihrem viel jüngeren Lebensgefühl zuwiderlaufen. Ihre Unternehmungslust und ihr Erlebnishunger stoßen auf seine Bequemlichkeit und den Hang, sich von der Welt in die eigenen vier Wände zurückzuziehen. Das schafft dauernd Konflikte.

5. KAPITEL

Verhängnisvolle Symmetrie

Charakterliche Symmetrie und emotionaler Gleichklang stellen schon immer ein häufiges Wahlmotiv dar. Sich in einem anderen Menschen wieder zu erkennen und dessen Seelenmelodie als meiner sehr ähnlich wahrzunehmen, kann ein tief berührendes Erlebnis sein bis hin zu dem Gefühl, den anderen schon ewig zu kennen. Die Korrespondenz ähnlicher Wesenszüge erzeugt bei vielen Personen spontan ein hohes Sympathieniveau. Der andere ist wie ich, es gibt keine trennenden Schranken. Ein tiefes, unausgesprochenes Einverständnis verbindet die beiden. Solange diese Wahlprozesse Menschen im Bereich normaler, das heißt einigermaßen gesunder Persönlichkeitspsychologie erfassen, können sie zu stabilen Paarbindungen führen. Anders sieht es dagegen aus, wenn es sich um narzisstische Partnerwahlen handelt oder um solche, in denen der andere zum Zwecke der Selbstheilung ausgesucht und zur Stabilisierung eines sehr störbaren, emotionalen Gleichgewichts benutzt wird.

R. Kreische (1994) schreibt: »Es wird ein Partner gewählt, der einem selbst möglichst ähnlich sieht, entweder weil man sich selbst so großartig findet und es völlig klar ist, dass ein großartiger Partner halt auch so sein muss wie man selbst, oder weil es für jemanden schwer auszuhalten ist, dass ein anderer etwas besser kann als er selbst, oder weil es ihm sowieso eher Probleme macht, Unterschiede auszuhalten.« (S. 52)

Bereits Freud kannte die narzisstische Partnerwahl und stellte fest: »Man liebt, was man selbst ist oder was man selbst war oder selbst sein möchte.«

Eine sehr häufige Form symmetrischer Objektwahl wird durch das so genannte Kollusionskonzept von Dicks (1963) beschrieben. In diesem Zusammenhang meint »Kollusion« das unbewusste Zusammenspiel zweier Partner mit identischen Konflikt- und Bewältigungsmustern im Dienste der Wiederherstellung der ganzen Persönlichkeit. Beide, Mann und Frau, leiden an denselben neurotischen Störungen, denselben elementaren Ängsten und verformten

Bedürfnisstrukturen und erhoffen sich von der Paarbildung eine Heilung dieser Probleme. In dieser Konstellation ist es also nicht übertriebene Selbstliebe, die nach dem Ebenbild im Partner Ausschau halten lässt, sondern eine versteckte, psychodynamisch sehr wirksame seelische Erkrankung. Beide entwickeln das starke Gefühl, dass sie einander sehr ähnlich sind, zusammengehören und einander brauchen. Der andere erscheint zum Wiederholen und Durcharbeiten der eigenen ungelösten Konflikte, aber insbesondere zur Abwehr eines archaischen Angstpotenzials besonders geeignet. Die Fachliteratur über gestörte Zweierbeziehungen kennt zwei Formen der Kollusion: die symmetrische und die komplementäre. Letztere geht davon aus, dass es bei dem unbewussten Zusammenspiel eines Paares zwecks Selbststabilisierung zu einer Rollenaufteilung in einen aktiv-progressiven und einen mehr passiv-regressiven Part kommt. Obwohl beide eine ähnliche Grundstruktur haben, verhalten sie sich nach außen hin gegensätzlich, analog Sadist–Masochist, Trinker und Ko-Alkoholiker oder Pfleger und Pflegling. Ich beschäftige mich in diesem Kapitel allerdings nur mit der symmetrischen Kollusion: Hierbei geht es um die Tatsache, dass zwei Personen nicht nur eine ähnliche Persönlichkeits- und Erkrankungsstruktur haben, sondern dass ihr Verhalten nach außen hin ebenfalls fast identisch ist, sie dieselben Rollen spielen und sich in diesem »Spiel« zu übertrumpfen versuchen. In fast allen symmetrischen Konstellationen finden wir einen rivalisierenden Interaktionsstil und somit eine kämpferische Note. Jede Partei ist fast zwanghaft darum bemüht, der anderen Partei »eine Nasenlänge voraus« zu sein, und »gerade diese Nasenlänge bewirkt« automatisch eine Eskalation. (J. Willi, 1975, S. 125)

5.1 Machtkämpfe

Das Streben nach Macht kann auf dem Hintergrund einer starken Vitalität und eines damit verbundenen Kraftgefühls oder der Identifikation mit einem dominierenden Elternteil oder den besonderen Umständen eines Lebenslaufes (zum Beispiel älteste Schwester erzieht vier Geschwister) erwachsen und stellt in diesen Formen eine gesunde Variante menschlichen Begehrens und Verhaltens dar.

Demgegenüber gibt es ein Verlangen nach Macht, Dominanz, Durchsetzung, Kontrolle, Rechthaberei und Unnachgiebigkeit, das aus neurotischen Ängsten entspringt und dazu dient, diese schrecklichen Gefühle durch Flucht nach vorne zu betäuben und in den Schattenbereich der Seele zu verdammen. Bei den hier zu besprechenden Versuchen, den Partner zu dominieren, handelt es sich ausschließlich um ein krankes Machtgebaren, das dazu dient, den Kopf über Wasser zu halten und seelisch nicht unterzugehen. Überraschenderweise sind sich viele machtbesessene Menschen der Tatsache ihres dominanten Verhaltens in einer Ehe gar nicht bewusst und werden es, daraufhin angesprochen, glattweg abstreiten. Aber eine Analyse ihrer tatsächlichen Interaktionen im Partnerbereich deckt eine ganze Reihe von Einstellungen auf, die sich wie ein einziger Forderungskatalog lesen. Ich stelle diese Forderungen nun in überspitzter und dramatisierender Weise dar, um sie dem Leser recht plastisch vor Augen zu führen. In dieser rigorosen Form existieren sie natürlich sehr selten bei ein und demselben Individuum. Aber Menschen, die zu ehelichen Machtkämpfen neigen oder sich gar in einem »ewigen Streit« festbeißen, haben einen mehr oder weniger großen Schuss von alledem. Hier nun die meist unbewussten Einstellungen:

– Alles, was geschieht oder zu geschehen hat, muss von mir veranlasst sein! Du darfst von dir aus nichts unternehmen oder vorschlagen!
– Du musst einsehen, dass ich immer Recht habe!
– Du musst meinen Erwartungen entsprechen und meine Wünsche erfüllen!
– Du musst bereit sein, meinen Forderungen und Anordnungen ohne Widerstand nachzukommen (Gehorsam zeigen)!
– Meine Meinung und meine Sicht der Dinge gelten. Du kannst nicht erwarten, dass ich davon abweichende Meinungen toleriere oder von dir einen Rat annehme. Du hast dich anzupassen!
– Du musst mir vorbehaltlos und offen alles über dich erzählen. Ich will genau wissen, was du gemacht hast, wo du warst, mit

wem du Kontakt hattest und was dich sonst beschäftigt hat (Kontrolle)!

- Erwarte nicht, dass ich jemals für irgendetwas um Verzeihung bitte oder Verständnis für deine Position aufbringe oder Einsicht zeige in das, was du für gültig hältst!
- Erwarte nicht, dass ich dir zuhöre. Wenn einer spricht, bin ich es!
- Erwarte keine Liebesbezeugungen von mir. Ich kann es mir nicht erlauben, Gefühle der Zuneigung zu äußern. Zärtlichkeiten oder sexuelle Wünsche müssen von dir ausgehen. Ich will dir gegenüber nicht als der Bedürftige dastehen!

Führungsanspruch:

Der Machtbedürftige meldet seinen Führungsanspruch als etwas Selbstverständliches an und drückt ihn durch Wort und Tat aus. Sein scheinbar selbstsicheres und bestimmtes Auftreten lässt keinen Zweifel daran, wer hier das Sagen hat und wessen Direktiven gelten. Eigene Meinungen oder Glaubensgewissheiten werden als Tatsachen hingestellt, an denen nicht zu deuteln ist.

Stimmgewalt:

»Schüsse aus der Wortkanone«, Jähzornsausbrüche oder Brüllen sollen den anderen einschüchtern. Hier ersetzt Lautstärke das schlagende Argument. Es ist nicht das »Was« der Aussage, sondern ihr »Wie«, das wirken soll.

Unberechenbarkeit:

Ein immer wirksames Mittel, den Partner zu verunsichern, stellen Wechselbäder dar. Das plötzliche oder unerwartete Umkippen von freundlicher Zugewandtheit in mürrische Verdrossenheit, emotionale Kälte oder Aggressivität bringt den anderen aus der Fassung oder macht ihn hilflos. In diese Kategorie gehört auch die bewährte Taktik, das Erwartete zu enttäuschen. Die Premieren-Vorfreude der Hausfrau über ein gelungenes Menü nach neuem Rezept wird vom Gatten mit der Bemerkung: »Wer soll denn diesen Fraß essen!« zunichte gemacht. Ein anderes Mal gesteht sie ihm zerknirscht ein schlimmes Versäumnis und senkt schuldbewusst den Kopf, um seinen Empörungshagel über sich ergehen zu lassen. Da lächelt er mild und sagt: »Macht doch nichts, Schätzchen!« Wieder ist sie aus der Fassung. Gerade die Unberechenbarkeit des anderen in puncto Verhalten schafft jene ängstlich getönte Dauerspannung bei seinem Partner, die ihn ein Stück weit zum Kaninchen vor der Schlange macht. Er starrt unter Umständen wie gebannt auf jede kleinste Regung der Gegenseite und registriert alarmiert mögliche Gefahrensignale. Insofern bringt es der Machtbedürftige fertig, seinen Partner ständig zu beschäftigen und die Aufmerksamkeit auf sich zu ziehen.

Abwertung:

Der eheliche Konkurrent um die Macht lässt sich auch dadurch aus dem Feld schlagen, indem man ihn verkleinert, das heißt klein macht und in seinem Wert herabsetzt. Der solchermaßen Abgewertete stellt dann keine so große Gefahr mehr für den Herrschaftsanspruch seines Partners dar. Anspielungen auf die Schwächen des anderen (»Heul nur, dann brauchst du weniger zu pinkeln!«), Verteufelung seines gesamten Geschlechts (»Ihr Männer habt doch immer nur euren Schwanz im Kopf!«) bis hin zu direkten Angriffen auf seine Integrität (»Wenn man deinen Eierkopf auf eine Würstchenfabrik setzt, platzen alle Würstchen vor Lachen!«) sind wirksame Mittel, ein instabiles Selbstwertgefühl zu erschüttern und dessen Träger in die Defensive zu drängen. Überhaupt gehören ironische Bemerkungen (Sie: »Ich dachte mir …« Er: »Ach, du kannst denken?«) oder Zynismen jeder Art (Ein Fremder fragt: Wie lange seid ihr verheiratet? Er: 31 Jahre. Sie: 30 Jahre zu viel.) zum ständigen Repertoire des Heruntermachens. Besonders beliebt ist es dabei, kleine sprachliche Unrichtigkeiten oder logische Fehler aufzuspießen und sie dem Sprecher mit kopfschüttelndem Befremden unter die Nase zu reiben. Sie: »Hast du eben ›wegen dem‹ gesagt? Aber Wilhelm, der Genitiv ist wohl nach wie vor die große Unbekannte für dich!«

Verweigern:

Eine der bekanntesten Kunstgriffe der Vorteilnahme im Paar-
clinch stellt der Liebesentzug dar, insbesondere die sexuelle Verweigerung. Oftmals wird sie unter dem Vorwand persönlichen
Unwohlseins (Migräne) an den Partner herangetragen, in anderen
Fällen jedoch offen als Strafe für Unbotmäßigkeit deklariert. Es
gibt Männer, aber auch Frauen, die den Beischlaf als Bonbon für
gezeigte Unterwerfung gewähren und dem Partner zu verstehen
geben, dass nur das »brave Kind« die Hoffnung auf diese Gunst-
bezeugung haben darf. Überhaupt sind die Zurückweisung des bedürftigen Partners und die Frustrierung seiner Wünsche und Erwartungen ein beliebtes Mittel, ihn in die Knie zu zwingen. Den
anderen so lange auflaufen oder hinter einer Wand eisigen Schweigens »verhungern« zu lassen, bis er gekrochen kommt und wieder
um schönes Wetter bettelt – das ist die hohe sadistische Kunst des
Machtgeübten. In Deutschland sind es insbesondere die Frauen,
die ihrem Partner offen oder unter einem Vorwand Sexualität verweigern, weil diese Verhaltensweise oft ihre letzte, aber auch
wirksamste Waffe im ehelichen Machtkampf darstellt. (In Groß-
britannien dagegen sind es bevorzugt die Männer, die sich dieser
Strategie bedienen.) Natürlich kann man/frau auch grundsätzlich
den Ausdruck positiver Gefühle zurückhalten und wenig geneigt
sein, eine konflikthaft zugespitzte Situation oder eine anhaltende
eheliche Flaute durch Beziehungsarbeit wieder zu bereinigen. Es
soll nämlich nicht der Eindruck entstehen, als sei man auf den Zuspruch oder die liebevolle Zuwendung des anderen angewiesen
oder als leide man gar unter der emotionalen Mangelsituation.
Eine Variante der Versagung besteht darin, jeden Wunsch (zum
Beispiel Kauf), Vorschlag (zum Beispiel Urlaubsreiseziel) oder
jede Bitte (Rasen schneiden) des Partners erst einmal abzulehnen
oder mies zu finden und damit den anderen zu enttäuschen. Eine
sehr sublime, aber nicht minder wirksame Methode, den Partner
auf die Knie zu zwingen, beruht darauf, ihn emotional hungern zu
lassen und seine Bedürfnisse nach liebevoller Zweisamkeit, nach
Nähe und Austausch von Intimitäten zu frustrieren. Man behandelt ihn beispielsweise wie Luft, sieht durch ihn hindurch und reagiert nicht auf seine Ansprache. Oder man schnappt ein, verweigert die Rede und weist den Partner brüsk zurück – während man

im gleichen Atemzug der charmanteste Gesellschafter für alle anderen Anwesenden ist.

Totreden:

Durchsetzungsstarke Menschen beherrschen häufig die hohe Kunst des Argumentierens. Sie sind redegewandt, lassen den anderen kaum ausreden und müssen immer das letzte Wort haben. Gegen die Flut ihrer Verbalien ist kein Ankommen.

Verteufeln:

Eine besonders perfide Strategie, den anderen in ein schlechtes Licht zu rücken, bedient sich des Normalitätsbegriffes. Seine Wünsche, Kümmernisse oder Verhaltensweisen werden als »nicht normal« deklariert und damit ihrer Existenzberechtigung beraubt. Der andere wird zum »pathologischen« Fall erklärt. Die Frau ist frigide und/oder hysterisch, der Mann ein Hypochonder oder Workaholic. Auch das Erzeugen von Schuldgefühlen gehört in die hier angesprochene Kategorie. Indem der Partner mit einem vermeintlichen Sündenregister konfrontiert wird (»Du kümmerst dich nicht um …; deine Familie bedeutet dir nichts; deinetwegen konnte ich wieder nicht schlafen; du tust zu Hause nie was; du bist ein totaler Egoist; deine Arbeit ist dir viel wichtiger als ich; du verstehst mich wieder nicht« usw.), macht man ihn zur Unperson und damit zum Schuldigen am Nichtgelingen der Beziehung. Das Erzeugen von Schuldgefühlen erweckt nun seinerseits bei dem Betroffenen Aggressionen. Der Angegriffene antwortet mit Gegenbeschuldigungen und fährt unter Umständen mit noch stärkeren Geschützen auf. Der Streit eskaliert.

Selbstglorifizierung:

Ein wirksames Mittel, um auf dem Treppchen des Überlegenseins ein Stück weit höher zu stehen als der Partner, stellt das Herausstreichen der eigenen Verdienste und Qualitäten dar. Die Frau prahlt mit ihrem erotischen und sexuellen Reizwert und gibt dem anderen zu verstehen, dass viele Männer sich in Sehnsucht nach ihr verzehren (»Eigentlich bin ich zu schade für einen Mann!«); er verweist auf seine überragende Intelligenz oder seinen beruflichen Erfolg (»Du kleiner Pinscher mit Putzfrauengehalt!«). Er ist der Künstler, das heißt das Genie, sie die beste Hausfrau und treusorgendste Mutter aller Zeiten. Der eine renommiert mit seiner Herkunft (»Ich habe dich aus der Gosse aufgelesen!«), der andere mit seiner unschätzbaren Lebenserfahrung.

Angstmachen:

Das stammesgeschichtlich älteste Werkzeug, um über Menschen zu herrschen, bedient sich der Furcht vor dem Stärkeren. Man kann andere mit Gewalt (Schläge) einschüchtern, ihnen Besitzdinge nehmen oder zerstören oder ihnen mit Gewaltanwendung oder Verlassen drohen (»Ich trenne mich von dir!«). Eine pervertierte Art der Einflussnahme beruht auf der Drohung, sich selber etwas anzutun. Nichts kann einen Partner so beunruhigen, erschrecken oder von seinem geplanten Vorhaben abbringen wie die Ankündigung: »Dann nehm' ich mir das Leben!« Dieser Alarmschuss weckt massive Schuldgefühle (»Was bin ich für ein gemeiner Mensch, dass der andere meinetwegen sterben will!«) und liefert den Adressaten der totalen Ohnmacht aus, da es letztlich nicht in seinem Einflussbereich liegt, das Verhalten seines Liebesobjektes zu steuern oder zu bestimmen. Auch das Machtausüben über den Umweg Krankheit und der damit verbundene Appell an die Anständigkeit und christliche Moral (»Einen kranken Partner verlässt man nicht! Ihn behandelt man lieb und fürsorglich.«) gehört als abgeschwächte Variante der Suiziddrohung in diese Kategorie.

Schocktherapie:

Hierbei handelt es sich um Verhaltensweisen, die einen Affront gegenüber dem Partner darstellen und ihn in Angst und Schrecken oder helle Empörung versetzen: Er kommt nachts nicht nach Haus, sie ist plötzlich zusammen mit dem Baby zu ihrer Mutter gereist. Sie springt während eines Ausflugs an einer Kreuzung empört aus dem Familienauto und verschwindet, er bricht den gemeinsamen Urlaub ab und reist heim. Er verbrennt die teuren

Theaterkarten vor ihren Augen, sie holt ihre beste Freundin ins Haus und lässt sie tagelang bei sich wohnen. Er zerschneidet ihre Lieblingsschürze, sie legt ihm ein Messer aufs Kopfkissen. Er putzt sie inmitten eines voll besetzten Restaurants lautstark herunter; sie macht ihm eine Szene auf der Elternversammlung in der Schule. Sie zieht aus dem gemeinsamen Schlafzimmer aus. Sie trifft sich mit einem verflossenen Freund, er hat demonstrativ Lippenstift auf der Wange. Manchmal wird auch ein lange eingeübtes und zum Gewohnheitsrecht avanciertes Rollenverhalten plötzlich aufgekündigt: Der Ehemann findet nicht wie gewohnt den Frühstückstisch gedeckt oder den Sonntagsbraten zum gemeinsamen Essen gerichtet. Die Ehefrau vermisst das Wirtschaftsgeld, das sonst pünktlich zu Beginn jeden Monats in der Kassette liegt. Er holt die Tochter nicht mehr in der Mittagspause von der Schule ab. Sie legt ihm – wie jeden Morgen sonst – kein gewaschenes und gebügeltes Oberhemd mehr auf die Flurkommode.

Der Beispiele genug!
Die Strategien der unterdrückenden Einflussnahme auf den Ehegatten sind unübersehbar vielzählig. Dabei muss aber ein Umstand besondere Erwähnung finden. Bei dem hier dargestellten Personenkreis handelt es sich nicht unbedingt um ausgesprochene Machtmenschen, deren höchster Daseinsgenuss in der Befriedigung ihrer Herrschaftsgelüste besteht. Es kommt ihnen in erster Linie darauf an – worauf Jürg Willi (1975) besonders hinweist –, ihrem Partner eine Nasenlänge voraus zu sein. Sie wollen, nein müssen Überlegenheit demonstrieren. »Beide sind dauernd im Angriff aus Angst, in die Defensive gedrängt zu werden.« (J. Willi, 1975, S. 125) Ihr dominierendes Verhalten dient also vorrangig dazu, ein ständiges, wenn auch nur kleines Machtgefälle – zu ihren Gunsten – zwischen sich und dem Partner aufrechtzuerhalten. Jürg Willi (1975) schreibt: »Ich muss den anderen beherrschen, um nicht von ihm beherrscht zu werden; ich muss den anderen frustrieren, um nicht von ihm frustriert werden zu können; ich muss den anderen auf die Knie zwingen, um nicht von ihm auf die Knie gezwungen zu werden; solange ich ihn in der Zange halte, kann er mich nicht in die Zange nehmen.« (S. 124) Wir wollen festhalten: Machtgebaren aus neurotischen Gründen dient grundsätzlich dazu, ein gefährdetes seelisches Gleichgewicht

zu stabilisieren und eine Wiederbelebung von sehr schlimmen Gefühlen aus Kindertagen zu vermeiden. Insofern ist es Teil eines psychischen Überlebenskampfes. Menschen mit einer Neigung zu dominierendem Verhalten weisen oft eine sehr ähnliche Biographie auf:

Da gibt es einmal diejenigen, die einen tyrannischen, oft unberechenbaren Mann zum Vater hatten, der selber seelisch krank war, brutal prügelte und seine ganze Familie durch immer neue Gewaltexzesse in Angst und Schrecken versetzte.

In anderen Fällen wiederum war die Gleichrangigkeit der Eltern hinsichtlich Selbstbehauptung und Durchsetzungsfähigkeit aufs Schwerste gestört. Einem Macho von Vater stand eine ängstliche, anpassungsbereite, sich duckende Mutter gegenüber, die sich trotz unzähliger Demütigungen dem Vater unterwarf und an seiner Seite ein freudloses und kummervolles Leben führte.

Manchmal allerdings hatte eine Furie von Mutter das Sagen in der Familie und degradierte ihren Gatten in den Augen der Kinder zum Hampelmann. In solchen Konstellationen kann es dann häufig zur Identifikation eines Kindes mit dem unterdrückten und abgewerteten Elternteil kommen, was für Sohn oder Tochter entsprechende psychologische Konsequenzen hat: Sie übernahmen Mutters oder Vaters schwaches Selbstwertgefühl und konnten selber kein tragendes Selbstbewusstsein entwickeln.

Es gab drittens kindliche Lebensläufe, die durch ein Übermaß an Drill, Gängelei und Unterwerfungsforderungen von Seiten der Eltern geprägt waren. Diese Kinder entwickelten Autoritätskomplexe und wurden auf alles sensibilisiert, was auch nur im entferntesten nach Unterordnung, Einengung, Vorschriften-Machen oder Befolgen eines fremden Willens aussah.

Für manche seelisch zarten, wenig vitalen oder durch einen schwachen Vater geprägten Jungs wird das patriarchalische Männlichkeitsideal (stark, erfolgreich, aggressiv, cool) unserer Kultur insofern zum Verhängnis, als sie sich selber in ihrer männlichen Identität weit von diesem Leitbild entfernt wähnen. Sie versuchen dann häufig ihr Defizit an Männlichkeit durch ein äußerlich forsches und wenig flexibles Machogebaren zu kompensieren, was sie in der Ehe zu streitbaren und machtbedürftigen Partnern macht.

Alle vier kindlichen Entwicklungen führen allerdings zu einem sehr ähnlichen Ergebnis: Die Protagonisten blicken allesamt auf zahlreiche Erlebnisse der Hilflosigkeit und Ohnmacht zurück und haben es gelernt, diese Art von Schwäche zu verachten. Ihr Weltbild verkürzt sich häufig auf das Gegensatzpaar der Goethe'schen Formel von: »Du musst Hammer oder Amboss sein!« und ruft in ihnen das große Verlangen hervor, nie wieder auf der Seite der Verlierer, der Schwachen und Geschlagenen stehen zu wollen und den Demütigungen von einst ausgesetzt zu sein. Das drohende Erlebnis von Ohnmacht und Schwäche wird durch die ehelichen Machtkämpfe abgewehrt. Die immer zu wiederholende Bestätigung, der Stärkere zu sein, führt dazu, dass diese Kämpfe allerdings kein Ende finden.

Ein letztes Motiv verdient Erwähnung: Der Ehepartner kann funktionalisiert, das heißt dazu benutzt werden, um gefürchtete eigene Selbstanteile abzuwehren. Manche Menschen müssen ihre Bedürfnisse nach Nähe, Intimität und liebevollem Verbundensein in den Schattenbereich der Seele verbannen, weil deren Ausleben die Gefahr von Abhängigkeit heraufbeschwören würde. Das Angewiesensein auf den anderen: auf seine Haut zum Streicheln, seine Schulter zum Anlehnen, seinen Schoß, um sich fallen zu lassen – das alles erscheint ihnen als höchster Ausdruck von Schwäche. Der Dauerfight dagegen schafft Distanz und bannt die Horrorvision des Anheimfallens an die Sirenenklänge weicher, hingebungsvoller Gefühle.

Dem Leser wird es nicht schwer fallen, das Gefährdungspotential der Kampfehe zu erahnen. Dauerstreit verbraucht Energie, verschleißt Kräfte und laugt aus, er zerstört die positiven Gefühle füreinander und verhindert eine echte Aussöhnung. Jede neue Auseinandersetzung nimmt ihren Ausgang von einem jeweils höheren Plateau der inneren Vorbehalte und Feindseligkeit. Es kommt zu einer Kumulation der negativen Affekte, da jeder versuchen muss, den anderen im Kampf um die Vorherrschaft zu übertrumpfen und immer noch »einen Zacken schärfer« zu agieren und zu reagieren. Das Sich-Aufschaukeln der ehelichen Kampfhandlungen ist bei der hier vorgestellten Konstellation systemimmanent, die Eskalation – und damit der meist desolate Ausgang – vorprogrammiert.

Zu welch schwierigen Verwicklungen das Verlangen nach Dominanz in einer Paarbeziehung führen kann, illustriert das Beispiel Udo und Hildegard Z. Hier begegnet uns der gar nicht so seltene

Fall, dass beide, Mann und Frau, nicht nur bestimmen und sich durchsetzen, sondern gleichzeitig ohne Einschränkungen geliebt werden wollen. Aus Angst vor Fremdbestimmung und aus einer befürchteten Selbstbehauptungs- und Durchsetzungsschwäche heraus treten beide die Flucht nach vorne an und versuchen, ihrem Partner ihren eigenen Willen aufzuzwingen (»Was ich sage, wird gemacht! Du hast mir und meinen Wünschen zur Verfügung zu stehen!«). Daneben existiert aber auf beiden Seiten ein großes Bedürfnis nach Intimität und Verschmelzung und das Angewiesensein auf ein ständig vorhandenes Wohlwollen und Begehrtwerden durch den anderen. Udo: »Wenn sie ihren liebevollen Blick von mir abwendet, geht es mir sofort schlecht. Ich spüre seismographisch, wenn sie sich auch nur fünf Millimeter zurückzieht. Ich fange dann sofort an, um ihre Gunst zu werben. Wenn ich keinen Erfolg habe, ziehe ich mich schmollend zurück. Aber lange halte ich dieses Getrenntsein nicht aus. Ich kann es nicht ertragen, wenn zwischen uns eine Eiszeit herrscht.« Hildegard neigt dazu, sich schon bei der kleinsten Kleinigkeit übergangen und gegängelt zu fühlen. Sie bekommt sofort Angst, von Udo »untergebuttert« zu werden, stellt sich auf die Hinterbeine und powert voll dagegen. Ihre grobe Art, ihn zu beschimpfen, mobilisiert seinen Kampfgeist, und die Schlacht beginnt. Sie merkt sofort, dass er nun seinerseits seine liebevollen Emotionen von ihr abzieht. Ebenfalls auf einen Dauerstrom vorbehaltlosen Wohlwollens und Mögens angewiesen, erschreckt sie seine Aggressivität. Sie erlebt diese Unterbrechung der partnerschaftlichen Verbundenheit als massive Bedrohung des Bestandes ihrer Beziehung und reagiert darauf mit maßloser Wut. Für sie ist das bereits das Ende. Sie stellt ihre Liebe zueinander total in Frage und zieht sich kompromisslos zurück. Jetzt muss er unter Verzicht auf eigene Vergeltungswünsche versuchen, das Eis wieder aufzutauen. Das kostet ihn große Anstrengung. Und jedesmal bleibt ein – mit der Zeit anwachsender – Rest von Vorbehalten und schlechten Gefühlen zurück. Irgendwann werden seine Kraft und auch sein Wunsch, den Schaden wieder zu reparieren, erschöpft sein.

5.2 Das Ringen um die Pfleglingsposition

Das erste Lebensjahr eines Säuglings – sofern es normal verläuft – zeichnet sich in der Regel durch eine innige Mutter-Kind-Beziehung aus, in deren Verlauf es zu einem intensiven Kontakt zwischen der bemutternden Person und ihrem Pflegling kommt. Die sinnlich erfahrbare Nähe in der engen Hautberührung, vermittelt durch Streicheln, Tätscheln, Küssen, durch das Umfasst- und Gehaltenwerden in der Umarmung oder beim Tragen, schafft ein Klima der Geborgenheit und die Erfahrung einer elementaren, durch die Körperlichkeit vermittelten Daseinsbestätigung. Die »ausreichend gute« Mutter (Winnicott) sorgt für das leibliche Wohl des Kindes (Essen, Trinken, Wärme, Baden), sie tröstet, wiegt und besänftigt es und übernimmt die wichtige Funktion der Beruhigung der kindlichen Gefühlsstürme, ausgelöst durch Spannungs- oder Schreckreize. Die Mutter guckt das Kind an, sie lächelt, sie nickt ihm zu, sie redet mit ihm, sie reagiert auf seine mimischen und stimmlichen Äußerungen, seine Lall- und Gluckslaute und spiegelt ihm seine eigene Befindlichkeit zurück. Es entsteht ein Dialog, ein Ping-Pong-Spiel, ein Hin und Her von sehr gefühlsgeladenen Signalen. Überhaupt ist das Kind der Mittelpunkt der mütterlichen Interessen und ihres intentionalen Bezuges (im optimalen Fall). Das Baby erwartet die Präsenz der Mutter, ihre allzeitige Verfügbarkeit, ja, es setzt das Objekt Mutter »mit Selbstverständlichkeit voraus« (Balint, 1968). In dieser harmonischen Zweierbeziehung darf auch nur der eine Partner Wünsche, Interessen und Bedürfnisse haben. Die Mutter hat ganz für das Kind da zu sein und durch fürsorgliche Bemutterung und Bereitstellung von »primärer Liebe« (Balint) ein affektives Klima zu schaffen, in dem ein spannungsfreies Wohlbefinden, eine »harmonische Verschränkung« (Balint) zwischen Kind und Welt gewährleistet sind. (Zitat aus D. Stiemerling, 1995, S. 43)
Das Kind verhält sich mehr passiv-rezeptiv. »Das Bedürfnis, geliebt zu werden, bildet einen wesentlichen Bestandteil der primären Objektbeziehung« (Balint, 1968). Mit Hilfe des Einfühlungsvermögens gelingt es der Mutter, die Bedürfnisse des Kindes instinktiv richtig zu erspüren, ihre empathische Anteilnahme an den Lebensäußerungen des Babys garantiert dessen Verstanden-

werden auch ohne Sprache. Das erste Lebensjahr ist nicht nur die Geburtsstunde der Objekt-Beziehungs-Fähigkeit, sondern auch jener Vertrauensbereitschaft, die Eriksson mit dem Begriff des »Urvertrauens« beschrieben hat. Am Ende einer gut durchlaufenen symbiotischen Phase besitzt das Kleinkind die hoffnungsfrohe Gewissheit, dass letztlich immer jemand da ist, der seine Unlust- und Bedürfnisspannungen beseitigt. Die wärmende und relativ zuverlässige Gegenwart der Mutter hat seine Sicherheits- und Geborgenheitswünsche zufrieden gestellt. Aus der Perspektive des erwachsenen Menschen wird jene Zeit des harmonischen Verschmolzenseins mit dem allmächtigen mütterlichen Objekt oft als eine Art Paradieszustand phantasiert, in dem so etwas wie fragloses Glück existiert hat. (Zitat aus D. Stiemerling 1995, S. 44)

Uns interessiert im Rahmen dieser Arbeit allerdings in erster Linie die missglückte oder partiell-gestörte Mutter-Kind-Symbiose und die daraus resultierenden Konsequenzen für den später Erwachsenen in seiner Partnerschaft. Ich will deshalb an dieser Stelle die besondere Charakterstruktur von Menschen mit einer derartigen Mangelerfahrung (symbiotisches Defizit) und deren Befindlichkeit, Erlebnisvollzug und Wunschwelt aufzeigen:

Die Person mit einem symbiotischen Defizit klagt häufig über fehlende Lebensevidenz. Ihr ganzes Erleben ist von einem wehmütig-sehnsuchtsvollen Grundakkord durchtönt, einer inneren Suchbewegung in Richtung eines erfüllungsverheißenden, aber oft nur sehr undeutlich ausmachbaren Zieles. Im Zentrum ihrer diesbezüglichen Selbstwahrnehmung steht ein deutlich gespürter Mangel, eine emotionale Leerstelle, ein selten zu beschwichtigendes Gefühl der Unerfülltheit, das sich bis hin zu einer quälenden Art existenziellen Unbefriedigtseins steigern kann. In der überwiegenden Zahl der Fälle weiß die betreffende Person nicht anzugeben, was ihr fehlt. Manchmal glaubt sie das Ziel ihrer Wünsche zu kennen (Eigenheim, neuer Beruf, Wohnortwechsel, beruflicher oder sozialer Aufstieg, einen bestimmten Konsumartikel, einen neuen Partner etc.) und verspricht sich von seiner Erreichung die Aufhebung ihres Mangels. Aber jedesmal, wenn sich der vermeintliche Traum erfüllt hat, wird ihr schmerzlich bewusst, dass sie einem Phantom nachgejagt ist. Sie fühlt sich fast noch schlechter als zuvor und wird mit neuer Deutlichkeit mit ihren alten, nie so recht zu beschwichtigenden Vermissungserlebnissen konfrontiert.

Die normalen Befriedigungen und Freuden des alltäglichen Lebens werden entweder als schal und fad empfunden oder können nur sehr kurz ihr tief gespürtes Defizit übertönen. Bei allem, was die betreffende Person tut oder zu genießen versucht, hat sie das deutliche Gefühl: Nein, das ist es nicht, was ich suche! Wie stark diese symbiotischen Bedürfnisse einen Menschen überrollen und dann lahmlegen können, beschreibt eine Patientin wie folgt: »Diese Wünsche überfallen mich in einer Stärke, dass es mir den Boden unter den Füßen wegzieht. Mein Bedürfnis ist so groß, dass ich meine, nie satt zu werden. Das alles nimmt mich total gefangen, ich habe dann für nichts anderes Raum, alles andere ist dann total unwichtig.« (Zitat nach D. Stiemerling, 1995, S. 47)

Nun gibt es für einen derart vorgeschädigten Menschen allerdings tröstliche Phantasien, die ihn auf ihren Flügeln aus seinem augenblicklichen Elend immer mal wieder für eine kurze Zeitspanne davontragen können. Eine besonders häufige Erlösungsvorstellung, deren Hoffnungspotenzial schon so manchen Mangelleidenden vor der Verzweiflung gerettet hat, ist die Glücksverheißung: Liebesobjekt!

Im Zustand der Verliebtheit, das wissen diese Menschen oft aus eigener Erfahrung, ist dieser quälende Mangelzustand aufgehoben und das eigene Dasein auf wundervolle Weise vervollständigt. Die tiefsten Einblicke in die Gefühlsformationen der in der Symbiose Geschädigten erhält man allerdings erst in dem Moment, wenn eine anfänglich leidenschaftlich geschlossene Beziehung erste Sprünge bekommt oder gar auseinander zu brechen droht. Dann wird deutlich – und kann in der Analyse verbalisiert werden –, was der Betreffende von seinem Liebesobjekt erwartet und oft stürmisch fordert, was er dringend benötigt und was ihm in der frühen Kindheit offenbar teilweise oder fast ganz gefehlt hat, nämlich:

- intensiver Affektaustausch in einem Raum von Geborgenheit;
- starke, intentionale Bezogenheit des Liebesobjektes auf seine Person, verbunden mit einem ständig fließenden, aber unaufdringlichen Beziehungsangebot und einer wohlwollenden Antwortbereitschaft;
- ausgiebiger Hautkontakt im Rahmen von Zärtlichkeit und körperlicher Nähe (Sexualität ist zweitrangig oder oft gar nicht erwünscht);

- unbezweifelbare Erreichbarkeit des anderen und möglichst dauerhafte Präsenz (Absättigung des Sicherheitsbedürfnisses);
- Gelegenheit, in die Pfleglingsposition regredieren zu können und dabei liebevolle Bemutterung zu erfahren (Befriedigung des Abhängigkeitsbedürfnisses);
- das Gefühl, für den anderen der Mittelpunkt seines Daseins und damit das Wichtigste in seinem Leben zu sein (Befriedigung seines Ausschließlichkeitsanspruches);
- fragloses Angenommensein (keine Kritik) unter Verzicht auf Gegenleistungsforderungen;
- Bereitstellung einer Atmosphäre von Konfliktfreiheit und Harmonie und damit der Möglichkeit, über den Gleichklang der Seelen in einen Zustand zufriedenen Wohlbefindens und einer zeitlich begrenzten Verschmelzung mit dem Liebesobjekt zu gelangen. (Zitat aus D. Stiemerling, 1995, S. 48 und 49)

Die eben aufgezählten Bedürfnisse des erwachsenen Menschen mit einem symbiotischen Defizit können als persistierende kindliche Wünsche angesehen werden. Um sie zu stillen, greifen viele der Betroffenen zu Versuchen der »nachholenden Direktbefriedigung«. Das Leben eines solchen Menschen ist dann oft zentral bestimmt von der Suche nach einem mütterlichen Objekt. Der Liebespartner soll die bisherige Glücksarmut aufheben und die lang ersehnte Befriedigung spenden. Häufig kommt es vor, dass sich der Bedürftige selber für wenig wertvoll hält und für jemanden, der von sich glaubt, dass ihn niemand liebt oder lieben könnte. Er neigt deshalb dazu, zu Beginn einer Partnerschaft Vorleistungen zu erbringen. Er verwöhnt seinen zukünftigen Partner und bietet ihm ein Übermaß all jener Dinge an, derer er selbst so dringend bedarf. Er ist für den anderen – initial – die »gute Mutter« und verleitet ihn zu der falschen Hoffnung, er werde es immer sein: ein sprudelnder Quell von Fürsorge, Zärtlichkeit und Liebe. Der Bedürftige behandelt seinen Partner so, wie er wünscht, von ihm behandelt zu werden. Er gibt und gibt, unterstützt, tröstet, hat Verständnis, passt sich an, verzichtet selber auf eigene Wünsche, verströmt Wärme, liebkost und ist zu Sex bereit – und vergrößert durch diese Hergabe sein eigenes Defizit. Die Beziehung wird zur Einbahnstraße. Bald ist diese Situation jedoch nicht mehr haltbar. Der Spender kann nicht mehr, ist ausgelaugt und fordert nun seinerseits die Rolle des Pfleglings: Er möchte auch verwöhnt, umsorgt und mit einem Strom von liebevoller Zuwendung bedacht werden. In diesem Moment etabliert sich ein rivalisierendes Element in der Beziehung: ab jetzt kämpfen zwei hungrige Mäuler darum, gestopft zu werden. Die Eskalation beginnt. Charakteristisch für diese Situation ist, das beide Personen von gebieterisch auftretenden Ansprüchen erfüllt sind mit der Qualität: »Das steht mir ohne Gegenleistung zu!« Beide sehen es als ihr gutes Recht an, vom anderen umhegt und »mit Liebe gefüttert« zu werden, weil es ihnen in der Kindheit so schlecht ging, sie so viel entbehren mussten und so viele Ungerechtigkeiten erfahren haben. Im Sinne eines Wiedergutmachungsanspruchs fordern sie nun, das Versäumte nachgeliefert zu bekommen. Auch wenn sie ihre Anwartschaft auf Verwöhntwerden weder lauthals äußern noch in versteckter Form kundtun können, so sind sie dennoch zutiefst von der Berechtigung ihres Anliegens überzeugt. Jeder wünscht sich vom Partner eine Vorleistung und damit die Erfüllung seiner Riesenerwartung. Die unausgesprochene Phantasie lautet: Wenn du mich liebst, dann musst du mir meine Bedürfnisse erfüllen!

Es genügt oft nicht, einer angemeldeten oder gar unausgesprochenen Bitte nachzukommen: Der Adressat soll auf das Begehren mit jubelnder Zustimmung reagieren und sich so verhalten, als gäbe es für ihn keine größere Freude, als eben dem Partner eine Freude zu machen. Die hier beschriebenen Menschen besitzen in der Regel ein starkes, passives Liebesbedürfnis. Sie möchten stundenlang gestreichelt, liebkost oder massiert werden. Sie wünschen sich als Geschenk zum Geburtstag unter anderem: »Jeden Tag eine Stunde Streicheln.« Körperkontakt und intensives Berührtwerden sind ihnen wichtiger als Sex. Männer mögen es, beim Geschlechtsverkehr unten zu liegen und sich bedienen zu lassen. Es werden Strichlisten geführt: »Wer wem, wann oder wie lange etwas Gutes getan hat.« Jeder glaubt, einen Anspruch auf Liebe und die aktive Zuwendung des anderen zu haben, und klagt diesen Anspruch bei Nichterfüllung durch Vorwürfe oder Drosselung seines geäußerten Wohlwollens ein. Es besteht auf beiden Seiten eine hohe Enttäuschungsbereitschaft, da beide »gebrannte Kinder« sind und in ihrer Kindheit sehr oft enttäuscht und in ihren elementaren und lebenswichtigen Bedürfnissen frustriert wurden. Sie sind auf Zurückweisung aller Art spezifisch sensibilisiert und betrachten jede Unaufmerksamkeit oder Neutralität des anderen bereits als schlimme Lieblosigkeit.

Der Enttäuschte spürt in der Regel eine mehr oder weniger heftige Wut. Sein wütender Affekt wird zusätzlich mit »aus der Kindheit gespeicherten Hassgefühlen« angereichert und nimmt auf diese Weise ungerechtfertigt große Dimensionen an. Enttäuschungswut schreit nach Rache. Der böse Partner muss für seine Gemeinheit bestraft werden. Aber das ist gar nicht so einfach, und zwar deshalb nicht, weil Charaktere mit einem symbiotischen Defizit häufig eine depressive Persönlichkeitsstruktur besitzen und aggressionsgehemmt sind. Sie können ihren zornigen Gefühlen keinen adäquaten Ausdruck verleihen, zum Beispiel schimpfen oder mit Tellern werfen, sondern müssen sie auf indirekte Weise äußern, indem sie einschnappen, sich emotional zurücknehmen oder überhaupt einen Rückzug antreten. Sie arbeiten meist mit Liebesentzug, und gerade der Verlust ihrer wärmenden Präsenz trifft den zu Bestrafenden besonders hart, da er Liebe so nötig braucht wie die Luft zum Atmen. Der Bestrafte fühlt sich ungerecht behandelt, da das Ausmaß der partnerschaftlichen Reaktion in keinem vernünftigen Verhältnis zu dem Anlass des Geschehens steht. Deshalb ist nun auch er beleidigt, wird unfreundlich und zieht sich zurück. Auf diese Weise kommt es zu einer Abwärtsspirale, wo jeder den anderen für die Misere verantwortlich macht. Aber die nun ausbrechende Sprachlosigkeit zwischen den Partnern setzt beiden zu. Je länger diese emotionale Sendepause andauert, desto stärker wird bei ihnen das Bedürfnis nach liebender Bezogenheit, aber desto stärker wird andererseits ihr Zorn auf den Verursacher dieser Mangelsituation. Gleichzeitig erzeugt ihr Verhalten in zweifacher Weise Schuldgefühle: a) Ich bin gemein, weil ich den anderen so lange zappeln lasse; b) Ich muss schlecht und deswegen schuldig sein, weil es mein Partner für gerecht und angemessen empfindet, mich so lange und hart zu bestrafen. Diese Mischung aus Wut und Schuldgefühlen kann die Versöhnungsbereitschaft mindern oder vermehren, je nach Reaktionstyp.

Durchbricht nun der weniger Wütende oder stärker sich schuldig Fühlende die Mauer des Schweigens oder der unfreundlichen Distanz und bietet Verständigung an, so kann der andere das als Eingeständnis von Schuld auffassen und den Reuigen zurückweisen. Dieser fühlt sich daraufhin zutiefst gekränkt. Er lässt seine Jalousien erneut herunter und schwört im Stillen, von sich aus keine Friedensgespräche zu initiieren. Die Fortdauer des Zerwürfnisses beunruhigt nun den bisher Unversöhnlichen. Nun bekommt er seiner gezeigten Härte wegen Schuldgefühle und streckt seinerseits die Hand zur Versöhnung aus. Ob sie der andere ergreift? Der Zusammenprall zweier symmetrischer Bedürfnissysteme führt zwangsläufig zu gegenseitiger Enttäuschung, wie ich glaube eindringlich am vorliegenden Beispiel demonstriert zu haben. Die Reaktion auf diese Enttäuschung muss allerdings nicht immer der hier dargestellten Abwärtsspirale (emotionaler Rückzug) folgen. Es sind andere Reaktionsmodi denkbar: zum Beispiel Nörgeln, Demonstration von Unzufriedenheit, Vorwürfe (»Du liebst mich nicht!«), Schuldzuweisungen oder Dauerstreit.

Eine Spielart der eben beschriebenen Konstellation stellen die so genannten »Symptomduelle« dar. Hier geht es um die Frage, wer von beiden Ehehälften kränker und somit pflege- und schonungsbedürftiger ist. Sowohl sie als auch er leiden an irgendwelchen Krankheiten oder Gebrechen, die sie demonstrativ vor sich hertragen. Da wird gejammert und Puls gefühlt, gestöhnt und das Gesicht schmerzhaft verzogen, ans Herz gefasst, nach Luft gejapst und gehumpelt, was das Zeug hält. Ihr ganzes Leben ist überschattet von hypochondrischen Ängsten und der bangen Furcht vor todbringender Krankheit. Jeder glaubt von sich, dass ihm das Schicksal das härtere Los zugedacht hat, dass ihm die Dornenkrone und damit auch das bedingungslose Mitgefühl und die aufopfernde Pflege des Partners gebührt. Beide entwickeln sich zu Konkurrenten und wollen das Liebesobjekt ganz in die Rolle desjenigen zwingen, dem es – verdammt noch mal – besser zu gehen hat. Bei diesem Kampf um die Anerkenntnis des jeweils größeren Leidens kann es zu regelrechten Duellen kommen: Jeder fetzt dem anderen seine eigenen Symptome um die Ohren und schreckt nicht davor zurück, seinen schlechten Gesundheitszustand maßlos zu übertreiben.

Betrachtet man die Lebensgeschichte der Menschen mit derartigen Verhaltensmustern, so stößt man ebenfalls auf ein erhebliches Defizit an liebevoller Bemutterung in der symbiotischen Phase der frühen Kindheit. Diese Menschen können ihren eigenen Mangelzustand nicht benennen, sondern versuchen, emotionale Wärme

durch die Demonstration leidvoller, körperlicher Gebrechen ein-
zuklagen. Manchmal haben sie als Kinder die Erfahrung gemacht,
dass nur in Zeiten eigener Krankheit die Aufmerksamkeit und
Fürsorge der Eltern zu haben war. Manchmal hatten sie eine Mutter, die häufig krank war oder kränkelte, viel im Bett lag, sich als
bejammernswerte und schonungsbedürftige Person darstellte und
den eigenen Kindern einen ständigen, pflegerischen Service abver-
langte. Statt als Kinder selbst bemuttert zu werden und das zu bekommen, was ihnen zustand, mussten sie diese Leistungen erbringen. Das war natürlich eine totale Überforderung, stellte die Verhältnisse auf den Kopf und erzeugte jene Ansprüche, die dann
später der Partner zu spüren bekommt.
Um es abschließend noch einmal zu wiederholen: Wenn beide,
Mann und Frau, nach einer Phase gegenseitiger Verwöhnung bald
in die Pfleglingsposition rutschen und sich beide wie pflegebedürf-
tige Kleinkinder fühlen, denen eine gute Mutter Liebe und Zuwendung spenden soll, dann wird am Ende nur gegenseitige tiefe
Enttäuschung übrig bleiben und die Beziehung entsprechend gefährdet sein.

5.3 Sexuelle Probleme mal zwei

Sexuelle Störungen sind in unserer Zeit und Gesellschaft weit verbreitet: Männer leiden an einer sexuellen Lusthemmung, an sexuellen Ängsten, vorzeitigem Samenerguss, an erektiver Impotenz,
dem Fehlen des Erfüllungserlebnisses beim Orgasmus oder dem
Ausbleiben der Ejakulation. Frauen kranken an sexueller Gefühlskälte (Frigidität), an Vaginismus (Scheidenkrampf), an sexuellen
Ängsten bis hin zu Ekelempfindungen und heftiger Sexualabwehr
oder an Funktionsstörungen der Erregungs- und/oder Orgasmus-
phase. Noch umfangreicher als die eben angeführte Symptomliste
der sexuellen Probleme stellt sich der Katalog möglicher emotionaler, sprich neurotischer Gründe für diese Störungen dar. Ich will
und kann an dieser Stelle nicht auf die Ursachen für diese – meist
seelisch bedingten – Krankheitsbilder eingehen, da sie nicht Gegenstand dieses Buches sind.

Uns interessiert in diesem Zusammenhang das Phänomen, dass sich nicht selten zwei Menschen zusammentun, die beide an einer sexuellen Störung leiden. Die Korrespondenz der gleichen Seelennot führt zu solidarisch gefärbter Sympathie und bringt einen initialen Entlastungsgewinn. Die Möglichkeit, die eigene, bisher schamhaft verschwiegene Bedrängnis offenbaren zu können und bei einem Partner auf grenzenloses, ja aufatmendes Verständnis zu treffen, entbindet beide von einer Zentnerlast. Endlich darf man sich zeigen, so wie man ist: »problembeladen und voller Ängste«, ohne wegen dieser Schwäche auf Ablehnung, Enttäuschung oder skeptische Zurückhaltung zu stoßen. Das gemeinsame Leiden schafft eine wunderbare Gleichrangigkeit, eine Verbrüderung über sonst trennende Grenzen.

Hannelore K. wählt sich einen impotenten Mann (Furcht vor dem Versagen, konditionierte Erwartungsangst), weil sie selber unter diversen sexuellen Ängsten leidet und immer dann, wenn sie die sexuelle Erregung eines Mannes spürt, Angst bekommt, steif und reglos wie ein Brett wird und eine »staubtrockene« Vagina hat. Hannelore denkt: »Endlich kommt ein Mann, der es nicht nur auf Sex abgesehen hat; der mich um meiner selbst willen liebt, der mich versteht, der mich nicht fordert und bedrängt; dem ich keinen sexuellen Superservice bieten muss, um als Frau akzeptabel zu sein; dem ich mich nicht unterlegen fühlen muss.«

Er sagt: »Ich liebe dich so, wie du bist. Ich fühle mich dir wunderbar nah. Endlich muss ich nicht den Beweis antreten, dass ich ein ganzer Kerl bin.«

In der ersten Zeit geht alles gut, das Freigestelltsein von der Leistung Sex entspannt sie. Aber je länger sie zusammenleben, desto unzufriedener werden sie. Beide kommen sich wegen ihrer Störung minderwertig vor. Ihre Identität als Frau/Mann ist erschüttert. Keiner will es recht zugeben, dass ihre Verbindung primär doch als Erlösungsgemeinschaft gedacht war nach dem Motto: »Gemeinsam werden wir es schaffen!« Sie hatte sich heimlich und eigentlich einen potenten Prinzen gewünscht, der mit der Glut seiner Leidenschaft all ihre Hemmungen und Ängste hinwegschmilzt und aus ihr eine Frau macht, die Spaß am Sex hat. Dass er so ein Schlappschwanz (in des Wortes wahrer Bedeutung) ist, erfüllt sie mit Gram. Im tiefsten Herzen verachtet sie ihn wegen seiner Schwäche. Auch er ist enttäuscht von ihr. Auch er hatte durch sie

Befreiung von seiner Krankheit erwartet. Er träumt von einer sexuell aktiven Frau, die ihn so anmache, dass er gar nicht anders kann, als zu funktionieren. Beide möchten Geschlechtsverkehr, haben aber Angst davor. Wenn sie sexuelle Signale aussendet, erschrickt er und distanziert sich. Wenn es aber den Anschein hat, dass er trotz eigener ängstlicher Gespanntheit auf ihr Angebot eingeht, bekommt sie es mit der Angst zu tun und weist ihn zurück. So bestätigen sie sich im Wechselspiel die eigene Überzeugung von der Gefährlichkeit der Sexualität und spuren dieses Gefühl jedesmal noch ein Stückchen tiefer ein. Wenn sie nicht beide konsequent auf Sex verzichten und andere Ehefreuden kultivieren, die den Mangel kompensieren können, dann wird ihre Beziehung wegen großer Unzufriedenheit scheitern.

5.4 Konkurrenz

Konkurrenz belebt das Geschäft – und manchmal eine Ehe. Aber diese Form der Belebung einer Paarbeziehung ist alles andere als erstrebenswert; sie hat destruktiven Charakter, da sie die Betreffenden nie zur Ruhe kommen lässt und die ständige Furcht produziert, Verlierer zu sein. Es gibt nicht wenige Ehen, in denen Mann und Frau miteinander rivalisieren. Es geht den Protagonisten einmal darum, den Anspruch auf Gleichheit, Gleichrangigkeit und gleiche Rechte gegenüber dem anderen in der Beziehung immer wieder zu dokumentieren und zu unterstreichen, und zweitens darum, diesen Gleichrangigkeitsanspruch zu eigenen Gunsten in Frage zu stellen nach dem Motto: »Wir sind zwar gleich, aber ich bin gleicher!«
Die Felder, auf denen diese Konkurrenzkämpfe ausgetragen werden, sind mannigfaltig und können sich um folgende Themenbereiche gruppieren:
- wer ist intelligenter, begabter, tüchtiger,
- wer ist der bessere Erzieher,
- wer hat mehr Erfolg im Beruf,
- wer ist beliebter und liebenswerter,
- wer tut mehr für die Familie, den Haushalt, die Beziehung,

- wer ist attraktiver, sexuell anziehender und potenter,
- wer ist wertvoller, das heißt der bessere Mensch von uns beiden?

In der Regel wird ein derartiges Wettbewerbsmuster in die Ehe bereits mitgebracht. Es resultiert aus einer besonderen Lebensgeschichte und ganz spezifischen Entwicklungsbedingungen und ist zu einem überdauernden Charakterzug des Betreffenden geworden. Männer, die zum Rivalisieren neigen, sind häufig als Kinder mit begabteren Geschwistern oder anderen Personen aus dem Verwandtenkreis verglichen und als zu »faul, schlecht oder nichtsnutzig« hingestellt worden. Als die Jüngeren in einer Geschwisterreihe haben sie vergeblich versucht, es einem älteren Bruder oder einer älteren Schwester gleichzutun. Sie entwickelten deshalb Minderwertigkeitsgefühle oder konnten nur eine unzureichende männliche Identität (der schwächliche Vater war kein Vorbild) ausbilden. Als Folge dieser Erfahrungen entwickeln sie oft ein kompensatorisches Leistungsstreben. Viele mitmenschliche Situationen werden für sie zu einer Art Bewährungsprobe, in der es darum geht, den gezeigten Qualitäten des anderen die eigenen als gleichrangig oder besser entgegenzustellen. Sie müssen sich stets und ständig beweisen, um die permanent spürbare, vermeintliche eigene Insuffizienz zu betäuben. Natürlich gerät auch ihre Paarbeziehung in den Sog dieses Musters. Da sie Können und Tüchtigkeit als einen hohen Wert besonders schätzen, werden sie sich eine Partnerin wählen, die diese Ideale gut und sichtbar verkörpert. Frauen, die zu konkurrierendem Verhalten neigen, kranken oft daran, »kein Mann zu sein«. Sie entwickeln darum häufig ein ausgeprägtes Leistungsstreben mit dem Ziel, es den Männern gleichzutun. Sie wollen sich und der Welt beweisen, dass sie genauso stark, tüchtig und intelligent sind wie die männlichen Vertreter der menschlichen Spezies. Gelingt ihnen dieser Beweis nicht, dann geben sie sich mit der Genugtuung zufrieden, einen Mann klein gemacht, depotenziert und gedemütigt zu haben.
Bei anderen Frauen wiederum war es immer wieder der negativ ausgefallene Vergleich mit den begabteren Geschwistern (zum Beispiel dem seines Geschlechtes wegen vorgezogenen Bruder), der sie später trotzig werden und auf die Konkurrenzschiene kommen ließ.

Ich will anhand eines Beispiels den hier beschriebenen Sachverhalt illustrieren:

Heike H. hat folgende Ansichten über Männer:

»Männer sind selbstsüchtig, sie benutzen die Frau als Lustobjekt. Männer sind unzuverlässig, sie lassen die Frau fallen, wenn sie keinen Spaß mehr haben oder wenn Konsequenzen drohen (zum Beispiel sie erwartet ein Kind). Männer behaupten, intelligenter und tüchtiger im Beruf zu sein. Männer wünschen sich ein Hausputtelchen, eine Art Dienerin zur Frau, die ganz für sie da zu sein hat. Männer wollen Frauen dominieren. Männer sind in unserer Kultur besser dran als Frauen: Sie haben viele Vorteile, werden besser bezahlt, haben mehr Rechte, dürfen sich mehr Freiheiten herausnehmen. Die Beziehung zwischen einem Mann und einer nicht unterordnungsbereiten Frau ist eine Art Konkurrenzkampf. Es geht darum, wer wen unterdrückt, benutzt und an Wert überragt!«

Heike hat folgende Ansichten über ihre eigene Person:

»Ich glaube, ich bin nicht liebenswert. Ich bin mit meiner Rolle als Frau unzufrieden. Ich wäre lieber ein Junge. Ich spüre Neid auf die Männer. Ich glaube manchmal, ich bin weniger intelligent, weniger tüchtig und weniger wertvoll als ein Mann. Ich will aber beweisen, dass ich genauso tüchtig, stark, intelligent und wertvoll bin wie ein Mann, unter Umständen sogar noch besser!«

So weit das Beispiel.

Das Problematische an dieser Konstellation ist ihr immanenter Zwang zu dauerndem Vergleich und permanenter Aktivierung von Leistungsbereitschaft. Die Konkurrenten sitzen nicht im selben Boot und verdoppeln nicht ihre Schlagkraft zum Nutzen eines gemeinsamen Zieles. Sie sind vielmehr Einzelkämpfer; der andere ist – wenn auch unausgesprochen – immer der Widersacher, den es zu überrunden oder mindestens einzuholen gilt. Schwach werden und ein argloses Sich-Anlehnen an den anderen sind unter diesen Umständen kaum möglich. Das Ausleben der Hingabeseite kommt permanent zu kurz und erzeugt auf Dauer große Unzufriedenheit.

Noch destruktiver gestaltet sich eine Beziehung, wenn der Sieg über die Qualitäten des Partners nur auf dem Umweg über seine Demontage gelingt. Dann geht es nicht mehr um das Bessersein, sondern darum, den anderen klein zu machen und ihn der Lächerlichkeit des eigenen Scheiterns preiszugeben. Es gibt Frauen, denen dieser Weg über die sexuelle Verunsicherung der männlichen Potenz gelingt. Sie bauschen die gelegentliche sexuelle Indisponiertheit ihres Mannes auf und stilisieren sie zum Versagen hoch. Versteckte Anspielungen auf diese schlimme Misere, verbunden mit der düsteren Prophezeiung, es werde wohl noch schlimmer kommen, führt dann das Befürchtete tatsächlich herbei: Die Sexualität gerät männlicherseits auf die Leistungsschiene, und die von der Ehefrau systematisch induzierte Erwartungsangst verhindert dann prompt eine Erektion oder tötet das Lustempfinden des Mannes schon im Vorfeld möglicher sexueller Intimitäten ab. Die Frau kann dann triumphieren. Siegerin zu sein, bringt ihr offenbar mehr Befriedigung ein als der Genuss gemeinsam erlebter sexueller Freuden (die ihr ja nun auch entgehen).

5.5 Underdog wählt Underdog

Ich beschreibe jetzt eine Paarkonstellation, wie ich sie des öfteren bei meinen Patienten angetroffen habe. Es geht um das Phänomen, dass ein seelisch beeinträchtigter, leidender, im Leben zu kurz gekommener und vom Schicksal stiefmütterlich behandelter Mensch sich einen Partner auswählt, der die gleichen oder ähnliche Mängel und Handikaps aufweist wie er selbst. Das Selbstbild dieser Menschen lässt sich in dem lapidaren Satz: »Ich bin ein kaputter Typ!« treffend zusammenfassen, wobei unter Kaputtheit die unterschiedlichsten seelischen Störungen verstanden und gemeint sein können. Das Spektrum reicht über Depressionen, Süchte, Verwahrlosung, Angstsymptomatik, Suizidimpulse, psychosomatische Erkrankung, Beziehungsprobleme, »Verrücktheit«, chaotische Gefühlswelt, mangelnde Impulssteuerung, Nervenzusammenbrüche, Versagen im Arbeits- und Leistungsbereich bis hin zu dem Faktum, eine schlimme Krankheit gehabt zu haben.
Die Wahl des anderen, ebenfalls kaputten Menschen erfolgt nach dem Gleichrangigkeitsprinzip. Eine Person ohne innere Nöte und erlittene Verwundungen wird nicht ertragen. Ich illustriere das

Gemeinte mit einigen Selbstaussagen von Patienten (die ich entsprechend unkenntlich gemacht habe):

»Mein Partner darf – genau wie ich – keine rosige Kindheit gehabt haben, sonst kann er mich nicht verstehen und keine Nähe zu mir herstellen. Außerdem bin ich auf die Privilegierten – all jene gesunden, normalen und glücklichen Menschen – neidisch und wütend. Ein Partner mit einer schönen Kindheit wäre eine ständige Provokation für mich. Deshalb suche ich mir einen Kaputten, der mich Kaputte versteht.«

»Ich habe einen großen Hass auf alle Menschen, denen es gut geht oder die eine sonnige Kinderzeit hatten, die nicht wie ich als Mutterwaise so viel kämpfen, ausstehen und sich durchsetzen mussten. Ich kann nur jemanden mögen und vorbehaltlos akzeptieren, zu ihm Nähe herstellen, dem es genauso mies geht wie mir.«

»Mein Partner soll genauso verletzbar sein wie ich. Er soll genauso viele Verletzungen empfangen haben, genauso viel Leid durchgemacht haben wie ich. Nur er kann mich in meinem Wesen erkennen, meine Wundheit begreifen und das ganze Ausmaß meiner Liebessehnsucht ermessen.«

In fast allen Aussagen zu diesem Thema taucht ein Beziehungswunsch immer wieder auf: Es ist die Hoffnung auf Verstandenwerden. Ein ähnliches Schicksal – so glauben die meisten – erhöhe die Wahrscheinlichkeit, für das eigene beschädigte Leben beim anderen Verständnis zu finden, und dass, wiederum wird als Voraussetzung angesehen, um die dringend benötigte Nähe herzustellen und mit dem Liebesobjekt zu verschmelzen. Gleichzeitig wird deutlich, warum es kein »heiler Typ« sein darf, wenn eine Partnerwahl ansteht:

a) Der Neid auf die Gesünderen und Bessergestellten würde das emotionale Klima zu einem Exemplar dieser Gattung vergiften;

b) die Wut auf das eigene Schicksal und die Ungerechtigkeit in der Welt träfen den privilegierten Partner mit ungebremster Wucht;

c) die Kränkung des narzisstischen Anspruchs, ein gesunder, normaler und glücklicher Mensch zu sein, ist nur an der Seite eines gleichermaßen Benachteiligten zu ertragen.

Eigentlich, so werden wir denken, passen zwei Underdogs doch vorzüglich zueinander. Die ähnliche Lebensgeschichte und die Bruderschaft im Leid müssten doch so viel solidarischen Gleichklang und so viel Mitgefühl erzeugen, dass sich beide in einer Art Schicksalsgemeinschaft verbunden fühlen könnten. Aber leider belehrt uns die Realität eines anderen. Ich will von den vielen Gründen, die letztlich zum Scheitern der Beziehung führen, nur die wichtigsten drei hervorheben: Da ist einmal der bei jedem seelisch schwerer gestörten Menschen fast immer zu findende Selbsthass. Die eigene Insuffizienz wird nicht mit liebevoller Nachsicht betrachtet, sondern oft als eigene Schuld erlebt oder eigenes Versagthaben. Die betreffende Person findet sich, so wie sie ist, ablehnenswert, weil minderwertig. Auf dem Hintergrund der eigenen Selbstverachtung kann sie auch die Defizite, Probleme und emotionalen Verbiegungen ihres Partners nicht mit den Augen der Liebe und des Mitleidens sehen. Der andere potenziert durch seine »schrottige Existenz« die eigene Makelhaftigkeit nur noch mehr. Was ursprünglich Anlass zu Gefühlen der solidarischen Verbundenheit war, wird nun zum Gegenstand der Ablehnung.

Als zweiten Störfaktor nenne ich die Egozentriertheit des hier vorgestellten Menschen. Das seelische Dauerleiden wirft den Betroffenen auf sich selbst zurück und lässt wenig Raum und Aufmerksamkeit für die Nöte des anderen. Die Bereitschaft zu verständnisvollem Mitschwingen und liebevoller Einfühlung in den Kosmos des Partners nimmt mit der Zeit immer mehr ab. Die von beiden erträumte Nähe kommt nicht zustande.

Ein letzter Punkt: Underdogs sind Mängelwesen: Sie brauchen viel und haben wenig zu geben. Zwei hungrige Mäuler warten darauf, gestopft zu werden. Jeder lauert auf die Vorleistungen des anderen. Aber da sie beide nichts zu verschenken haben an Zuwendung, Liebe und fürsorglicher Wärme, bleiben auch beide unbefriedigt.

5.6   Der orale Clinch

Er ist als Einzelkind verwöhnt worden und in dem Bewusstsein aufgewachsen, etwas Besonderes zu sein. Er hat das Gefühl: »Meine Frau ist sehr gut bedient mit mir und darf ruhig Opfer für mich bringen!« Sein Besonderssein privilegiert ihn zu dieser bevorzugten Behandlung, und sein unausgesprochener Verwöhnungsanspruch erwächst eben auf diesem Hintergrund.

Sie dagegen ist einziges Mädchen zwischen einer Schar vorgezogener Brüder. Sie hat schon sehr früh im Haushalt tüchtig mithelfen müssen und sich die eher spärlich fließende Elternliebe sauer verdient. Die Brüder hatten es besser als sie, sie bekamen mehr Zuwendung, ein Mehr an materiellen Gütern, vor allen Dingen aber Unterstützung während ihrer Entwicklung und Berufsausbildung. Sie hat als erwachsene Frau, in ihrer Ehe, das Gefühl: »Mich hat das Leben bisher benachteiligt. Ich musste viel leisten und habe nicht entsprechend bekommen. Jetzt bin ich einmal dran!« Auch sie hat einen unausgesprochenen Verwöhnungsanspruch, den sie auf ihre bisherigen Verdienste stützt. Keiner von beiden wagt es allerdings, seine diesbezüglichen Wünsche offen anzumelden. Stattdessen entwickeln beide eine übertriebene Empfindlichkeit bezüglich kleinster Ungleichgewichtigkeiten bei der gemeinsamen Hausarbeit, der Abgabe für die Haushaltskasse und irgendwelcher Besorgungen für die Gemeinschaft. Sie wachen argwöhnisch darüber, ob der Partner einen Handgriff zu wenig tut, ein Stück Kuchen mehr isst, einen Kuss oder ein Lächeln mehr bekommt als der andere. Da die erwünschte Verwöhnung ausbleibt, rettet man sich in einen überspitzten Gleichbehandlungsanspruch und reagiert sofort beleidigt, wenn das Liebesobjekt irgendwo auch nur einen kleinen Vorteil für sich herausschlägt. Noch dramatischer und konfliktanfälliger wird die Situation, wenn einer von beiden die vermeintliche Benachteiligung gleichzeitig als narzisstische Kränkung erlebt und nach dem Motto fühlt: »Der andere hält mich für einen blöden Arsch und glaubt, dass er es mit mir ja machen kann!« Dann enthält jede verweigerte orale Gabe oder verweigerte kleine Gefälligkeit den Stempel der Partner-Entwertung und setzt ein entsprechendes Wutpotential frei.

6. KAPITEL

Die Wahl des superioren Partners

Menschen haben ein Bild davon, wie ihr eigenes Ich idealerweise beschaffen sein sollte. Wir bezeichnen die Gesamtheit dieser angepeilten Werte und Zielvorstellungen vom eigenen Ego das »Ich-Ideal« einer Person. Es umfasst alles, was ein Individuum können, haben und sein möchte. Häufig hat das Ich-Ideal eine bedauernswerte Eigenschaft: Es lässt sich gar nicht oder nicht so realisieren, wie es sich ihr Träger wünscht. Der Vergleich zwischen dem Ist- und den Sollwerten fällt dann sehr deprimierend aus. Die Realität hinkt hinter dem Ideal bedenklich hinterher und erzeugt in dem Betroffenen eine permanente Unzufriedenheitsspannung. Es ist die Tragik von uns Menschen, dass wir unseren Traum von der eigenen Seelengröße und souveränen Könnerschaft in einem Lebensbereich so oft eben nicht verwirklichen können. Nun gelingt es aber einer Gruppe von Personen, aus dieser verzwickten Situation listenreich einen Ausweg zu finden. Sie suchen und wählen ein Liebesobjekt, das anscheinend all die Ideale lebt und realisiert, die sie selber so schmerzhaft vermissen.

Der andere kann, was ich nicht kann, aber so gerne können möchte. Er hat, was ich nicht habe, aber so gerne hätte. Er ist, was ich nicht bin, aber so gerne sein würde. Per Identifikation mit ihm kann ich seine Schätze mitgenießen. Ich erfahre eine Aufwertung meiner Person; sein Glanz wirft auch ein Licht auf mich. Mein Lebensspielraum erweitert sich auf ungeahnte Weise. Ich kann zu ihm aufschauen und meinem Bedürfnis frönen, ein Idol anzubeten.

Ob der »superiore« Mensch tatsächlich so großartig und überlegen ist, wie ihn sein Partner sieht, ist damit natürlich noch nicht gesagt. Es gibt die Möglichkeit, dass er erstens tatsächlich die Werte verkörpert, derentwegen er geliebt wird, dass er zweitens sie teilweise lebt oder dass er drittens insgesamt in seinen Qualitäten maßlos überschätzt, illusionär verkannt wird und nur der Projektionsschirm für all die Wunschwelten ist, die sein Liebesobjekt gerne in ihm erfüllt sehen möchte. In letzterem Fall gibt es ein böses Erwachen – aber davon später. Ich will an dieser Stelle dem Leser eine Liste von Ich-Idealbildern und leitmotivischen Lebenszielen vor Augen führen, damit meine Ausführungen nicht zu abstrakt bleiben.

6.1 Ich-Ideale

– Wertschätzung von Intelligenz
Der gewählte Partner gehört in den Kreis der Intellektuellen und brilliert durch die Schärfe seines Verstandes, die Fähigkeit zur Abstraktion und zur sezierenden Analyse von Problemen. Natürlich ist er Akademiker und hat »die Weisheit mit Löffeln gefressen.«

– Lebenstüchtigkeit
Er ist selbstbewusst und durchsetzungsfähig, von sich überzeugt, angemessen aggressiv und furchtlos gegenüber Autoritäten. Er weiß, was er will, hat und vertritt eine eigene Meinung, zeigt Zivilcourage und einen gesunden Egoismus, wenn es gilt, berechtigte Ansprüche und Forderungen durchzusetzen und sich ein Stück vom Kuchen der Welt abzuschneiden. Vor allen Dingen ist er weitgehend angstfrei und kann mit Menschen umgehen.

– Erfolg im Beruf
Sie ist enorm tüchtig, eine Karrierefrau, umstrahlt von der Helle des Erfolgs. Berufliches Fortkommen ist für sie ein zentraler Wert.

– Reichtum
Wir leben im Zeitalter des Konsumierens. Die Sinnlichkeit des Geldes fasziniert immer mehr Menschen und treibt sie an, ihr ganzes Sehnen auf die Verlockungen des Reichseins zu konzentrieren. Haben, viel haben wird zum Inbegriff eines glücksverheißenden Lebens. Wer es geschafft hat und ganz oben ist, genießt hohes Ansehen und ist ein begehrter Partner.

– Künstler-Sein
Manchen Zeitgenossen erscheint ein Künstlerleben als Krone der Schöpfung, der Musentempel als lohnendster Aufenthaltsort. Das

künstlerische »Genie« widmet sich ganz seinen Einfällen: Es malt, komponiert, dichtet und verachtet souverän die Notwendigkeiten und Niederungen der banalen Alltäglichkeit. Im Kreativsein und in der Selbstvergessenheit des schöpferischen Prozesses liegt der Sinn der Existenz.

– Der gute Mensch
Der gute Mensch ist eine eher unzeitgemäße Erscheinung. Die einst hochgehaltenen christlich-abendländischen Tugenden (Bescheidenheit, Hilfsbereitschaft, Demut, Gehorsam, Nächstenliebe etc.) sind in Verruf gekommen und werden von unserer Gesellschaft kaum noch honoriert. Nichtsdestotrotz lassen sich Einzelne auch heute noch von dem Ideal der Gutheit faszinieren und fühlen sich von Personen angezogen, die von der Aura gütiger und warmer Menschlichkeit umgeben sind (ohne damit zu kokettieren).

– Genuss
Der Genießer besitzt und praktiziert die Kunst, dem Leben die heiteren und bequemen Seiten abzugewinnen. Sein sorgloser Optimismus lässt ihn nicht ans Morgen denken. Keine Kummerfalten zerfurchen sein vom Lächeln überstrahltes Gesicht. Er liebt gutes Essen und ist ein Freund von Weib, Wein und Gesang. Er ist in der Regel nicht besonders fleißig und strebsam, sondern lässt gerne andere für sich arbeiten und liest seelenruhig Zeitung inmitten von schmutziger Wäsche und Abwaschbergen. Das kurz befristete Erdendasein soll Spaß machen und genussvoll auf der Zunge zergehen.

– Robin Hood
Sein Typ feiert zur Zeit vielfache Auferstehung in den wagemutigen Greenpeacebarden, die im sturmgepeitschten Meer eine schwimmende Ölbohrinsel besetzen oder vor dem Mururoa-Atoll der französischen Seestreitmacht zu trotzen versuchen, um erneute Atombombenexplosionen zu verhindern. Aber auch im kleinen, privaten Kreis gibt es den Kämpfer für Gerechtigkeit, der unerschrocken und beherzt, ohne große Rücksicht auf eigene Nachteile und eigenes Ansehen, sich einer guten Sache verschreibt, unter Umständen gegen den Strom schwimmt und Mut zu unpopulären, aber notwendigen Aktionen hat.

– Lebendigkeit
Sie ist begeisterungsfähig und hingerissen von den kleinen Schönheiten der sie umgebenden Welt. Sie kann sich richtig toll freuen und in wahre Gefühlsstürme ausbrechen. Mal ist sie himmelhochjauchzend, mal zu Tode betrübt. Die Unmittelbarkeit ihres Erlebens ist durch keine Vorbehalte oder Hemmungsmechanismen eingeschränkt. Ihre herzhafte Freimütigkeit hat etwas von dem Flair unverbrauchten Kindseins, auch wenn sie damit gelegentlich aneckt. Ihr Reichtum an Gefühlen und ihre mimische Ausdruckskraft verleihen ihr eine vibrierende Lebendigkeit. Für alle, die sich nicht im gleichen Maße von dieser Lebenswoge getragen wissen, aber sich selber nach mehr pulsierender Unmittelbarkeit des Empfindens und Erlebens sehnen, verkörpert diese Frau ein Ideal.

– sexy und triebhaft
Sexuelle Attraktivität und provozierende Weiblichkeit stehen hoch im Kurs. Das süß-sündige Flair einer erotischen Frau wird auf dem Medienmarkt hoch gehandelt. Sexy zu sein ist heutzutage ein Adelsprädikat, es ersetzt Hochschulbildung und fleißige Strebsamkeit. Aber nicht nur die sexuelle Anziehungskraft und jener tierische Magnetismus, der von muskelgeschwellten, jungen Männerkörpern ausstrahlt, werden sehnsuchtsvoll bewundert. Nein: Auch die sexuelle Bedenkenlosigkeit, mit der dem eigenen Trieb gefrönt wird, das ungenierte Ausleben der eigenen Lust, erscheint vielen als wünschenswerte und zu erstrebende Fähigkeit. Sex als Ideal bevölkert viele Köpfe.

– Rebellentum
Es gibt ihn auch heute noch: Den Querdenker und unangepassten Heißsporn mit dem Anti Spießerprogramm, der bewusst aus der Reihe tanzt, andere durch seine schockierende Sicht der Dinge vor den Kopf stößt und alles tut, um sich unbeliebt zu machen. Dagegen-sein ist alles.

– Überlegenheit
Es gibt das zwanghafte Bedürfnis, aus allen Situationen des Wettbewerbs, aus Diskussionen oder mitmenschlichen Begegnungen als der Überlegene hervorzugehen, Recht zu haben und zu behalten, sich keine Blöße zu geben und dank eigenem Perfektionismus unangreifbar zu sein. Nicht wenige Menschen wünschen sich die

Unfehlbarkeit und Souveränität des großen Zampano, der alle in die Tasche steckt und der infolge seiner Überlegenheit auch nie Gegenstand der Kritik oder vorwurfsvoller Anwürfe werden kann.

– Schönheit
Ein wesentliches Element unserer derzeitigen Medienkultur besteht in der pausenlos zelebrierten Apotheose auf die Schönheit der menschlichen, insbesondere der weiblichen Erscheinung. Da werden uns die modisch gestylten, gertenschlanken Traumkörper der Mannequins vorgeführt oder der zarte Schmelz einer lupenreinen Alabasterhaut. Da bekommen wir Augen wie Edelsteine zu sehen, um die sich keine Fältchen kräuseln. Frauengesichter in ihrer besten Jugendblüte werden von einem bezaubernden Lächeln umspielt. Schwellende Lippen geben blendend weiße Zähne frei. Eine Woge prachtvoll gesunden Haares ergießt sich auf eine nackte Schulter, die aus Marmor gemeißelt erscheint. Jahrhundertbusen präsentieren sich in ihrer Pracht. Grazien zeigen ihre beklemmend wohlgeformten Beine, überall Liebreiz und der Glanz einer traumbildhaft-schönen Körperlichkeit.
Der Besitz von Schönheit suggeriert den Mädchen und jungen Frauen – die dem Venuskult verfallen sind – die Glückswonnen eines aufregenden, reichen und mit Prinzenliebe erfüllten Lebens. Wen wundert es, dass in der heutigen Zeit so viele Menschen – auch Männer – diesen seeligkeitsverheißenden Schönheitsidealen nachjagen und dass andererseits bei all jenen so viel Verzweiflung um sich greift, bei denen alle kosmetischen Prozeduren, Outfit-Experimente und Hungerkuren die Unzufriedenheit mit dem eigenen Aussehen nicht haben beseitigen können. Der gewählte schöne Partner erlaubt wenigstens für begrenzte Zeit eine identifikatorische Teilhabe an seiner Prächtigkeit und deren Mitgenuss.

Ich will auf mögliche andere Ich-Ideale an dieser Stelle nicht näher eingehen. Es gibt noch dutzende von leitmotivischen Zielen und Lebensentwürfen, die ich nicht erwähnt und behandelt habe, aber ich hoffe, dem Leser ist deutlich geworden, worum es im Prinzip in diesem Kapitel geht.
Die Wahl des superioren (das heißt mir überlegeneren, »höherwertigen«) Partners muss sich nicht auf die Kategorie »Ich suche mir ein Liebesobjekt, das mein Ich-Ideal verkörpert« beschränken.

Es kommt nicht selten vor, dass sich jemand in einen Menschen verliebt, der schlicht »eine Nummer zu groß« für ihn ist, der von seinem Persönlichkeitsformat, seiner Reifestufe, seiner Bildung, der Fülle seiner Fähigkeiten und Interessen her gesehen, so stark zu dem Wählenden kontrastiert, dass ein Zusammenpassen ausgeschlossen erscheint. Auch hier ist die Gleichwertigkeitsbalance gestört, eine für jede Partnerbeziehung wichtige Erfolgskomponente. Zwei Menschen, die ein Paar bilden wollen, sollten gleichrangig sein, eine in etwa gleichgewichtige Persönlichkeitssubstanz auf die Waagschale bringen und nicht nach dem Motto verfahren: Leichtgewicht heiratet Schwergewicht.

6.2 Die spezifischen Gefahrenmomente bei der Wahl des superioren Partners

Da ist einmal die Möglichkeit zu vermerken, dass sich die ersehnte Großartigkeit des Partners als Täuschung entpuppt. Entweder hat der Wählende den anderen idealisiert und nach seinen Wünschen zurechtgebogen, oder aber das Liebesobjekt selbst hat in hochstaplerischer Manier seine Qualitäten hochgepuscht und seinen Partner über seine wahre Beschaffenheit gründlich getäuscht. Das Ergebnis ist das Gleiche: Der begehrte andere verliert seine Anziehungskraft.

Drei weitere Störfaktoren verdienen Erwähnung:

a) Die anfangs genossene Höherrangigkeit des Partners wird häufig nur eine begrenzte Zeit ertragen. Spätestens wenn die Verliebtheit nachlässt und das innige Verschmolzensein mit dem Partner immer mehr der Besinnung auf die eigene Identität weicht, wird die Ungleichwertigkeit der Ressourcen und Fähigkeiten vom Minderbemittelten als Kränkung erlebt.

b) Diese Kränkung führt dann unter Umständen dazu, dass er sich bemüht, den anderen einzuholen und an dessen Leistungen heranzukommen: Ein wilder Konkurrenzkampf beginnt, der das bisherige gute Einvernehmen empfindlich stört und obendrein noch meistens zu Ungunsten des Herausforderers endet.

c) Das größte Problem aber stellt der aufkommende Neid dar: Der andere hat, was ich nicht habe, er ist, was ich nicht bin, er kann, was ich nicht zuwege bringe. Das Erleben von Neid gehört zur menschlichen Grundausstattung; Neid ist eine anthropologische Kategorie und ergibt sich aus der grundsätzlichen Chancenungleichheit der Erdenbürger in Bezug auf materielle Güter, Lebensglücksumstände und körperliche und psychische Ausstattung. Wir Menschen sind verschieden, wir zerfallen in Begünstigte und Stiefkinder des Schicksals, in Reiche und Arme, in Begabte und Unbegabte, in Gesunde und Kranke, in Vitale und Schwächliche, in heitere Naturen und traurige. Wenn Individuen diese Differenz an Lebens- und Glücksmöglichkeiten zwischen sich und einem anderen, zum Beispiel dem Partner, wahrnehmen und selber in der Position des Mangelleiders stehen, dann ist Neid oft die natürliche Folge. Neidgefühle können still in sich hineingefressen werden und das eigene Selbstwertgefühl unerträglich mindern, sodass sich die betreffende Person neben ihrem so viel reicher ausgestatteten Partner klein, mies und wertlos vorkommt. Sie können aber auch eine expansive, nach außen gerichtete Verarbeitungsform annehmen und zielen dann darauf ab, den anderen herabzusetzen und zu demontieren. Menschen mit einer Neidproblematik haben als Kinder in der Regel sehr schmerzhafte Erfahrungen mit Ungleichheit oder Zurücksetzung gemacht. Da wurde ein Geschwister unverdientermaßen vorgezogen oder wegen seines anderen Geschlechts besonders geliebt. Da wuchs ein Kind aus einem armen Elternhaus inmitten von reichen und privilegierten Spiel- und später Schulkameraden auf und bekam tagtäglich seine eigene Benachteiligung vor Augen geführt. Besonders negativ für die Persönlichkeitsentwicklung des heranwachsenden Babys wirkt sich jedoch das Schicksal des Unerwünschtseins aus. Ungeliebten Kindern wird das wichtigste Lebenselixier für ein gedeihliches Heranwachsen und Aufblühen vorenthalten: nämlich Liebe und freudige Akzeptanz, sodass sie im Verhältnis zu einem normalen Kinderleben extrem benachteiligt sind. Der entstehende Schaden ist gar nicht abzusehen. Im schlimmsten Fall kann der so Benachteiligte kein Selbstbewusstsein und keine Liebesfähigkeit entwickeln. Ihm fehlt es an Güte, an Mitgefühl und am wärmenden Strom fundamentalen Wohlwollens gegenüber anderen Menschen. Nun gibt es Individuen, in deren Biographie die Entwicklung von Neid eine hervorstechende Rolle spielt. Es handelt sich dabei um die sogenannten narzisstischen Persönlichkeiten. Sie müssen gerade diejenigen, von denen sie abhängig sind, beneiden, weil diese »Liebe und Güte in sich haben und sogar anderen Menschen Gutes gönnen« (O. F. Kernberg, 1975, S. 198). Aufgrund der leidvoll gespürten eigenen Mangelhaftigkeit und emotionalen Leere löst das Gute, das sie bei anderen Menschen wahrnehmen, Neid und heftige Wut bei ihnen aus. Um nun aber von diesen destruktiven Gefühlen nicht überwältigt zu werden, wendet ihre Seele unbewusst eine List an: Sie entwertet das Liebesobjekt, setzt es herunter. Auf diese Weise hört es auf, begehrenswert zu sein. Der Narzisst kann sich von seinem – nun gering geschätzten – Partner zurückziehen und zwischen sich und dem anderen eine kaum überbrückbare Distanz errichten. Die Beziehung ist damit zerstört.

6.3 Verdursten neben der Quelle

Ein häufig vorzufindendes seelisches Szenario im »Bereich der Wahl des superioren Partners« ist das scheinbare Attraktivitätsgefälle zwischen Mann und Frau. Er oder sie erobern ein Liebesobjekt von vermeintlich hohen erotischen Qualitäten. Im Schatten dieses Traumpartners beginnen die Betreffenden aber, sich alsbald unwohl zu fühlen. Das ernüchternde Bewusstsein von der eigenen seelischen oder ästhetischen Insuffizienz lässt den anderen besonders kostbar erscheinen. Frauen zum Beispiel beobachten mit wachsender Selbstmissbilligung das Nachlassen ihrer weiblichen Reize durch den Alterungsprozess. Sie kommen sich plötzlich grau-mausig und ohne besonderen Charme vor und fürchten um ihre Liebenswertheit. Der ausbleibende Kniefall der Männerwelt vor ihrer schwindenden Jugendlichkeit erzeugt eine tiefe Beunruhigung. Sie fühlen sich gegenüber ihrem Partner immer weniger ebenbürtig und meinen, ihn nicht mehr zu verdienen. Aber anstatt um den anderen zu werben oder durch die Entwicklung besonders liebenswerter Charakterzüge das gefährdete Gleichgewicht wieder herzustellen, verschieben sie ihren Beziehungsschwerpunkt auf phantasierte Außenobjekte. Mit wehmütiger Sehnsucht kreisen ihre Vorstellungen um ihre einstige Sturm- und Drangzeit mit ihren erotischen und sexuellen Möglichkeiten und Erlebnissen. Die Komplimente ihres scheinbar so attraktiveren Partners können sie nicht annehmen. Sie finden sie verlogen oder einer unbedachten Routine entsprungen. Auch wenn er um sie wirbt – sie weisen ihn zurück. Das Paradiesgärtlein mit seinen schmackhaften Früchten direkt hinter dem eigenen Haus wird verschmäht. Sie sitzen an der Quelle, hören das Wasser sprudeln, aber unterlassen es, ihren zunehmenden Durst daraus zu stillen. Sie machen von dem, was ihnen das Schicksal bereithält, keinen Gebrauch. Stattdessen leiden sie still vor sich hin, tigern unruhig und unerfüllt durch die Welt oder versuchen, durch permanentes Flirtverhalten die Illusion des eigenen Begehrtseins aufrechtzuerhalten. Aus Angst vor Zurückweisung und aus Stolz klopfen sie nicht an die heimische Pforte, sondern versuchen, sich außer Haus zu beweisen. Der scheinbar attraktivere Partner fühlt sich zurückgewiesen, da seine Bemühungen um liebende Intimität kein Echo finden. Er wird aggressiv oder zieht sich zurück und verstärkt durch seine Abkehr genau die Befürchtungen, die der andere schon lange hegte. Ein unheilvoller Zirkel kann in Gang kommen.

7. KAPITEL

Der inferiore Partner

Eine Episode aus der Frühzeit meiner Berufspraxis werde ich nicht vergessen: Ich war gerade frisch gebackener Diplompsychologe und hatte ein Anamnesegespräch mit der Mutter eines verhaltensgestörten Kindes. Irgendwann kam die Rede auf ihre Ehe, das Kennenlernen, die Heirat. Wer beschreibt mein Erstaunen, als Frau F. erklärte, sie habe ihren Mann auch deswegen geheiratet, weil sie ihn nicht liebe. Die Abwesenheit von Liebe habe ihr diesen Schritt überhaupt erst möglich gemacht. Es stellte sich dann heraus, dass ihr Ehemann weder reich noch eine gute Partie noch sonst irgendwelche Vorzüge hatte. Er war zweite Wahl. Sie erlebte ihn aufgrund seines fortgeschrittenen Alters und seines kleinbürgerlich-ärmlichen Zuschnitts als nicht ebenbürtig, sondern wertmäßig unter sich stehend. Dieses von ihr so deutlich wahrgenommene Gefälle war geradezu die Voraussetzung dafür, dass sie mit ihm überhaupt eine Verbindung eingegangen war. Spätestens an dieser Stelle wurde mir damals klar, in welch unergründliche Gefilde der Motivation sich die menschliche Seele versteigen kann. Die Welt des Paradoxen mit ihrer eigenen, jenseits der Schulweisheit liegenden Logik tat sich vor mir auf. Heute sehe ich das natürlich anders. Das rätselhafte Verhalten von Frau F. erscheint mir nun in einem sehr durchschaubaren Zusammenhang. Inzwischen habe ich nämlich dutzende von Paarbeziehungen kennen gelernt, die einem ähnlichen Wahlmodus folgten. Es wird sich im Laufe dieses Kapitels herausstellen, wie scheinbar sinnvoll es für bestimmte Personen ist, sich einen Partner zu wählen, der ni veaumäßig unter ihnen steht, der dürftiger, unattraktiver, seelisch kränker, untalentierter, gehemmter, hässlicher, schwächer oder erfolgloser im Leben ist, als sie selbst es sind.
Ich will an dieser Stelle das Charakterprofil von Personen kurz andeuten, die sich besonders gut für eine inferiore Rolle (im Rahmen einer Paarbildung) eignen.

7.1 Persönlichkeitsvarianten, die als inferior erlebt werden

Da wäre einmal der schul- und bildungsmäßig defizitär ausgestattete Mensch, der aus sozial bescheidenen Verhältnissen stammt, einer »niedrigen« Schicht angehört, sich mit Fremdwörtern, Fremdsprachen und der Etikette schwer tut und den diskreten Charme der Bourgeoisie weitgehend vermissen lässt.

Ich nenne weiterhin das grau-mausige, unattraktive, ja hässliche Entlein, das auch sonst die personifizierte Mittelmäßigkeit verkörpert und sich am liebsten im Schatten ihres so viel ansehnlicheren Gatten aufhält (das männliche Pendant dazu wäre der hässliche Frosch).

In diese Rubrik gehört weiterhin der schüchterne und gehemmte Mensch, der an einem Gefühl des existenziellen Unwertes und an kleinmütigen Selbstzweifeln leidet, sich wurmhaft und winzig phantasiert und nicht begreifen kann, wie man einer Null wie ihm überhaupt Sympathie, geschweige denn Liebe entgegenbringen kann.

In die gleiche Kategorie fallen letztendlich alle seelisch schwer gestörten Menschen, die von Ängsten, Scham- und Schuldgefühlen bedrängt, von Komplexen geplagt, von melancholischen Stimmungen gebeutelt, fast täglich um ihr emotionales Überleben kämpfen müssen und infolge ihrer Mangelwesenhaftigkeit übermäßig bedürftig und von Hilfe, Stützung und liebender Zuwendung abhängig sind.

Ich erwähne weiterhin die haltlosen, labilen und charakterlich schwachen Personen, die verwahrlosungsgefährdeten und süchtigen; auch jene, die mit dem Gesetz in Konflikt gekommen oder gefährdet sind, in das kriminelle Milieu abzudriften – kurz gesagt also Menschen, die mit einem sozialen Makel behaftet sind und in unserer Gesellschaft als anrüchig gelten.

In die Gruppe der inferioren Partner fallen auch die unreifen, auf einer kindlichen oder pubertären Entwicklungsstufe stehen gebliebenen Menschen. Ich denke da zum Beispiel an die Kindfrau, die sich in kleinmädchenhafter Unschuld an die starke Schulter eines Vater-Ersatz-Mannes lehnt, oder an Männer, die ewig nach einer Mami suchen, die sie an ihre nährende Brust nimmt.

Eine Spielart der eben geschilderten Charaktere stellt die angst-neurotische Persönlichkeit dar. Hierbei handelt es sich um Men-schen, die sich dem Lebenskampf mit seinen täglichen Mühen, Querelen und kleinen Bedrohungen nicht gewachsen fühlen. Ihr Vertrauen in die eigenen Fähigkeiten ist eher gering (»Ich kann nichts!«). Gefühle der Ohnmacht und der Hilflosigkeit gegenüber einer Welt voller Fallstricke und unberechenbarer Gefahren prä-gen ihre Lebensgrundstimmung. Sie vermeiden, wo sie nur irgend können, alle Situationen, die ihnen Angst machen. Sie suchen nach einem verlässlichen und starken Partner, den sie dann idealisieren.

Auf manche Personen, die auf Partnersuche sind, übt der Bezie-hungsgestörte eine besondere Anziehung aus. Sei es, dass der/die Betreffende besondere Berührungsängste hat, sich überhaupt ein-zulassen; misstrauisch ist; eine Kette von gescheiterten Beziehun-gen hinter sich hat, nun maßlos enttäuscht ist und nicht mehr an die Möglichkeit von Liebe glauben kann. Sei es, dass er/sie zu star-ker Eifersucht neigt, den Partner übertrieben heftig kontrolliert oder sogar schlägt; oder nach Tagen übermäßiger Nähe und Inti-mität plötzlich den Rückzug antritt, auf Distanz geht, Gefühlsab-brüche provoziert, den anderen emotionalen Wechselbädern aus-setzt, starke Bindungsängste signalisiert oder ein Gefühl der lie-benden Verbundenheit nur über eine begrenzte Zeitspanne auf-rechterhalten kann – er/sie erscheint einem zukünftigen, bestimm-ten Partner gerade deswegen attraktiv und begehrenswert.

Zum Abschluss – stichwortartig – noch drei häufig vorkommende Typen:

– der berufliche Versager: er hat eine Kette von Pleiten, Kündi-gungen und verpassten Starts hinter sich und ist nun von sozia-lem Abstieg bedroht;
– der feminin-weiche, unselbstständige, unterordnungsbereite Mann mit dem Charme und der sprühenden Lebendigkeit des großen, unbedarften Jungen;
– der sexuell indifferente, sexuell gehemmte, impotente/frigide, sexuell ängstliche, sexuell nicht fordernde Mensch.

7.2 Die Motive für die Wahl des inferioren Partners

Warum, so wollen wir fragen, wird von diesen Personen gegen das so wichtige Beziehungsgesetz von der notwendigen Gleichwertigkeitsbalance verstoßen? Was veranlasst Menschen, sich ein Liebesobjekt auszusuchen, dem sie sich rangmäßig überlegen fühlen und das sie im tiefsten Grunde ihres Herzens oft nicht achten können? Die Motive für dieses Verhalten sind – wie fast immer – vielfältig und komplex. Ich zähle die wichtigsten auf:

a) Solidarität und »Mitleid mit der erbarmungswürdigen Kreatur« Der seelisch, physisch, geistig oder sozial Benachteiligte oder Schwache löst bei bestimmten Personen Beschützerinstinkte aus und das von Mitleid getragene Streben, diesem Armen zu helfen und seine Wunden zu heilen. In der Regel kennt der Hilfe Anbietende die Not des anderen aus eigener bitterer Erfahrung. Er war selbst einmal ein gequältes, hässliches oder herumgestoßenes Kind oder stand ewig im Schatten eines begabteren und attraktiveren Geschwisters. Vielleicht wuchs er aber auch an der Seite einer Mutter heran, deren ständiges Herzeleid seine ganze Kindheit verdunkelte. Alle damaligen Versuche, Mutters Kummer zu lindern oder abzustellen, scheiterten aber an der Unreife seiner ihm zur Verfügung stehenden Mittel. Im inferioren Partner erlebt er selber oder seine einstmals so bedrängte Mutter eine Art Wiedergeburt. Stellvertretend am Partner kann er die seelische Not von einst wieder gutmachen und so vermeintlich aus der Welt schaffen.

b) Abwehr von Rivalitätsängsten, von Ohnmachts- und Hilflosigkeitserleben
Es gibt Menschen, die in ihrem Partner zwangsläufig den Rivalen ausmachen; die es nicht ertragen können, wenn der andere etwas besser kann als sie oder ihnen, wo auch immer, auch nur eine Nasenlänge voraus ist. Jede gelungene Leistung des Partners, jede lobenswerte Verhaltensweise seinerseits wird als Herausforderung erlebt, es ihm gleichzutun, oder als Gefahr angesehen, von ihm überflügelt zu werden. Im Grunde genommen ist das Liebesobjekt ihr potentieller Feind. Der andere könnte sie besiegen und ihnen

seinen Stempel aufdrücken. Er könnte stärker und mächtiger werden als sie, sie unterjochen, kontrollieren und sie in das alte Elend der Kindheit, das heißt in Ohnmacht und Hilflosigkeit, zurückstoßen. Da sie aber nichts mehr fürchten, als einer überlegenen Macht ausgeliefert zu sein, kommt für sie ein starker Partner mit Durchsetzungsvermögen erst gar nicht in Betracht. Sie suchen den unbezweifelbar Unterlegenen, der aufgrund seiner Sanftmütigkeit und Anpassungsbereitschaft weder zum Konkurrenten taugt noch das Zeug zum Machtmenschen hat. In der Gegenwart eines Schwächeren können sie entspannen und ihre Habachtstellung aufgeben. Und gerade weil ihre eigene dominante Position fraglos und wie selbstverständlich akzeptiert wird, entfällt der sonst zwangsläufig ausbrechende Ehekrieg um die existenziell wichtige Entscheidung, wer unter dem gemeinsamen Dach das Sagen hat.

c) Die Angst vor der Ungleichwertigkeit
Die häufigste Ursache für die Wahl eines nicht-ebenbürtigen Partners wurzelt in einem gefährdeten Selbstwertgefühl. Die betreffenden Menschen leiden an einem narzisstischen Defizit, an einem Mangel an Selbstliebe und an einem ausgedehnten Insuffizienzerleben. Sie benötigen einen Vorsprung an augenfälligen Vorzügen, wie gutes Aussehen, Jugendlichkeit, berufliche Erfolge oder materieller Wohlstand, um gegenüber einem potenziellen Liebesobjekt bestehen zu können. Die Angst vor der Ungleichwertigkeit bringt sie dazu, unter Niveau, nicht »standesgemäß« zu heiraten. Obwohl der äußere Augenschein und die übrigen Lebensumstände ganz für sie sprechen, können sie sich nur bei einem Menschen einigermaßen wohl und sicher fühlen, dessen Persönlichkeit leichter wiegt als die ihre.
Attraktive Männer heiraten manchmal ausgesprochen unscheinbare Frauen aus Angst vor männlichen Konkurrenten. Bei der Vorstellung, sie hätten eine schöne und begehrenswert-erotische Frau an ihrer Seite, wird ihnen sehr beklommen zumute. Sie fürchten die Rivalität mit Artgenossen auch deshalb, weil sie sich von Anfang an als Verlierer eines Wettbewerbs wähnen nach dem Motto: »Ich kann doch keine schöne Frau halten!«
Helen G. sucht sich Partnerschaften, bei denen von Anbeginn feststeht, wer in der Beziehung der glücklich Beschenkte und wer der Gebende ist. Sie, die Mittvierzigerin, verteilt ihre Gunst an

ältere Männer (65 bis 80 Jahre) und arrangiert damit automatisch eine Situation, in der sie den besseren Part spielt. Natürlich weiß Helen, dass sie bei ihrem guten Aussehen jederzeit auch jüngere Verehrer finden könnte. Aber vor denen hat sie Angst, weil sie sich der Stabilität ihres Selbstwertgefühls so wenig sicher sein kann und sie schon kleine Ungleichgewichte in der Paarkonstellation in den Abgrund der Selbstverdammung stürzen können. Für die Alten dagegen ist sie eine unbezahlbare Kostbarkeit. Diese Männer – die nicht selten schon an der Schwelle des Todes stehen und sich mit der zunehmenden Verdunkelung ihrer Existenz mühsam abgefunden haben – können noch einmal im Leben eine existentiell erfüllende Erfahrung machen: Sie dürfen aus dem Born der Jugend und Liebe schöpfen und unter dem Streicheln ihrer Liebsten vielleicht das letzte Mal aufblühen. Helen erfährt immer wieder, welches Ausmaß an Glück sie spenden kann, wie unersetzbar wichtig sie für diese Menschen ist, welch echtes und tiefes Gefühl ihr da entgegenkommt und welch enorme Wertschätzung sie von ihnen erfährt. In der Position der Gebenden erlebt sie weder die Selbstzweifel an ihrer Person noch ihre sonstigen Insuffizienzen. Sie wird gebraucht, aber sie ist selber nicht im gleichen Maße angewiesen auf die Gunst der anderen.

Apropos Gebrauchtwerden! Zur vorliegenden Thematik gehört auch die »Wahl eines Pfleglings«. Gemeint ist damit jene Konstellation, dass sich manche Personen, in der Regel sind es Frauen, einen Partner suchen, der krank, seelisch gestört, problembeladen, beruflich gescheitert ist oder die nötige Erwachsenenreife vermissen lässt und der dringend einer stützenden Hand bedarf, um im Alltag überhaupt zurechtzukommen. Seine Hilfsbedürftigkeit mobilisiert ihren ausgeprägten Wunsch, für diesen armen, lebensuntüchtigen Menschen zu sorgen, ihm Trost und wärmenden Beistand angedeihen zu lassen. Die tieferen Gründe für dieses Verhalten liegen ebenfalls in einer Selbstwertproblematik. Das Individuum in der Helfer-Position kann sich nämlich nicht vorstellen, um seiner selbst willen geliebt zu werden, da es den eigenen Wert völlig gering einschätzt. Ihm steht keine Liebe zu, es sei denn, es verdient sich welche durch Opferbereitschaft und bedingungslosen Einsatz für den anderen.

Die eingangs des Kapitels erwähnte Frau F. (die mich als jungen Psychologen so aus der Fassung gebracht hatte) litt ebenfalls an einem stark gedrückten Selbstwertgefühl, einer narzisstischen Störung. Das war der Grund, weshalb sie einen Mann heiratete, der durch seine bescheidenen Qualitäten recht weit unter ihrem eigenen Niveau angesiedelt war. Sie liebte diesen Mann ausdrücklich nicht. Die Abwesenheit von Liebe und das Wissen um seine Schwächen ermöglichten es Frau F., die innere Gleichwertigkeitsbalance zwischen sich und ihrem Gatten aufrechtzuerhalten. Einen ebenbürtigen Partner hätte sie einfach nicht verkraften können, deshalb wählte sie das kleinere Übel, nach dem Motto: »Lieber einen miesen Mann als jemanden, in dessen Glanz ich mich ständig wurmhaft klein und wertlos fühle!«

Ein anderes Fallbeispiel: Marlies P. hat zwar ein klar umschriebenes Bild von ihrem Ich-Ideal (»So möchte ich sein!«), weiß sich aber in vielen Eigenschaften meilenweit von ihren Traumvorstellungen entfernt. Sie bewundert deshalb Männer, die all jene Attribute besitzen, die ihr angeblich abgehen, Männer, die souverän mit Menschen umgehen, herzhaft zupacken und nein sagen können, die Wünsche äußern und zu ihnen stehen, die kreativ und lebendig sind, Sport treiben und Erfolg im Beruf haben. Marlies muss es aber bei der Bewunderung dieser Menschen belassen. Sie kann sie nur aus der Ferne anschwärmen. Eine Liebesbeziehung mit einem Mann dieses Kalibers ist ihr unmöglich, da sie sofort wider Willen in wilde Rivalitätskämpfe gerät und quälenden Neid über seine Qualitäten – die sie auch gerne hätte – empfindet. Ihr Neid wird so mächtig, dass er die ganze Beziehung vergiftet. Sie fürchtet sich vor ihrem Neid. Er hebt sie aus den Angeln und setzt eine Destruktivität frei, vor deren Wucht sie zu Recht erschrickt. Es bleibt ihr nichts anderes übrig, als ein Anti-Idol zu wählen, also einen Partner, der all die von ihm bewunderten Selbstanteile nicht hat und in ihren Augen deshalb minderwertig ist.

d) Der inferiore Partner als Sündenbock oder Quälobjekt
Wir alle kennen und fürchten es: Nicht um unserer selbst willen geliebt zu werden, sondern einer Dienstbarkeit wegen. Partner können funktionalisiert und dazu gewählt werden, einen bestimmten Zweck zu erfüllen. Sie dienen dazu, das eigene seelische Gleichgewicht zu stabilisieren oder Triebbefriedigung zu spenden. Zum ausbeuterischen Missbrauch der Dienste und Gefühle einer Person eignen sich natürlich besonders jene Menschen, die den

Makel der Unzulänglichkeit tragen und sich selber für wertlos halten: die Pechvögel und Nichtskönner, die Erfolglosen und ewig Kränkelnden, die Schwachen und Geduckten, die Hässlichen und die Berufsversager. Sie können nach eigenem Urteil – aufgrund ihrer fehlenden Attraktivität – keine liebevolle Behandlung erwarten. Sie haben im Gegenteil eine lebenslange Dankesschuld gegenüber ihrem Liebesobjekt abzutragen und dürfen sich glücklich schätzen, wenn es ihnen gnädig erlaubt wird, an seiner Seite zu leben und sich nützlich zu machen. Partner können als Sündenbock oder Quälobjekt missbraucht werden:

– Im Kampf gegen die eigenen negativen Selbstanteile!
Der eine verkörpert und lebt die bösen, abgelehnten Eigenschaften des anderen. Statt sich in Selbstanklagen zu ergehen und die eigenen Wunden zu lecken, wird nun der inferiore Partner wegen eben jener Schlechtigkeiten (zum Beispiel Schlampigkeit) beschimpft und getreten.

– Um sich selber aufzuwerten!
Der eine kann sich an der Kleinformatigkeit und Schwäche des anderen aufrichten und sich im Kontrast zu ihm großartig vorkommen. Das baut das Selbstwertgefühl mächtig auf. Wir gebrauchen die Underdogs unserer Gesellschaft, um uns selber – im Vergleich mit ihnen – als was Besseres zu fühlen.

– Um Verantwortung abzuschieben!
Es ist ein beliebtes Spiel, dieses »Du bist schuld!« Das kann so weit gehen, dass der andere für das eigene unglückliche Leben verantwortlich gemacht wird. »Weil ich mit dir lebe, geht es mir so schlecht, fühle ich mich so unausgefüllt und um die Möglichkeiten einer befriedigenden Existenz betrogen. Du bist die Quelle meines Kummers, mein Sargnagel.« Der Frustrierte wehrt auf diese Weise ab, dass er selber es ist, der für sein Wohlergehen Verantwortung trägt. Er weicht der Tatsache des eigenen Gescheitertseins aus und erspart sich auf diese Weise Selbstvorwürfe und Selbstentwertungen.

– Um ein nicht-integriertes, aus der Kindheit stammendes Hasspotential an einem allzeit zur Verfügung stehenden Prügelknaben zu entladen!

Insofern dient hier der inferiore Partner der Psychohygiene des anderen: der würde ohne ihn so unter aggressiven Druck geraten, dass seine seelische Stabilität ernstlich gefährdet wäre.

– Als Opfer in der Beziehung zu einem verkappten Sadisten!

Ich will für diesen Fall gleich mit einem charakteristischen Beispiel aufwarten, das allerdings typisch für die Zeit der Eltern- und Großelterngeneration ist:

Eine junge, unverheiratete Mutter mit einem unehelichen Kind galt früher in weiten Kreisen der Bevölkerung als moralisch suspekt, das heißt mit einem Makel behaftet. Sie hatte ihrer Familie Schande bereitet und konnte oft nicht erwarten, nun einen ihr gemäßen Lebenspartner zu finden. Fand sich doch ein Mann, der sie trotz ihres Vergehens heiratete, so hatte sie ihm dankbar zu sein und eventuelle charakterliche Mängel seinerseits in Kauf zu nehmen. Sie musste ja froh sein, überhaupt noch »unter die Haube« gekommen zu sein. Unter den Männern, die eine Frau mit einem unehelichen Kind ehelichten, befanden sich nicht selten solche, die verborgene sadistische Neigungen hatten und für die eine vom Schicksal bestrafte, zu Demutsgesten bereite Frau geradezu ein willkommenes Opfer darstellte. Ihre seelischen Grausamkeiten bestanden nun darin, ihrer Gattin den »Fehltritt« von einst in allen nur denkbaren Anspielungen – oder im Streit direkt – immer wieder vorzuwerfen und sie deswegen moralisch fertig zu machen. Ihrem Stiefkind gegenüber traten sie oft stark kontrollierend und strafend auf. Nur wenn es besonders brav, tugendsam und leistungsstark in der Schule war, wurde ihm seine Bastard-Existenz halbwegs nachgesehen.

– Um eigene Probleme zu verleugnen oder sie mit Hilfe des Partners zu therapieren!

Männer oder Frauen, die einen depressiven, angstkranken, süchtigen oder selbstwertgestörten Lebensgefährten haben, kranken oft selber – in abgeschwächter Form – an der gleichen Problematik. Sie haben sich einen seelisch beeinträchtigten (inferioren) Partner gesucht, um über den Weg der Auseinandersetzung mit dessen Leiden die eigenen Schwierigkeiten nicht sehen und fühlen zu müssen. Indem der eine zum Beispiel seine Depressionen offen auslebt, kann der andere seine eigenen depressiven Anteile in der Latenz halten. Der Partner bekommt die Krankenrolle zugeschrieben, er selber gilt als der Gesunde. Als Gesunder kann er sich nun tröstend und pflegerisch um den anderen kümmern oder ihm wegen seiner eingeschränkten Lebenstüchtigkeit Vorwürfe machen. Er hat großes Interesse daran, dass sein Partner krank bleibt. Denn nur so lange er krank ist und sich damit als der Schwächere und Hilfsbedürftigere ausweist, funktioniert diese Form der »interpersonalen Abwehr«.

Zu dem hier angesprochenen Thema gehört auch die Wahl eines sexuell gestörten Partners. Sowohl Männer als auch Frauen, die sexuell verklemmt sind, an diversen sexuellen Ängsten und Skrupeln leiden, an sexueller Lustlosigkeit kranken, schwer zum Orgasmus kommen oder wenig lustvolle Befriedigung im sexuellen Akt finden, neigen manchmal aus Scham dazu, diese Schwierigkeiten vor einem Partner zu verheimlichen. Sie kommen sich minderwertig vor und schätzen ihre Attraktivität deswegen nur gering ein. Häufig sind es Frauen, die ihre diesbezüglichen Insuffizienzen erfolgreich verbergen. Ihr anatomischer Vorteil – Frauen »können immer« – ermöglicht ihnen Sexualität, egal, ob die damit korrespondierende emotionale Seite intakt ist oder nicht. Sie fühlen sich nicht selten gerade von solchen Männern angezogen, die offenkundig sexuelle Störungen haben (erektive Impotenz, vorzeitiger Samenerguss, sexuelle Berührungsängste, sexuelle Lusthemmung) und die für ein entgegengebrachtes Verständnis von Seiten der Partnerin äußerst dankbar sind. Die Vorteile für denjenigen, der sein Problem im Verborgenen lässt, liegen auf der Hand:

- Wenn sich der andere mehr schämt als ich, muss ich keine Scham empfinden, auch wenn ich später mal meine »kleinen Schwierigkeiten« offenbare.
- Wenn der andere mehr Angst vor der Sexualität hat als ich, brauche ich keine mehr zu haben.
- Wenn sich der andere selbst abwertet und ganz mies vorkommt wegen seiner Unfähigkeiten, kann ich stolz den Kopf erheben und mich dem Geschlagenen gönnerhaft zuwenden.
- Wenn wir beide sexuell unbefriedigt bleiben, ist automatisch der offen Gestörte daran schuld. Die Schuldfrage ist von Anfang an geklärt. Ich muss mir keine Vorwürfe machen.
- Der andere wird mich sexuell wenig fordern und mich keinem Leistungsdruck aussetzen. Angesichts seiner Schwierigkeiten werde ich mutig und traue mir Dinge zu, die ich gegenüber

einem sexuell Gesunden nie wagen würde. Vielleicht kann ich ihn heilen. Ja, vielleicht werden wir ein therapeutisches Team und befreien uns durch wechselseitige Liebesdienste beide von unserem Leiden.

Die unbewusste Phantasie von einer Erlösungsgemeinschaft führt zu der hoffnungsvollen Überzeugung, eigene Probleme durch die »Therapie« des Partners ebenfalls beseitigen zu können.

e) Liebe und Lieben als Gefahr
Es gehört zur täglichen Therapie-Erfahrung des Psychoanalytikers, dass Patienten über spezielle Beziehungsängste klagen. Für manche Menschen stellt die zunehmende Annäherung an ein Liebesobjekt eine regelrechte Bedrohung dar. Sie fürchten sich, vom Partner abhängig zu werden, dem anderen zu verfallen, ohne ihn nicht mehr leben zu können oder – in abgemilderter Form – unendlich bedürftig zu werden und damit auf seine Liebe und Zuwendung existenziell angewiesen zu sein. Umgekehrt können sich jene Menschen vor den vermeintlichen Ansprüchen und Forderungen des Partners ängstigen und die große Furcht haben, von ihm ausgebeutet, aufgefressen, ausgesaugt, »gekrallt« und jedes Freiraumes beraubt zu werden. Hier drohen die Gefahr des Selbstverlustes und die Möglichkeit, der eigenen Individualität verlustig zu gehen. Ein anderes Horrorszenario ist die Vorstellung von einer zu großen Nähe und Intimität im Raum der Beziehung, was zu Entgrenzung und seelischer Selbstauflösung führen könnte und die Person in ihrem Bestand als abgegrenztes Individuum bedroht. Als Ausweg aus diesem Dilemma – ich wünsche mir eine Partnerschaft, aber habe Angst davor – bieten sich folgende Lösungen an:
Ich wähle mir einen Partner, den ich nicht liebe! Der mich mehr braucht als ich ihn! Der nach meiner Pfeife tanzt! Der keine Ansprüche an mich stellt und zufrieden ist mit dem, was ich ihm zu geben bereit bin! Der mir die Kontrolle über unsere Beziehung ermöglicht und der es zulässt, dass ich verfügen kann, was geschieht! Ich habe es dann in der Hand, den Grad von Nähe und Distanz in der mir erträglichen Form zu bestimmen.
Kurz gesagt, es wird der inferiore Partner ausgesucht, der dem anderen ein Gefühl des Überlegenseins gibt. Der Überlegene kann nun die Geschicke der Zweierbeziehung, insbesondere die Nähe-

Distanz-Balance, selbst steuern und muss keine Angst mehr vor ihr haben.

Eine Patientin berichtet: »Ich habe mir einen Mann gesucht, der mit mir nicht gleichrangig ist. Mein Partner braucht mich. Ich genieße es zu sehen, wie er betört ist von meiner Kunst der Einfühlung und wie nah ich ihm durch mein Verstehen kommen kann. Ich habe eine große Bedeutung für ihn, und das ist eine riesige Bestätigung für mich. Ich habe mir einen unterlegenen Mann ausgewählt, damit ich die Nähe oder Distanz, die zwischen uns sein soll, kontrollieren und bestimmen kann, den ich wegschicken und wieder zu mir heranholen kann, ganz wie ich es möchte.«

f) Der Wunsch oder die Verpflichtung, für einen (eine) Schwachen oder Leidenden da zu sein

Im dritten Kapitel dieses Buches – als es um die Vater/Mutterübertragung auf den Partner ging – war unter anderem davon die Rede, dass erwachsene Menschen in ihrem Liebesobjekt die gequälte, darbende oder seelisch kranke Mutter ihrer Kinderjahre »wiederfinden« und nun im zweiten Anlauf versuchen, sie von ihrem Leiden zu erretten.

Ein Patient berichtet: »Als ich selber noch ein Kind war, hatte ich ganz furchtbares Mitleid mit meiner Mutter. Sie war eine chronisch kranke, kleine und zarte, mädchenhaft anmutende Frau, vom Leben benachteiligt, von Schmerzen geplagt. Sie erschien mir wie ein geschundenes Kätzchen, das kläglich mauzt; ein schutzloses Wesen, das gequält wird. Sie war ein Bild des Jammers; aber ihre schmerzbewegte Zerbrechlichkeit enthielt auch die unerbittliche Aufforderung an ihre Umwelt, gehalten und gestützt zu werden.« Die Worte des Patienten lassen deutlich seine ambivalente Gefühlseinstellung gegenüber seiner primären Pflegeperson erkennen. Einerseits wird er von Mitleid überschwemmt und will seiner Mutter helfen; andererseits empfindet er Mutters gebieterischen Appell um Hilfe als drückende Verpflichtung, die ihm ganz und gar zuwider ist. Ähnlich ergeht es Personen, die sich einen gestörten, erbarmungswürdigen Partner auswählen. Sie tun es manchmal aus dem brennenden Verlangen heraus, ihn zu erlösen. Ein anderes Mal werden sie dagegen von ihrem strengen Über-Ich in die Pflicht genommen und zum Helfen verdammt. Sie haben keine andere Wahl.

g) Beschwichtigung von Verlustangst

Die Furcht, ein einmal gewonnenes Liebesobjekt wieder zu verlieren, ist weit verbreitet. Die Trennung vom Partner wird nämlich häufig als Katastrophe phantasiert, weil sie den Betroffenen in die unerträgliche Situation des Verlassenseins hineinwirft. Irgendwie ist damit die Drohung des Sterbenmüssens verknüpft: als ob es ohne den anderen kein Weiterleben mehr gäbe.

In der Regel haben Menschen mit übermäßiger Trennungsangst entsprechende Erfahrungen in ihrer frühen Kindheit gemacht, sind tatsächlich verlassen worden oder waren Traumata ausgesetzt, die durch die Abwesenheit der Mutter hervorgerufen wurden. Ein Zusammenbruch des Stoffwechselgleichgewichts des Säuglings infolge Hungers, das heißt Unterzuckerung, weil die Mutter nicht da ist und diesen prekären Zustand nicht beseitigt, erzeugt beim Kind Hilflosigkeit, Todesängste, ein Schwinden von Selbst und Umwelt und die Drohung, dass sich dieser grauenvolle Zustand in Richtung »Schock« noch weiter verschärfen könnte. Die in der Frühkindheit erlebten Traumata des Verlassenseins werden vom Kind gefühlsmäßig nicht vergessen, sondern etablieren eine Bereitschaft, auf drohenden Objektverlust mit Panikerleben zu reagieren. Der solchermaßen vorgeprägte Erwachsene wird deshalb alles unternehmen, um einen Zustand dieser Art nie mehr eintreten zu lassen. Er leidet ja an großer Trennungsangst und muss deshalb bestrebt sein, ihrem Auftreten entgegenzusteuern bzw. sie so stark wie möglich zu minimieren. Eine Lösung dieses Problems erblickt er in der Wahl eines inferioren Liebesobjekts. Wenn ich meinen Partner nicht liebe – weil er diverse Mängel hat und unter meinem Niveau liegt –, muss ich mich über seinen eventuellen Verlust nicht sehr grämen. Wenn ich meinen Partner von mir emotional oder finanziell abhängig mache (zum Beispiel die tüchtige Karrierefrau und der berufliche Versager), er mich also viel mehr braucht als ich ihn, dann kann ich einigermaßen sicher sein, dass er bei mir bleibt. Wenn ich eine dominierende und vital-kraftvolle Person bin und mir einen gefügigen Lebensgefährten suche, der sich anpasst, kontrollieren und in einen goldenen Käfig sperren lässt, ist meine Angst, verlassen zu werden, halbwegs beschwichtigt.

h) Die hassgetönte Angst vor dem anderen Geschlecht

Es kann an dieser Stelle das große Thema des Geschlechterhasses und seiner Hintergründe nicht näher behandelt werden, da es den

Rahmen dieses Abschnitts sprengen würde. Nur so viel sei gesagt: Es gibt Personen, für die es unmöglich ist, mit einem geachteten Partner zusammenzuleben. Sie müssen ihr Liebesobjekt »herabwürdigen, kritisieren und als minderwertig hinstellen« (A. Dührssen, 1960, S. 77) oder aber von vornherein unter dem Gesichtspunkt der Inferiorität aussuchen. Denn nur das erniedrigte Subjekt, das klein und erbärmlich neben ihnen um seine Existenzberechtigung winselt, kann ertragen und mit einer Spur von Zuneigung bedacht werden. Menschen dieses Charakters blicken auf sehr beängstigende Erfahrungen mit einer übermächtigen und sehr bedrohlichen Mutter (Vater) zurück und haben ein entsprechendes Frauenbild (Vaterbild) verinnerlicht. Für sie sind Frauen (Männer) per se eine Gefahr und gleichzeitig ein Objekt des Hasses in Erinnerung an all die demütigenden Qualen, die sie unter Mutters (Vaters) physischer oder moralischer Zuchtrute erleiden mussten. Nur die ihrer Macht entkleidete und in den Staub getretene Frau kann – als Kontrastgestalt zur mächtigen Mutter Kali – ohne Furcht ertragen und als libidinöse Quelle gebraucht werden. Es gab Zeiten – und es gibt heute noch viele Länder auf unserer Erde –, in denen Frauen per definitionem zum weniger wertvollen Geschlecht erklärt wurden und werden. Ein vermeintlich »naturgegebenes« Gefälle erhob den Mann zur Krone der Schöpfung und wies der Frau eine dienende Rolle zu. Die weltweit operierenden feministischen Bewegungen sind Ausdruck dieses Ungleichgewichts. Bemerkenswerterweise lässt sich in unserer westlichen, das heißt mitteleuropäischen, Kultur ein Phänomen beobachten, wonach es immer noch und eher die Frauen sind, die zu einem starken, beruflich erfolgreichen Mann bewundernd aufblicken wollen, als umgekehrt. Ich kenne viele einigermaßen stabile Ehen, die nach diesem Prinzip zur beiderseitigen Befriedigung funktionieren.
Ansonsten hat der Wahlmodus »inferiorer Partner« seine ausgesprochenen Tücken. Es lassen sich leider mehr plausible Gründe für sein Scheitern als für seinen Bestand herausfinden. Ich will aufzählen, worin die Gefahren liegen:
Es gelingt in vielen Fällen nicht, den Partner auf Dauer klein zu halten und ihm kontinuierlich die inferiore Position zuzuweisen. Er verändert sich, »wächst«, gewinnt an Reife, wird selbstständiger, kompetenter und gesünder. Die Versuche des bisher Überle-

genen, ihn trotzdem abzuwerten und auf ein für ihn erträgliches Maß zu reduzieren, verlangen immer größere Anstrengungen und schaffen eine Atmosphäre dauernder aggressiver Gespanntheit. Der seines ursprünglichen Status Entwachsene erfüllt für den anderen plötzlich nicht mehr seine Funktion: Er eignet sich nicht mehr als Prügelknabe, als Projektionsfläche für abgelehnte Selbstanteile, als Objekt des Mitleides und der Fürsorge, als Underdog (der dem anderen das Gefühl des Überlegenseins gibt), als Träger von Symptomen, die der andere verstecktermaßen auch hat, oder als jemand, der die Verlustangst des Partners beschwichtigt. Der der höherrangigen Position Beraubte entwickelt nun unter Umständen quälende Neidgefühle auf seinen erstarkten Partner, fängt eventuell an, mit ihm zu rivalisieren, und fühlt alle seine Ängste aufbrechen, die er mit Hilfe der bisherigen Inferiorität des anderen in der Verdrängung halten konnte.

Aber auch das Umgekehrte kann eintreten: Der Schwache bleibt schwach oder wird immer lebensuntüchtiger. Er wird zunehmend als Last und Belastung erlebt, als ein Fass ohne Boden, in das man immer nur hineinsteckt und wenig zurückbekommt. Man hat sich ein Problempaket aufgehalst und muss es nun ständig mit sich herumschleppen. Immer der Stärkere sein zu müssen: das strengt an und erlaubt bestimmten weichen Gefühlsanteilen nicht, sich auszuleben. Niemals eine Schulter zu haben, an die man sich anlehnen kann. Niemals Sorgen abgenommen zu bekommen oder eine schwierige Aufgabe delegieren zu können – das lässt eine wachsende Unzufriedenheit aufkommen. Die Sehnsucht nach einem attraktiveren Liebesobjekt taucht immer häufiger auf. Parallel dazu erscheinen dem Überlegeneren die Fehler und Gebrechen seiner Ehehälfte immer unerträglicher und nähren eine stille Verachtung für sie. Der ursprüngliche Selbstvorwurf, dass man einen Partner der »zweiten Wahl« gebraucht hat, verkehrt sich in den Vorwurf an den anderen, dass er nur zweite Wahl ist.

8. KAPITEL

Die partnerschaftsfeindlichen Reaktionsmodi

Konflikte und Frustrationen im Raum einer Partnerschaft verlangen nach Lösungsstrategien. Aber viele Paare sind relativ hilflos und ungeschickt angesichts von Streit und wechselseitigem Verstimmtsein. Sie greifen zur Bewältigung bereits aufgetretener Probleme im Beziehungsbereich zu untauglichen Mitteln und vergrößern den bereits vorhandenen Partnerstress dadurch noch zusätzlich. Es sind also nicht nur die aus dem Zusammenleben von Mann und Frau resultierenden Dissonanzen, die den Wohlgefühl-Index des Paares senken, sondern auch noch all jene schädlichen Reaktionen auf bereits stattgefundene eheliche Turbulenzen. Diese eben angesprochene Fehlverarbeitung stellt ein wichtiges Faktorenbündel in der Psychodynamik scheiternder Beziehungen dar.

Ich will an dieser Stelle etwas ausführlicher auf diesen Themenkreis eingehen und eine ganze Reihe partnerschaftsfeindlicher Reaktionsmodi vorstellen:

8.1 Aggressive Bewältigungsversuche: Streit und Abwertung, Machtkämpfe, Rechthabenwollen, Schuldzuweisungen, Identifizierung mit dem Angreifer, fehlende Streitkultur

Die wohl häufigste Art und Weise, auf frustrierte Bedürfnisse und auftretende Ärgerimpulse zu reagieren, stellen aggressiv getönte Vorwürfe, Beschimpfungen oder »Schläge unter die Gürtellinie« dar. Der Partner wird mit Gegenbeschuldigungen eingedeckt, diffamiert, abgewertet, in generalisierender Weise mit vermeintlichen Schwächen und Versäumnissen konfrontiert oder gar tätlich angegriffen. In der Regel wird die Sachebene schnell verlassen. Das Paar verliert den realen Gegenstand ihrer Auseinandersetzung dann aus den Augen und beschäftigt sich in erster Linie damit, dem anderen wehzutun, um Rachegelüste oder Vergeltungswünsche zu befriedigen. Die Lösung des Konflikts bleibt unbearbeitet und rückt in weite Ferne.

Häufig werden auftretende Schwierigkeiten im Paarleben nicht als zu lösendes Problem identifiziert (»Das steht jetzt zur Bewältigung an!«), sondern als Gelegenheit wahrgenommen, die neue Runde eines permanent schwelenden Machtkampfes einzuläuten. Der dominante Teil möchte sich erneut profilieren und seine überlegene Position bestätigt wissen; der um Selbstbehauptung bemühte andere dagegen schlägt wie wild um sich, weil er befürchtet, untergebuttert zu werden, und ist nicht bereit, auch nur einen Zentimeter nachzugeben. Auch hier kommt es häufig zu aggressiven Entgleisungen, die das Ursprungsproblem nicht entschärfen, sondern eher noch vertiefen. Ebenfalls in die Gruppe der aggressiven Reaktionsmodi gehören Rechthabenwollen und schnelle Schuldzuweisungen. Der Protagonist verabsolutiert sein eigenes Wertesystem und stellt es als das allein-richtige hin. Er erlebt seine Verhaltensweisen als korrekt und normal und verweist die seines Partners in den Bereich der Abwegigkeit oder Pathologie. Er will mit seiner Meinung und Einstellung Recht haben und behalten. Er ruft irgendwelche Gesetzestafeln an (»Das war schon immer so!«) und interessiert sich erst gar nicht dafür, wie sein Partner die Welt und die Menschen erlebt und wahrnimmt und warum er anderen Wertvorstellungen anhängt. Häufig arbeitet der auf seinem Recht Bestehende mit moralischen Verurteilungen und dem erhobenen Zeigefinger. Er weist dem anderen die Schuld an der aufgetreten Divergenz zu oder macht ihn grundsätzlich für die desolate Beziehungssituation verantwortlich. Schuldzuweisungen können groteske Ausmaße annehmen: Da wird der andere für die Unbillen des Wetters (»Du wolltest ja spazieren gehen!«) oder die Wechselfälle des Lebens zur Rechenschaft gezogen oder für jedes eigene Missgeschick (»Hättest du das Geschirr ordentlicher in den Schrank gestellt, wäre mir jetzt keine Tasse heruntergefallen!«). Mit abgewehrten eigenen Schuldgefühlen hat ein anderer, im Ehealltag häufig praktizierter Mechanismus zu tun. Gemeint ist die »Identifizierung mit dem Angreifer«. Der Protagonist hat ein schlechtes Gewissen wegen irgendeiner Fehlverhaltensweise. Aber anstatt sich zu entschuldigen oder den Fehler wieder gutzumachen, attackiert er seinen Partner mit aus der Luft gegriffenen Vorwürfen (z. B.: Sie lässt die Kartoffelpuffer anbrennen und beschimpft ihn wegen des »schlechten« Speiseöls, das er gekauft hat).

Uns geht es bei vorliegendem Themenpunkt um die eheliche Streitkultur, d. h. um den beklagenswerten Mangel dieser notwendigen Tugend. Da wird eben nicht um den besten Weg aus der Misere fair gestritten; da wird eben nicht die Güte und Richtigkeit der Argumente bedacht und entsprechend berücksichtigt; da wird Entgegenkommen nicht belohnt. Da werden im Gegenteil Gesprächsangebote abgeschmettert; Salven aus der Wortkanone abgefeuert, um den anderen mundtot zu machen; wunde Punkte des anderen hervorgezerrt und darin herumgestochert; alte Rechnungen präsentiert; Pauschalanklagen formuliert; mit Sanktionen gedroht (»Ich verlasse dich! Ich nehme mir das Leben!«); zynische Sprüche geklopft; Bosheiten mit noch größeren Bosheiten beantwortet.

All diese Reaktionsweisen sind destruktiver Natur. Wenn sie habituell werden – und nicht die Ausnahme von der Regel sind –, dürften sie den bereits gestifteten Schaden um weitere Minuspunkte vermehren.

8.2 Rückzugsverhalten

Ein ebenfalls häufig praktizierter Reaktionsmodus – als Antwort auf Beziehungsprobleme oder Interessenskonflikte – stellt das Sichzurückziehen eines oder beider Kontrahenten aus der Beziehung dar. Dem anderen wird emotional gekündigt, die eigene Bezogenheit wird zurückgenommen, der Blickkontakt weitgehend eingestellt. Der Rückzug kann über Stunden, aber auch Tage ausgedehnt werden und von einem unterschiedlichen Ausdrucksverhalten begleitet sein. Ich möchte insgesamt vier unterschiedliche Varianten des Rückzugs aufführen:

a) Schmollen, Einschnappen: der Protagonist zieht sich abrupt zurück, sein Gesicht ist in der Regel feindselig verfinstert. Aus allen Poren quellen ihm Vorwurf und Anklage. Er verweigert in der Regel das Sprechen und behandelt den bösen anderen wie Luft. Seine Haltung hat etwas Demonstratives. Er gibt sich so, als wäre ihm ein fürchterliches Unrecht zugefügt worden. Der Schuldige muss dafür nun bestraft werden.

b) emotionaler Rückzug: der Protagonist bricht die Kontakte zu seinem Partner nicht ab, entzieht ihm aber den gemüthaften Gefühlsanteil. Sein Benehmen strahlt Förmlichkeit und emotionale Kälte aus, kann daneben aber auch von provozierender Überkorrektheit gekennzeichnet sein. Natürlich entfallen der Austausch von Streicheleinheiten und sexuelles Miteinander.

c) resignativer Rückzug: hier geht es nicht um die Bestrafung des Liebesobjekts, sondern um die eigene depressive Verzagtheit angesichts eines aufgetretenen Konflikts. Der Protagonist fühlt sich der aufkommenden Streitsituation relativ hilflos ausgeliefert und kann sich nicht um eine Lösung des Dissens bemühen, weil ihm der Mut oder die sprachlichen Mittel dazu fehlen oder er von der Zwecklosigkeit aller Schlichtungsversuche überzeugt ist. Er verfällt in ein depressives Nichtstun und verkriecht sich in einen stillen Winkel.

d) narzisstischer Rückzug: der Protagonist fühlt sich durch die erlittene Frustration zutiefst gekränkt und muss – um das eigene narzisstische Gleichgewicht aufrechtzuerhalten – zwischen sich und seinem Partner einen Abstand herstellen. Das heißt: er braucht Zeit und die nötige Distanz zum anderen, damit er sein verwundetes Selbstwertgefühl wieder reparieren kann.

8.3 Offensichtliches Desinteresse, fehlende Kooperationsbereitschaft

Die Reaktion auf einen Streitfall oder eine Frustration im Raum von Partnerschaft und Liebe kann paradoxerweise auch in einer Nicht-Reaktion bestehen. Der mitbeteiligte Partner bleibt emotional unbeteiligt, zeigt keine Betroffenheit oder tut zumindest nach außen so, als ließe ihn die ganze Angelegenheit gefühlsmäßig kalt. Es ist, als nähme er das aufgetretene Problem nicht ernst, da jegliche affektive Antwort darauf ausbleibt. Der betroffene andere stößt mit seinem unerfüllt gebliebenen Anliegen ins Leere, wird nicht erhört.

Parallel zu diesem Desinteresse fällt die mangelnde Bereitschaft des Protagonisten auf, sich um eine Konfliktlösung zu bemühen oder Beziehungsarbeit zu leisten. Seine Willigkeit, über den strittigen Punkt zu sprechen, ist gleich Null. Er bemüht sich nicht, die Hintergründe des Problems herauszufinden oder sich in die affektive Situation seines Partners hineinzuversetzen, um von dessen Erlebnisstandpunkt aus die ganze Sache einmal zu betrachten. Er versteht nicht und zeigt auch keine Verständnisbereitschaft. Stattdessen lässt er den anderen schlicht und einfach auflaufen. Dieser verstummt dann entweder resigniert oder gerät in einen Anfall von Tobsucht, der ihn natürlich ins Unrecht setzt. Mitunter kann der dermaßen Gereizte seine Schlage-Impulse dann nicht mehr unterdrücken und drischt auf den »sturen Block aus Gleichgültigkeit« wütend ein.

8.4 Defensive Reaktionsmodi

Der defensiv eingestellte Partner erlebt drohende Auseinandersetzungen oder bereits aufgetretene Dissonanzen mit seinem Liebesobjekt als Gefahr, zu deren angemessener Bewältigung er sich nicht in der Lage sieht. Wenn wir uns die Persönlichkeitsstruktur derjenigen Personen anschauen, die zu dieser Art von Reaktionen neigen, so finden wir immer wieder einige typische Charaktere. Es sind dies Individuen, die:
- aggressiv gehemmt sind und ein stark gemindertes Selbstbewusstsein besitzen;
- sich ihrem Liebesobjekt unterlegen fühlen;
- Disharmonien in der Beziehung nicht ertragen können;
- unter Objekt-Verlustangst leiden (Furcht, verlassen zu werden);
- eine große Abhängigkeit vom Partner aufweisen;

– dem depressiven Formenkreis angehören, ein sehr labiles Selbstwertgefühl haben und schnell Schuldgefühle entwickeln.

Defensive Verhaltensweisen als Reaktion auf akute Schwierigkeiten im Paarleben sind weit verbreitet. Ich habe die wichtigsten in sieben Gruppen zusammengefasst:

a) partielle oder weitgehende Realitätsverleugnung: »Was nicht sein darf, existiert nicht!«
Mann oder Frau können die Bedrohlichkeit eines anstehenden Konfliktes erheblich reduzieren, indem sie das Übel bagatellisieren, übersehen oder zu verkleinern versuchen. Sie machen sich selbst etwas vor, stecken den Kopf in den Sand, spielen die Bedeutung eines Vorfalls herunter oder machen gute Miene zum bösen Spiel.
Frauen, die von ihrem Ehegatten z. B. ständig mit den abfälligsten Bemerkungen entwertet und zum Putzlappen degradiert werden, können das Ganze spaßig finden und mit dem Hinweis abtun: »Ja, ja, das ist mal wieder typisch Herbert«, statt ihn zur Rede zu stellen oder sich dererlei Verbalinjurien ein für allemal zu verbieten.
Es gibt eine »Politik des Lächelns«, die wie Himbeersoße über alle sich auftuenden Abgründe (im Verhältnis eines Paares) gegossen wird und so tut, als sei der aufgetretene Schrecken eine Lapalie.

b) in den Leidensstatus fliehen
Ein wirkungsvoller defensiver Schachzug im Beziehungsgerangel stellt die Flucht in die Krankenrolle dar. Die Ehefrau bekommt plötzlich ihre Migräne, er seine Magenkrämpfe; sie fasst sich mit schmerzverzerrtem Gesicht an das Herz und signalisiert absolute Schonungsbedürftigkeit, er beginnt nach Luft zu schnappen und einen Asthma-Anfall zu bekommen, der ihn sofort aus der Schusslinie nimmt.
Der anstehende und die Symptome auslösende Konflikt wird postwendend nebensächlich und gerät aus dem Blickfeld. Angesichts einer so ernsten Sache – wie es eine Krankheit nun einmal ist – hat alles andere zurückzustehen.

c) das Änderungsversprechen
Interessenskonflikte in einer Zweierbeziehung können dadurch aus der Welt geschafft werden, indem der eine Kontrahent nachgibt, auf eigene Bedürfnisse und Anliegen verzichtet und An-

passungsbereitschaft signalisiert. Er entschuldigt sich für seine »falsche Position« oder seinen angeblichen »Fehltritt« und gelobt Besserung. Und in der Tat: ein gutes Stück Selbstverleugnung und Unterwerfung unter die Erwartungsmuster des Partners können einen drohenden Streit verhindern und zu einer vorübergehenden Scheinharmonie führen. Der Zankapfel ist erst einmal vom Tisch.

d) in Duldungsstarre verfallen

Wir haben es hier mit einem Mechanismus zu tun, der eine Person unfreiwillig überfällt und sie in einen Zustand hilfloser Passivität versetzt. Der Betroffene wird sprachlos, verliert alle Fähigkeiten zur Gegenwehr, seine Gefühle sind oft wie ausgeknipst und haben einer quälenden Leere Platz gemacht. Es kommt zu einer Art Immobilisierung aller interaktionellen Reaktionsmodi. Der seelisch Gelähmte sitzt oder steht wie »dumm in der Landschaft«, weiß sich nicht zu helfen und überlässt damit seinem Partner das Gesetz des Handelns. Er erduldet still, was ihm angetan wird.

Manche Menschen in dieser Situation verfallen in einen Dornröschen-Traum: Sie spüren, dass sie selbst außer Gefecht gesetzt sind und nur durch das beherzte Auftauchen eines Retters von ihrer Erstarrung wieder erlöst werden können. Der andere soll ihre Not erahnen und sie durch verständnisvolle Ansprache ins Partner-Leben zurückholen.

e) eine Freundlichkeits-Offensive starten

Ein unerwartetes, aber manchmal wirksames Mittel, um einen Dissens zu beschwichtigen, stellt die so genannte »Umarmungstaktik« dar. Der eigene Frust wird überspielt und in sein Gegenteil verkehrt: statt den wütenden Partner mit dem eigenen Ärger zu konfrontieren, werden ihm Rosen gereicht. Seinen Vorwürfen wird mit Liebe begegnet. Er findet Verständnis für seinen Groll und erhält den Lutscher, nach dem er so lauthals geschrien hatte.

Man kann einer aufgestauten Konfliktspannung den Wind aus den Segeln nehmen, wenn man sich vorbehaltlos auf die Seite des »Feindes« schlägt und erst einmal ganz und gar seiner Meinung wird.

Die Gefährlichkeit dieser Reaktionsform liegt darin, dass der Defensive seinen Konfliktpartner täuscht und in dem Glauben wiegt, nun sei alles wieder gut. Er hat aber seine Bedürfnisse lediglich zurückgestellt, auf Eis gelegt, wird sie aber eines Tages nicht mehr unterdrücken können, sollte nicht das Gleichgewicht zwischen Geben und Nehmen total aus der Balance geraten.

f) aus dem Feld gehen

Eine Patientin erzählte mir, dass ihr Vater jedesmal schweigend aus dem Zimmer ging, wenn ihm seine Frau lautstark-zeternd irgendwelche Vorhaltungen machte. Andere stürmen, Türen schlagend, aus der Wohnung und lassen sich für den Rest des Tages zu Hause nicht mehr sehen. Er setzt sich ins Büro ab, wenn »seine Alte« meckert; sie fährt zu ihrer Mutter und überlässt Haushalt und Kinder dem greinenden Ehemann.

Das Fortlaufen ist ein beliebtes Mittel, zwischen sich und dem aufgebrachten Partner eine räumliche Distanz zu errichten, um auf diese Weise unerreichbar zu werden. Hier wird meines Erachtens ein alter Instinktmechanismus wiederbelebt, der rudimentär in uns allen schlummert: wir ergreifen die Flucht, wenn es gefährlich wird und unsere Waffen nicht ausreichen, den Gegner in seine Schranken zu verweisen.

g) auto-destruktive Akte oder Selbstanklagen

Die bedenklichste Art, sich nicht zu wehren, ist wohl die, den aufkommenden Zorn gegen die eigene Person zu richten. Da werden fällige Anklagen gegen den Partner in Selbstvorwürfe oder Schlageimpulse in körperliche Selbstbeschädigungen verwandelt (Eine Frau: »Ich rannte mit dem Kopf gegen die Wand, bis es blutete!«). Der Defensive verliert den Selbstrespekt angesichts eines begonnenen Partnerstreits und identifiziert sich als den Grund des Übels. Sätze wie: »Ich tauge nichts! Ich mache alles falsch! Das geschieht mir ganz recht, ich habe Strafe verdient!« signalisieren dem Beobachter, dass hier ein Mensch die alleinige Verantwortung für einen Streitfall oder einen Interessensgegensatz übernimmt und sich zum Schuldigen und Versager für diese Entwicklung erklärt.

8.5 Emotionalisierung

Es gibt Menschen, die angesichts auftretender Probleme und Dissonanzen mit ihrem Liebesobjekt in hellste Aufregung geraten und ein Feuerwerk hitziger Affekte abbrennen. Sie übertreiben ihre Gefühlsbeteiligung an dem Geschehen, schnappen über, schreien und toben, werden »hysterisch« und reagieren unangemessen heftig auf die aufgetauchten Streitpunkte. Mit ihnen ist dann ein einigermaßen klärendes Gespräch nicht möglich. Sie produzieren einen cholerischen Tobsuchtsanfall, der alle kommunikativen Möglichkeiten abschneidet und die Bezogenheit zum anderen aufgibt. Die überschießende Emotionalisierung jeglichen Konfliktgeschehens macht es unmöglich, den eigentlichen »Stein des Anstoßes« gemeinsam zu beschauen und aus dem Weg zu räumen. Mit der Zeit entwickelt der ruhigere Partner eine regelrechte Furcht vor den alles platt machenden Gefühlsausbrüchen des anderen. Mit seinem theatralisch aufgeblähten Verhalten jagt er seinem Gegenüber einen Schrecken ein oder weckt bei ihm Schuldgefühle (»Wenn mein Partner sich so verletzt fühlt, muss ich ja etwas sehr Böses getan haben!«) Der Angegriffene wagt es deshalb bald nicht mehr, bestimmte Sachverhalte anzusprechen, weil er wieder einen Sturm der Entrüstung oder vor Selbstmitleid triefende Jammertiraden erwartet.

Ich möchte an dieser Stelle noch eine spezielle Variante des hier dargestellten Reaktionsmodus erwähnen. Es handelt sich um das »vorschnelle Werfen des Handtuchs!« Auch das ist eine unangemessene Überreaktion. Der Betreffende ordnet den aufgetretenen Streitfall in seiner Wertigkeit und Tragweite falsch ein. Die verletzte Harmonie der Paarverbindung ist für ihn bereits ein Indiz für das Ende der Beziehung. Er kann auf die Wahrnehmung des vermeintlichen Scheiterns erschreckt und angstgetönt oder wütend-trotzig reagieren; in beiden Fällen aber ein Bedürfnis nach sofortiger Trennung verspüren oder sich in verzweifeltes Weinen zurückziehen. Personen mit dieser sehr schnell abrufbaren Gefühlsbereitschaft sind in der Regel zutiefst misstrauische Menschen. Sie können an die Beständigkeit von Liebe und Glück nicht glauben und lauern förmlich darauf, wieder enttäuscht zu werden und ihr feindseliges Weltbild bestätigt zu bekommen. Es bedarf sehr geduldiger und liebevoller Beschwichtigungsrituale von Seiten des Partners, um einen dergestalt Ungläubigen wieder einigermaßen zu beruhigen.

8.6 Die Flucht in die Schein-Autonomie

Frustrationen im Bereich einer Zweierbeziehung können ein Individuum dazu veranlassen, seine natürlichen Abhängigkeitsbedürfnisse aufzugeben. Der aufgetretene Dissens wird als Indiz dafür gewertet, dass mit dem eigenen Partner so etwas wie Liebe, Einvernehmen und dauerhaftes Glück nicht möglich sind. Damit wiederholt sich eine uralte Enttäuschung aus frühen Kindertagen: ein enges Zusammenleben mit einem Intimpartner bringt nur Verdruss und Verzweiflung, und am Ende wird man zurückgewiesen und in seinen regressiven Bedürfnissen (Geborgenheit, Fürsorge, Gehaltenwerden) nicht angenommen. Der solchermaßen Frustrierte tritt die Flucht in die (Schein-)Autonomie an und zieht sich auf sein trotziges Credo zurück, das da lautet: »Ich brauche dich nicht!« und »Nur wer autonom ist, ist auch stark!« Er benötigt diese Stärke jetzt, da er sich in seiner regressiven Bedürftigkeit als schwach und nicht achtenswert erlebt und angewiesen auf die Gnade eines anderen. Der Partner wird deshalb für eine begrenzte Zeit »fallen gelassen«, der um Autonomie Bemühte startet diverse Aktivitäten ohne sein Liebesobjekt, wobei er nicht außer Acht lässt zu betonen: »Ich will und kann auch ohne dich sein!«

8.7 Den Änderungsdruck verstärken

Für manche Menschen in einer Paarbeziehung signalisieren aufkommende Differenzen und Streitigkeiten, dass der Partner die »erwünschte Passform« noch nicht angenommen hat. Sie sind von einem besonderen Erziehungsehrgeiz erfüllt und möchten sich ihr Liebesobjekt so »zurechtbiegen«, wie es ihren eigenen Bedürfnissen entspricht. Wenn es zu Interessenskollisionen kommt, steht nicht eine Lösung des Problems – auf der Basis einer fairen Kompromissbildung – zur Diskussion, sondern der Anspruch und die Forderung an den Partner, sich gefälligst zu ändern und ein anderer zu werden, damit in Zukunft dererlei Zwistigkeiten ausbleiben.

Der andere wird mit Vorwürfen bombardiert und seiner »falschen« Verhaltensweisen wegen moralisch ins Unrecht gesetzt. Der eigene Anteil am Zustandekommen der Schwierigkeiten wird geleugnet. Es ist der Partner, der Besserung geloben soll. Er wird unter vermehrten Druck gesetzt, sich endlich zu ändern.

8.8   Das eigene Innenleben verschlossen halten

Mangelnde Offenheit der Partner im Umgang miteinander kann zu weit reichenden Komplikationen führen, da der jeweils andere völlig im Unklaren darüber bleibt, wie sein Liebesobjekt fühlt, wie es eine Situation verdaut oder wie stark es von ihr betroffen ist. Die fehlende Transparenz im Gefühlsleben einer Person macht sie uns fremd und oft unverstehbar. Wir wissen nicht, woran wir sind und wie wir ihre Innen-Befindlichkeit einzuschätzen haben. Ihre emotionale Reaktion auf eine Situation wird nicht sichtbar. Es fehlt ein wichtiger Anhaltspunkt, der etwas über den »Stand der Beziehung« aussagen könnte.

8.9   Wenn Reden mehr schadet als nützt

Nach alledem, was in den letzten 20–30 Jahren von Psychologen über die (schädliche) »Sprachlosigkeit der Paare« und über die fundamentale Wichtigkeit regelmäßiger Aussprachen zwischen den Menschen in einer Zweierbeziehung geschrieben wurde, verwundert es zu hören, dass Schweigen Gold sein kann; dass Reden häufig nicht weiterhilft; dass Reden kein Allheilmittel ist und dass Reden manchmal mehr Unheil stiftet, als es vorgibt zu verringern. Ich selber habe dem gesprochenen Wort in der Kommunikation der Paare einen hohen Rang eingeräumt (»Die gestörte Zweierbeziehung: Der Hunger nach Verständnis und der Schmerz des Nichtverstandenseins«, 1986) und seine Bedeutung im Verständigungsprozess betont. Inzwischen mehren sich die Stimmen (D. Stiebel, 1997: When talking makes things worse, Witehall und

Nolton, Kansas City), die die Nützlichkeit des verbalen Austauschs im Streitfall infrage stellen oder dem Konfliktgespräch sogar schädliche Konsequenzen nachsagen. Unfruchtbare Endlos-Dialoge würden ein Paar zerstrittener und unzufriedener zurücklassen, als es zu Beginn der Auseinandersetzung war.

Zugegeben: Worte können verletzen und eheliche Kampfhandlungen erst richtig eskalieren lassen; aber dieser mögliche Ausgang spricht nicht grundsätzlich gegen den verbalen Austausch, sondern nur gegen seinen falschen Gebrauch. Antibiotika oder Cortison – beides hoch potente Arzneimittel – helfen nicht bei jeder Krankheit. Manchmal kann ihr falscher Einsatz sogar große gesundheitliche Schäden anrichten. Aber deshalb wird keiner auf die Idee kommen, beide Medikamente aus dem Handel zu nehmen. Genauso verhält es sich mit dem Reden. So wie es konstruktiven und destruktiven Streit gibt, genauso gibt es einen konstruktiven und einen destruktiven Einsatz von Sprache. Richtig angewandt, kann das Sprechen Wunden heilen und verhärtete Positionen aufweichen, Verständnis fördern und sehnsüchtig herbeigewünschte Nähe endlich wieder ermöglichen.

Wir müssen uns aber über eins im Klaren sein: Reden nutzt nicht in jedem Fall. Es gibt interaktionelle Konstellationen, wo Reden im Gegenteil fehl am Platze ist. Es kommt also darauf an, zu differenzieren.

Ich will deshalb Bedingungen und Umstände aufzählen, wo Reden contra-indiziert ist, mehr schadet als nützt und sich als partnerschaftsabträglicher Reaktionsmodus herausstellt.

Wann ist Reden zur Konflikt- oder Problemlösung nutzlos oder eher schädlich:

- Es fehlt dem Protagonisten an der notwendigen Kompromiss- bzw. Kooperationsbereitschaft. Er ist vielmehr egozentrisch nur auf sein eigenes Anliegen oder seine Meinung konzentriert und für die Argumente des Partners nicht zugänglich.
- Es existieren zwischen ihm und ihr unüberbrückbare Interessensgegensätze, die durch Reden nicht aus der Welt geschafft werden können. Zum Beispiel: Sie möchte ein Kind, er ist strikt dagegen.
- Es liegt eine Unvereinbarkeit der Bedürfnisprofile und der sexuellen Vorlieben, der Erlebnis- und Lebensstile vor.

– Der wahre Streitgrund bleibt im Dunkeln oder ist unbewusst. Der Konflikt wird auf einem Nebenschauplatz ausgetragen, kann aber dort nie eine Lösung finden. Zum Beispiel: Ein Mann regt sich permanent über die »Verschwendungssucht« seines Stiefsohnes auf (er verbraucht zu viel Klopapier) und wirft seiner Frau, der leiblichen Mutter des Sohnes, vor, sie würde ihm zu viel durchgehen lassen und ihn nicht konsequent genug erziehen. Der wahre Grund: Er fühlt sich in der Ehe zu kurz gekommen und ist eifersüchtig auf seinen Stiefsohn, weil er, seiner Meinung nach, verwöhnt wird. Sie, die Ehefrau, ist unzufrieden mit ihrem Mann und lässt ihren Sohn, stellvertretend für sich, aggressiv gegen den Vater sein.

– Reden dient nicht der Konfliktbewältigung und Problemlösung, sondern wird missbraucht. Es soll andere, partnerschaftsfeindliche Intentionen und Gefühle befriedigen: Dem Protagonisten geht es darum, »Sieger zu sein«, Rachegelüste zu befriedigen, »es dem anderen zu zeigen«, den eigenen Standpunkt zu behaupten, Recht zu haben oder dem Partner die Unhaltbarkeit seiner Meinung oder Einstellung zu beweisen.

– Der augenblickliche Konflikt ist nicht verhandlungsfähig, da er bei seiner Offenlegung die Beziehung zu stark gefährden oder gar sprengen würde. Hier wird auf Zeit gespielt und abgewartet. Beispiel: Sie ist unzufrieden mit ihrer Ehe, trifft zufällig ihre Jugendliebe wieder, hat eine Affäre und überlegt, ihren Mann zu verlassen. Sie wird in ihrem Vorhaben aber bald immer unsicherer, da sich der Jugendfreund als ein sehr schwieriger und ausgesprochen egoistischer Mensch entpuppt.

– Das anstehende Problem überfordert die Verständnismöglichkeiten des Partners, er kann die aufgetretenen Gefühlsprobleme des anderen nicht begreifen.

– Der andere ist durch Worte nicht erreichbar (z. B. weil er so konfus, so gestört, so stark regrediert ist), oder der Partner findet durch seine Sprache keinen Zugang zu der Verständnisebene seines Gegenübers.

– Der Protagonist fühlt sich in Konfliktgesprächen sehr schnell »angegriffen, zurückgewiesen und infrage gestellt«. Er muss, um seine Selbstachtung und Integrität zu wahren, die Vorbehalte und kritischen Argumente seines Partners abschmettern und trotzig und unflexibel auf seinem Standpunkt beharren.

Erfolgloses Reden kann zu einer bitteren Erkenntnis über den vermeintlich desolaten Stand der Beziehung führen; die Gefühle füreinander erheblich abkühlen; schlafende Hunde wecken und zu einer Generalabrechnung verleiten und letztlich ein Gefühl der Vergeblichkeit aufkommen lassen, »dass alles sowieso keinen Sinn hat!«

Auf diesem Hintergrund betrachtet, trifft es natürlich zu, dass Reden mehr schadet als nützt. Aber es sind die (eben geschilderten) sehr speziellen Umstände, die aus einem äußerst wichtigen Verständigungsmittel ein unbrauchbares, ja schädliches Werkzeug machen.

Ich schließe damit die Besprechung der sog. partnerschaftsfeindlichen Reaktionsmodi ab. Sie sind nicht nur nicht geeignet, bestehende Konflikte zu lösen oder Probleme zu befrieden, sondern sie tragen im Gegenteil dazu bei, einen bereits aufgetretenen Schaden noch zu vergrößern und eine emotionale Talfahrt zu beschleunigen.

Bei Eheberatungsgesprächen oder im Rahmen der Konfliktanalyse bei gestörten Zweierbeziehungen wird der Fokus unserer Aufmerksamkeit auch immer auf die sog. partnerschaftsfeindlichen Reaktionsmodi fallen. Wir sollten dem Paar nicht nur ihre Existenz, sondern insbesondere ihre destruktiven Auswirkungen deutlich vor Augen führen und ihm andere, bessere Antwortmöglichkeiten anbieten.

9. KAPITEL

Zerfallsmuster von Paarverbindungen: Über Negativprozesse und Abwärtsspiralen

Wir sind seit Herder, Nietzsche, Freud, Dilthey, Janet, Piaget, Allport, Lersch, Thomae etc. daran gewöhnt, die menschliche Persönlichkeit als das Ergebnis eines stattgefundenen Prozesses anzusehen. Was Struktur, d. h. Charakter, ist, war einmal Geschehen. Unser Erleben und Verhalten gehorcht dem Gesetz von den eingeschliffenen Bahnen. Aber nicht nur in Kindheit und Jugend folgt das Seelische – im Prozess der Wechselwirkung von Anlage und Umwelt – einer bestimmten, individuellen Entwicklungsrichtung. Auch im Rahmen einer intensiven Beziehungsgestaltung zwischen Mann und Frau – sei sie positiv oder negativ – kommt es zu ausgedehnten Erfahrungen und im Gefolge davon zu Lernprozessen. Diese Erfahrungsniederschläge gerinnen zu Strukturen und verändern eine Person: ihre Bedürfnisse und Ziele, ihr Gefühl und ihre emotionale Befindlichkeit, ihre soziale Wahrnehmung und ihr Denken, ihre Verfügbarkeit über bisherige Fähigkeiten und Ressourcen und nicht zuletzt ihr Verhalten.

Veränderungsprozesse im Sinne einer Abwärtsspirale charakterisieren die meisten scheiternden Ehen. Sie führen in ihrer Konsequenz zu veränderten Verhaltensmustern auf Seiten der Beteiligten und zu einer Beschleunigung der desolaten Beziehungs-Situation. Für diese Veränderungsprozesse – die mit negativ getönten Lernvorgängen identisch sind – gibt es sowohl in der psychologischen Fachliteratur als auch in unserer Sprache besondere Begriffe. Die Fachausdrücke beschreiben die Abwärtsspiralen auf einem erlebnisfernen Abstraktionsniveau, die alltagssprachlichen Wörter dagegen auf der Erlebnisebene. Letztendlich münden aber alle negativen Lernprozesse in länger überdauernde Haltungen oder Gestimmtheiten, die eine veränderte affektive Grundposition eines Menschen zu seinem Partner beinhalten.

Abwärtsspiralen im Partnerbereich werden durch insgesamt vier voneinander unterscheidbare, aber innig zusammenarbeitende Prozesse charakterisiert:

- das Etablieren neuer Verhaltensmuster (z. B. mangelnde Rücksichtnahme)
- das Ingangkommen negativ wirkender Funktionsmechanismen (z. B. Sensibilisierung)
- die Veränderungen im emotionalen und kognitiven Bereich (z. B. Verbitterung; »Feldverengung«)
- die Abnahme oder Veränderung bestimmter Ressourcen (z. B. Verlust an Courage und Lebenstüchtigkeit)

Der aufmerksame Leser wird bei der Lektüre des folgenden Textes sehr bald feststellen, dass einige – im 8. Kapitel aufgeführte – »partnerschaftsfeindliche Reaktionsmodi« im 9. Kapitel erneut als so genannte Abwärtsspiralen wieder auftauchen. Obwohl es sich in beiden Fällen um dieselben Mechanismen handelt, unterscheiden sie sich hinsichtlich der Dauer ihres Auftretens. Sobald sich ein bestimmter Reaktionsmodus ständig wiederholt und sich zeitlich immer weiter ausdehnt oder in ein chronisch praktiziertes Verhaltensmuster einmündet, verwandelt er sich in eine Abwärtsspirale.

Es soll nun die detaillierte Beschreibung dieser vier ineinander verflochtenen Prozesse einer jeden Abwärtsspirale und der einzelnen Typen von Abwärtsspiralen folgen:

9.1 Negative Verhaltensmuster

Sich wiederholende oder in ihrer Frequenz sich potenzierende Partner-Negativ-Erlebnisse – verbunden mit partnerschaftsfeindlichen Reaktionsmodi – vertiefen und vergrößern die gegenseitige Enttäuschung und Frustration der Beteiligten in einer Zweierbeziehung und erzeugen neue Verhaltensmuster. Oder anders ausgedrückt: Der wachsende Partnerstress hat Konsequenzen, die sich in einer progressiven Verschlechterung des ehelichen Klimas niederschlagen.

Beziehungsabträgliche Verhaltensweisen treten häufiger auf und etablieren chronisch-negative Handlungsbereitschaften; beziehungsfördernde Aktivitäten gehen deutlich zurück; bisher eingehaltene Spielregeln, Rollenaufteilungen und »unbewusst« geschlossene Verträge werden verletzt oder stillschweigend aufgekündigt.

9.1.1 Beziehungsfördernde Verhaltensweisen nehmen ab:

- der Versöhnungswille erlischt, die Bereitschaft, zu verzeihen oder neu anzufangen, wird immer geringer;
- das emotionale Guthaben, das eine Person bei ihrem Partner hat, nimmt ständig ab;
- die bisherige Offenheit verwandelt sich in Verschlossenheit;
- es kommt zu einem deutlichen Rückgang der Gesprächsbereitschaft;
- der Wille, Beziehungsarbeit zu leisten, erlahmt immer mehr;
- bisher geübtes Krisenmanagement wird unterlassen, man lässt die Dinge laufen, wie sie laufen;
- die Wünsche und dringenden Bedürfnisse des Partners werden zunehmend weniger befriedigt: es gibt weniger Zärtlichkeiten, Sex, Akzeptanz, Bestätigung, Trost und Unterstützung.

9.1.2 Beziehungsfeindliche Verhaltensweisen nehmen zu:

- Verfall der guten Sitten, des Umgangsstils, gepaart mit mangelnder Rücksichtnahme;
- Sich-gehen-Lassen, Fettwerden, Vernachlässigung der Körperpflege;
- sexuelle Verweigerung;
- massive Abwertung und entwürdigende Behandlung des Partners vor den Augen und Ohren der Kinder;
- immer aggressiveres Einfordern der vermeintlichen eigenen Rechte;

- Schuldgefühle machen: »Was tust du böser Mensch mir an!«, Schuldzuschreibung;
- Rückzug, Distanzierung, Flüchten in die Schein-Autonomie (»Ich brauche dich nicht, ich komme ohne dich auch gut zurecht!«);
- innere Scheidung: die betreffende Person macht »innerlich Schluss« mit ihrem Partner, trennt sich emotional von ihm, ohne es nach außen hin verlautbaren zu lassen. Damit täuscht sie ihn über den Stand der Beziehung;
- bereits kleine Meinungsverschiedenheit oder kleine Ärgeranlässe werden zum Vorwand genommen, um einen massiven Streit anzufangen;
- aggressive Auseinandersetzungen entarten zu Brüllorgien, münden in Tätlichkeiten, in Prügelszenen oder sehr bedrohliche Situationen (Gefahr für Leib und Leben);
- ungeniertes Ausleben der eigenen egoistischen Interessen und Triebbedürfnisse, ohne auf die damit verbundene Kränkung und Demütigung des Partners Rücksicht zu nehmen (z. B.: Ehemann bringt seine neue Freundin mit in die eheliche Wohnung);
- hört nicht zu, hält sich die Ohren zu, geht einfach aus dem Zimmer, läuft weg;
- Dauerstrom nörgelnder Vorhaltungen und Unzufriedenheitsäußerungen;
- zunehmende Reizbarkeit, fährt bei Kleinigkeiten aufbrausend aus der Haut, Ungeduldshaltung;
- Verstärkung der masochistischen Unterwerfungsakte.

9.1.3 Aufkündigung oder Vernachlässigung der bisher gültigen Spielregeln und ungeschriebenen Gesetze in der Partnerschaft

- der Ehemann stellt sein Mitwirken an der bisher gemeinsam erledigten Hausarbeit ein;
- die Frau kocht nicht mehr;
- die gegenseitige Begrüßung wird unterlassen;

- die Frau macht ihren Ehemann gegenüber den Kindern schlecht;
- der Mann trägt seine Klagen über seine Ehefrau nach draußen, sucht Verbündete gegen sie;
- der Ehemann weist die ihm zugeschriebene Rolle (z. B.: sei großartig, stark, erfolgreich) zurück und erlaubt sich diverse Schwächen;
- die Ehefrau unterlässt es, sich um die schulischen Belange der gemeinsamen Kinder zu kümmern (überprüft die Schularbeiten nicht mehr, besucht die Elternabende nicht mehr);
- der Mann stellt seine Rolle als »Ernährer der Familie« infrage; er kümmert sich als Freiberufler immer weniger um Aufträge, bringt immer weniger Geld nach Hause;
- die Gattin weigert sich, ihren »Hausfrauenpflichten« gegenüber dem Ehemann nachzukommen (wäscht und bügelt seine Wäsche nicht mehr, nimmt an ihn adressierte Anrufe nicht an, lässt den Büro- und Behördenkram liegen).

Die eben mitgeteilten, sich allmählich etablierenden Verhaltensweisen in einer scheiternden Beziehung stellen nur einen kleinen Ausschnitt aus dem Katalog möglicher »Gemeinheiten« im Ehekrieg dar. Sie sind Ursache und Folge von Vorgängen, die gleichzeitig ablaufen. Ein weiterer dieser Prozesse soll nun zur Darstellung kommen.

9.2 Sich etablierende Funktionsmechanismen mit destruktiver Wirkung

Die jetzt zu beschreibenden Prozesse bilden das Kernstück der so genannten Abwärtsspiralen. Sie beinhalten negative Lernprozesse, an deren Ende eine veränderte emotionale Grundhaltung des Protagonisten gegenüber seinem Partner steht. Ich werde jetzt insgesamt acht solcher Funktionsmechanismen beschreiben.

9.2.1 Sensibilisierung

Es gab eine berühmt gewordene indianische Foltermethode: Das Opfer wurde gefesselt, sein Kopf fixiert. Dann ließ man in regelmäßigen Abständen einen Wassertropfen auf immer dieselbe Stelle seiner Kopfhaut fallen. Der anfangs nur als leichte Berührung wahrgenommene Reiz schwoll im Laufe der Zeit (Stunden) zu einem heftigen Schmerz an. Eine kleine Ursache, ständig wiederholt, kann zu einem mächtigen Wirkfaktor werden und dem Opfer die größten Peinigungen bescheren. Der Grund dafür: Es findet eine Sensibilisierung der Schmerzempfindlichkeit der Kopfhaut statt.

Analoges passiert mit menschlichen Affekten im Raum von schlechten Beziehungen. Bestimmte – anfänglich nur leicht störende – Verhaltensmuster eines Menschen können im Laufe der Zeit bei seinem Partner zu einem Prozess zunehmender Sensibilität in Bezug auf eben dieses Verhalten führen. Es kommt zu einer Senkung der emotionalen Schmerzschwelle oder der Frustrationstoleranz des Betroffenen. Seine Enttäuschungsbereitschaft oder Kränkungsempfindlichkeit kann sich in gleichem Maße erhöhen, sodass er schon auf geringfügige (spezifische) Reize – scheinbar unangemessen – mit heftiger Gefühlserregung antwortet. Ich will zur Illustration des Gesagten drei Beispiele anführen:

Jette M. neigt dazu, die Lebensäußerungen ihres Mannes mit einem Dauerstrom leicht nörgelnder Kommentare zu versehen. Jede einzelne ihrer Bemerkungen verdient ob ihres fehlenden Schweregrades keine weitere Beachtung. Aber in der Summation ballen sie sich für ihren Mann zu einer ihn plattwalzenden Lawine zusammen. Er wird mit der Zeit immer empfindlicher gegenüber ihren Äußerungen, beginnt sich demonstrativ die Ohren zuzuhalten, wenn sie spricht, oder laut und unqualifiziert gegen sie anzubrüllen.

Hartlieb W. neigt zur Schlamperei. Er macht unter anderem aus dem Badezimmer ein Schlachtfeld: verspritzt Zahnpasta, verziert Möbel mit Cremespuren, pantscht alles voll Wasser, wirft Handtücher und schmutzige Wäsche auf den Boden, hinterlässt in der Badewanne schmutzige Ränder und Körperreste und verziert die Fliesen mit seinen ausgegangenen Haaren. Seine Frau hat schon häufig und auf moderate Art einen ordentlichen Umgang mit den Hinterlassenschaften seiner Körperpflege angemahnt, aber ohne Erfolg. Im Laufe der Jahre reagiert sie immer allergischer auf die Zeugnisse seiner hygienischen Rücksichtslosigkeit und beginnt, sich vor ihrem Ehegatten zu ekeln.

Moses G. ist ein Zyniker und neigt dazu, andere Menschen abzuwerten. Auch seiner Frau wirft er in Sprachwitz verpackte Rohheiten an den Kopf, die sie in ihrer weiblichen Rolle herabsetzen. Auf die Dauer gesehen fühlt sie sich von ihrem Mann in ihrem Selbstwert demontiert, und jeder weitere Nadelstich trifft sie wie ein Schwertstoß mitten ins Herz.

In scheiternden Beziehungen bekommen bestimmte Verhaltensweisen des Partners eine Art Leitfunktion und werden zu Kristallisationspunkten zunehmender Sensibilisierung. Es gibt immer etwas, was ihn/sie am anderen am meisten stört, aufregt, verletzt oder zur Raserei bringt und das weitere Zusammenleben sehr erschwert.

9.2.2 Das kumulative Trauma

Das kumulative Trauma hat große Ähnlichkeit mit der eben behandelten Sensibilisierung. Bei der Sensibilisierung nimmt die Empfänglichkeit und Empfindlichkeit für einen spezifischen Reiz (eine Verhaltensweise des Partners) zu; beim kumulativen Trauma werden die emotionalen Nachwirkungen von Reizen – die als Einzelne noch nicht traumatisch wirken – gewissermaßen gesammelt und übereinander gestapelt. Wenn die – mit einem negativen Partnererlebnis gekoppelte – Erregung nicht abfließen kann, weil dem Betreffenden die Verarbeitungsmöglichkeiten dafür fehlen, wird sie von der Seele, dem Nervensystem, gespeichert. Diese Erregung kann der neurale Anteil von Ärger, Wut, Angst, Gekränktheit, Scham, Schmerz, Hilflosigkeit usw. sein, die Qualität der Emotion ist dabei zweitrangig. Entscheidend ist vielmehr, dass jeder gleichsinnige Reiz, z. B. eine verletzende Bemerkung, auf ein inzwischen »voll gefülltes Fass« an Gekränktsein trifft und es zum Überlaufen bringt.

Viele, vorerst subtraumatisch wirkende Reize addieren sich solange, bis der auf diese Weise entstandene Gefühlsstau kein weiteres Fassungsvermögen mehr hat. Der nächste (für sich und einzeln
genommen unbedeutend kleine) Vorfall löst dann bei der bereits
vorgeschädigten Person ein Trauma aus und wirkt wie ein Keulen-
schlag.

Ich will ein Beispiel für ein kumulatives Trauma geben:

Mia T., eine 30-jährige, ausgesprochen attraktive Frau, hat die Angewohnheit, ihre Mitwelt mit Wortspielen und Redewitz zu amü-
sieren und zu schockieren. Sie ist ausgesprochen schlagfertig und
platziert ihre lästermäuligen Anmerkungen nicht selten in den Bereich jenseits vertrauter Geschmackskonventionen. Ihr Lebens-
gefährte hat ein ernstes und eher verwundbares Gemüt und ist
ihren verbalen Bissen ziemlich wehrlos ausgeliefert. Mia findet
sich selbst hinreißend und einmalig und betont oft scherzhaft, dass
ihr Liebster eine so tolle Frau wie sie eigentlich gar nicht verdient
habe.

Sie mahnt ihren Anspruch auf Verwöhntwerden an und gibt ihrem
Lebensgefährten zu verstehen, dass er sich in seinen Minnedien-
sten noch steigern müsse. Mia berichtet von schönen attraktiven
Männern, die ihr den Hof machen möchten und nur darauf warte-
ten, dass sie wieder frei ist. Ansonsten ist sie auf Männer im Allgemeinen gar nicht gut zu sprechen. Sie hält viele Exemplare der
männlichen Spezies für Schweine und Egoisten und Menschen, die
Kriege anzetteln, die nur Sex im Kopf hätten und Frauen grundsätzlich nicht verstünden. Und obwohl sie ihren Partner von diesen Verdammungsurteilen ausnimmt, kommt er nicht umhin, sich
auch angesprochen zu fühlen. Mia setzt durch ihre verbalen Attacken kleine Ärgeranlässe und Schreckreize bei ihrem Lebensgefährten. Durch ihre unbekümmert-offene, aber drastische Art wirken ihre Kommentare erst einmal wie die lustigen Knallerbsen
einer frechen Göre, der man eigentlich nichts übel nehmen darf.
Für ihren Partner waren sie jedoch häufig Anlass zu inneren Turbulenzen. Er war sich aber gleichzeitig der Berechtigungsbasis seiner verletzten Gefühle nicht sicher (»Soll ich lachen oder darf ich
irritiert sein?«) und wagte deshalb nur manchmal einen kleinmütigen Protest. Aber sobald er sich wehrte, war Mia aufgebracht. Sie
beantwortete seine gelegentliche Kritik mit energischen Gegen-
worten und kopfschüttelndem Unverständnis und bezeichnete ihn

spöttisch als Mimose, die keinen Spaß verstehen würde. Sie stellte gewissermaßen seine männliche Identität infrage, wenn er sich ihre Bemerkungen so zu Herzen nehmen würde. Er schwieg deshalb oft. Aber trotzdem blieben manche ihrer Worte kleine Nadelstiche für ihn (weil sie ihn abwerteten), über die er sich aber nicht ärgern durfte, wollte er nicht als humorloses Sensibelchen gelten.

Das Traumatisierende an dieser Konstellation sind: die häufige Wiederkehr der gleichen (verletzenden) Bemerkungen, das indirekte Ärgerverbot über sie und die daraus folgende Addition der nicht ausgelebten Frustgefühle. Mias Partner geriet mit der Zeit in die Situation der Hilflosigkeit (»Ich ärgere mich, bin betroffen, kann aber nichts dagegen tun!«) und in eine spannungsgeladene Beklommenheit, die ihn ihrerseits noch empfindlicher machte. Aus vielen kleinen subtraumatischen Reizen hatte sich – kumulativ – ein wirkliches Trauma entwickelt. Ein kumulatives Trauma kann bevorzugt dann entstehen, wenn eine Person aus Gehemmtheit nicht in der Lage ist, den kleinen Nadelstichen ihres Liebesobjekts zu begegnen. Aggressiv gehemmte Menschen z. B. lassen sich häufig jahrelang auf der Nase herumtanzen, ohne sich zu wehren oder ihrem Ärger Ausdruck zu verleihen. Eines Tages können sie dann keine weiteren Demütigungen mehr ertragen (das Fass ist voll!). Aus Gründen der Selbstrettung müssen sie sich dann abrupt – und wie es den äußeren Anschein hat, gnadenlos brutal – von ihrem Partner trennen, um emotional zu überleben.

Bei anderen wiederum erzeugt ein Konfliktstau zunehmend Angst. Die nie zur Sprache gekommenen ehelichen Unverträglichkeiten nehmen zu, mit ihnen die Furcht vor dem Partner. Ich erinnere mich an einen Patienten, der immer größere Probleme im Zusammenleben mit seiner Partnerin bekam, in eine zunehmend stärker werdende hilflose Erregung geriet und dann »überschnappte«, als er seine Frau, nach einer kurzen Trennung, die Treppe hochkommen und die Tür der gemeinsamen Wohnung aufschließen hörte. Ihre bloße Gegenwart war für ihn inzwischen traumatisch geworden, weil er aus neurotischen Gründen nicht in der Lage gewesen war, jahrelang schwelende Probleme anzusprechen und zu lösen. Der Konfliktdruck hatte sich bei ihm inzwischen so hochgeschaukelt, dass er die Integrationsfähigkeit seines Selbst zu sprengen drohte. Es gibt zwei ganz typische eheliche Szenarien, aus denen heraus sich besonders häufig ein kumulatives Trauma entwickeln kann:

a) das Fehlverhalten eines Menschen wird von seinem Partner immer wieder entschuldigt und damit scheinbar toleriert, z. B.: er trinkt und versackt abends häufig in einer Kneipe; er geht laufend fremd; er zeigt aggressive Entgleisungen; er verhält sich extrem abweisend gegenüber der ersten Familie seiner Ehehälfte usw.

b) die unfreundlichen, ja quälerischen Akte einer Person werden von ihrem Partner scheinbar geduldig und ohne viel Murren ertragen, z. B.: sich Ausnutzenlassen, rechthaberisches Belehrtwerden; extremer Geiz; nur für den anderen Existentsein, wenn man gebraucht wird; Reduzierung des gemeinsamen Beisammenseins auf ein Minimum usw.

In beiden Fällen (das Beispiel Mia T. fällt unter Punkt b) werden bestimmte Fehlverhaltensweisen des Liebesobjekts scheinbar ohne Gegenwehr und Gemütsbewegung hingenommen, obwohl sie den Betroffenen mehr oder weniger bewusst ärgern oder verletzen oder ängstigen. Die empfangenen Nadelstiche summieren sich hinter einer »nur dem Schein nach bestehenden Fassade aus Toleranz« zu einem ernsthaften emotionalen Problem. Eines Tages ist das Fassungsvermögen des Protagonisten für diese quälenden Reize erschöpft, das Verhalten des anderen wird zum Trauma. Kumulative Traumata spielen infolge ihrer großen Sprengkraft in scheiternden Beziehungen eine verhängnisvolle Rolle.

9.2.3 Aggressivierung

Je unbefriedigender eine Beziehung läuft, umso größer ist in der Regel die Neigung der Beteiligten, aufeinander einzudreschen. Aggressive Auseinandersetzungen sind dabei die am häufigsten gebrauchte Strategie, Partner-Frust abzureagieren. In vielen unglücklichen Beziehungen nimmt deshalb das Ausmaß an gegenseitiger Angriffslust, an Streit und aggressiven Attacken deutlich zu. Dabei kann es per Lernprozess zu einer steigenden Verrohung der Sitten und Umgangsformen kommen, manchmal zu einem »Kampf bis aufs Blut«.

Die Aggressivierung kann sich aber auch in einer allgemeinen Protest- und Oppositionshaltung ausdrücken (egal, was der Partner tut oder vorschlägt, der andere ist dagegen) oder aber zu einer krankhaften Aufstachelung des Selbstbehauptungswillens führen. Im letzteren Fall fühlen sich die Kontrahenten immer gleich »benachteiligt, gegängelt, übergangen oder über den Tisch gezogen«, sodass es kaum noch zu konstruktiven, gemeinsamen Aktionen kommt. Denn jeder ist krampfhaft bemüht, seine eigene Position zu behaupten, weil er sich sonst gedemütigt und abgewertet fühlt (»Mit mir Pflaume kann er/sie es ja machen!«).

Wir werden dem Thema Aggressivierung noch einmal begegnen, wenn es um die so genannte symmetrische Eskalation geht.

9.2.4 Verfestigung von negativen Verhaltens- und Reaktionsmustern; Chronifizierung von Konfliktlagen

Eine temporär angewandte Strategie im Umgang mit Eheproblemen, die nur auf dem Höhepunkt eines Konflikts oder einer Auseinandersetzung benutzt wurde, kann sich verselbstständigen und zur Dauereinrichtung werden. Alle im vorausgegangenen Kapitel vorgestellten partnerschaftsfeindlichen Reaktionsmodi können auf diese Weise chronisch werden und zur permanenten Ausrüstung des täglichen Ehelebens avancieren.

Hatte eine Frau ihrem Ehegatten wegen eines ungelösten Streits z. B. für einige Tage den sexuellen Verkehr verweigert, so dehnt sie diese Verweigerung nun auf Wochen und Monate aus, um sie letztlich für immer aufrechtzuerhalten.

Aus dem gelegentlichen Abschlagen einer Bitte kann eine dauerhaft durchgeführte, ganz gezielte Enttäuschung der Erwartungen des anderen werden. Nun lehnt es die Person grundsätzlich ab, helfend einzuspringen oder dem Partner irgendeinen Wunsch zu erfüllen.

Hatte sie ihn früher gelegentlich übersehen und nicht beachtet, so behandelt sie ihn jetzt wie Luft und negiert sein Vorhandensein.

Aus einem vereinzelten Schmollen kann ein nicht endendes vorwurfsvolles Gekränktsein entstehen. Hatte sich ein Mann bisher nur begrenzt mitleidsvoll gegenüber den Krankheiten seiner Frau verhalten, so demonstriert er nun eine reaktionslose Unempfindlichkeit angesichts ihrer diversen Panikanfälle, Nervenzusammenbrüche und Suiziddrohungen und handelt sich den Vorwurf ein, »kalt wie eine Hundeschnauze« zu sein. Auch gelegentlich aufflammende Konflikte, durch Aussprache oder Entgegenkommen bisher immer wieder befriedet, verselbstständigen sich und werden oft chronisch, wenn auf beiden Seiten die Versöhnungsbereitschaft fehlt. Ich will aus dem schier unbegrenzten Bereich möglicher Konflikte vier an der Zahl herausgreifen und als Beispiele anführen:

- Eine Frau: »Ich bin sehr bedürftig und brauche ganz viel – aber ich kann das, was du mir gibst oder zu geben bereit bist, meistens nicht annehmen (aus Stolz, Angst vor Abhängigkeit). Aus diesem Grund weise ich deine freundlichen Annäherungen brüsk zurück.«
- »Ich liebe dich nicht mehr, du bist mir schnuppe – trotzdem bin ich total eifersüchtig auf deine vielen außerehelichen Kontakte mit Kollegen und Freunden und mache dir deswegen laufend Vorwürfe.«
- »Ich möchte unseren ehelichen Kriegszustand beenden, sehne mich nach Liebe und Harmonie – aber ich habe Angst vor einer erneuten Enttäuschung. Deshalb lasse ich meine Stacheln permanent ausgefahren, obwohl es mir sehr schwer fällt.«
- »Du bist ein Ekelpaket und ich will mich von dir trennen – aber leider bedeutest du mir immer noch eine ganze Menge. Ich werde mich hüten, dich davon etwas spüren zu lassen.«

An den mitgeteilten Beispielen sehen wir, wie sich hier bestimmte Konfliktlagen – die in der Vergangenheit des Paares nur ab und an aufgetreten sind – chronifiziert haben und durch ihre ständige Wirksamkeit die eingetretene Abwärtsspirale beschleunigen.

9.2.5 Abstumpfung

Dieser Funktionsmechanismus stellt das Gegenstück zur bereits dargestellten Sensibilisierung dar. Menschen müssen nicht auf eine ständig sich wiederholende, äußerst nervige Angewohnheit ihres Partners mit zunehmender Sensibilität reagieren. Sie können im Gegenteil auch immer unempfindlicher dagegen werden und mit der Zeit fast völlig abstumpfen. Diese Abstumpfung bleibt aber häufig nicht auf diese spezielle, sehr störende Verhaltensweise beschränkt. Sie dehnt sich aus, wird generalisiert und erfasst dann die Person des Partners in ihrer Gesamtheit, zumal wenn sie auch sonst ein Widerling und Radaumacher ist.

Der Protagonist weicht dem krank machenden Ehestreit dadurch aus, indem er gefühllos wird oder allen Belangen und Querelen seines ehemaligen Liebesobjekts immer gleichgültiger gegenübersteht. Auf diese Weise spart er Kraft und seelische Energie, verliert aber den Partner dabei aus seinem Gefühl.

Wir kennen klassische Abstumpfungsprozesse überall dort, wo ein permanenter Hagel von traumatischen Reizen die Integrationsfähigkeit einer psychischen Struktur überschreitet und die betreffende Person gezwungen ist, auf einem niedrigeren Energie- und Reifeniveau zu funktionieren. Ich denke dabei an die Gefangenen in einem Straflager, an die Obdachlosen, an Menschen im Strudel einer Drogenkrise oder in lang andauernden Elendssituationen und an die Straßenkinder in südamerikanischen Großstädten. Alle diese Individuen haben sich gegen das Trommelfeuer der täglichen »Schläge« und Demütigungen immun gemacht, indem sie alle höher organisierten menschlichen Gefühle in sich abgetötet oder verschüttet haben.

Der Nervenkrieg in einer zerrütteten Ehe kann ein solches Ausmaß an schädlichen Erregungsmomenten mit sich bringen, dass nur noch Abschalten und Empfindungsloswerden das seelische Überleben rettet.

9.2.6 Übersättigung

Übersättigt sein kann ein Mensch immer dann, wenn er des »Guten zu viel« genossen hat. Der exzessive Konsum von Liebe, Streichelorgien und Sexualität z. B. führt bei manchen Personen relativ schnell dazu, dass ihnen heute das zum Halse heraushängt, was sie noch Wochen, Monate und Jahre zuvor heftig begehrt haben. Intensive Beziehungsangebote in Form von kritikloser Bewunderung, maßloser Nähe, altruistischem Umsorgen und Verwöhnen oder unterwürfiger Anpassungsbereitschaft können beim Partner Entzücken und Labsal auslösen und begeistert angenommen werden. Nicht selten aber schlägt die Freude über so viel Entgegenkommen in Ablehnung und Verdruss um, wenn diese Art der Befriedigung bis zur Neige ausgekostet wurde. Es ist dann fast so wie beim Schlagsahneessen: täglich und zu häufig genossen, »kotzt« sie einen bald an. Hinzu kommt, dass es Menschen mit einem ausgeprägten Abwechslungsbedürfnis gibt, die auf der Suche nach immer neuen Reizen und Erlebnismöglichkeiten sind und die ein und derselben Sache – beispielsweise einem bestimmten Verhalten ihres Partners – nur über eine begrenzte Zeit hinweg Sympathie entgegenbringen können. Übersättigungsprozesse treten bevorzugt auch überall da auf, wo Paare nicht maßhalten, sich keinen Rückzug voneinander zugestehen, sich gehen lassen und die sexuelle Spannung zwischen sich so lange pausenlos ausreizen, bis sie verschwunden ist.

9.2.7 Immobilisierung

Immobilisierung meint das Gegenteil von Mobilsein und bezeichnet jenen Prozess, der sich in einer zunehmenden Erstarrung aller seelischen Lebensfunktionen einer Person ausdrückt. Sie ist eine Spielart des so genannten Totstellreflexes und läuft auf eine teilweise Lähmung der Gefühle, Wünsche und Handlungsmöglichkeiten eines Individuums hinaus. Sie trifft bevorzugt altruistisch eingestellte Menschen, die sich und ihre eigenen Bedürfnisse weitgehend verleugnen und ganz den Pol der Selbstaufgabe leben. Der Fokus ihrer Aufmerksamkeit ist total auf den Partner gerichtet: nur er zählt, nur er ist wertvoll, nur er hat Recht und die Berechtigung, seinen Interessen und Stimmungen zu folgen. Häufig treffen wir diese Konstellation bei Paaren an, die eine auffällige Symbiose pflegen, in der es aber nur ausgesprochen egoistisch nach den Bedürfnissen und Verletzbarkeiten eines von beiden geht. Das ausgebeutete und somit funktionalisierte Liebesobjekt hat die Aufgabe, die depressive oder unzufriedene Lebensgrundstimmung des anderen mitzutragen, einen Schonraum bereitzustellen, empathisch mitzuschwingen, unendlich aufmerksam und verstehend zu sein, die Weltsicht des anderen zu teilen und voller Mitgefühl und Dankbarkeit dessen Leben zu begleiten. Es selbst darf keine Kritik äußern, keinen Streit anzetteln, keine eigenen Wünsche und keinen eigenen Kummer haben. Der altruistische Mensch fürchtet Gegenwehr in jeder Form, der andere könnte ihn sonst enttäuscht verlassen oder krank werden oder in Depressionen verfallen, an denen er dann Schuld trüge. Er darf sich also selber nicht entfalten noch seine Impulse und Gefühle ausdrücken. Auf diese Weise gerät er in eine Situation der inneren Hilflosigkeit; die gestauten Energien schlagen auf ihn selbst zurück und führen zu einer allgemeinen Devitalisierung seiner Person.

Eine Frau in der Situation der Immobilisierung beschreibt ihren Zustand wie folgt: »Ich bin dann unfähig, einen Laut von mir zu geben. Ich bin sprach- und tonlos. Meine Gefühle sind unter Verschluss. Ein großer, schwerer Riegel ist davor. Ich will eine Hand bewegen, aber es geht nicht. Ich möchte mich am liebsten in einem Mauseloch verkriechen, mich unsichtbar machen, einrollen, zu einem imaginären Punkt zusammenschrumpfen. Ich habe das Gefühl, ganz starr zu sein. Ich stecke in einer Kapsel. Mein Körper ist eingepanzert. Aber solange ich nichts bewege, passiert auch nichts. Mein Muster ist es, mich tot zu stellen; nichts zu tun; zu warten, was der andere macht. Ich darf meinen Gefühlen nicht nachgeben. Meine Gefühle könnten den anderen verletzen, Tränen auslösen, ihn krank oder traurig machen. Dann bin ich egoistisch, ein böser Mensch!«

Dasselbe Schicksal kann grundsätzlich jedem aggressiv-gehemmten Individuum widerfahren, weil es seinem Ärger und seinem Widerstand keine Geltung verschaffen kann. Es trifft auch jene Personen, die im Verlaufe einer streiterfüllten Ehe immer mehr ins Hintertreffen geraten (ihr Partner ist stärker und durchsetzungsfähiger) und infolge eines Selbstwertverlustes die Fähigkeit zu angemessener Gegenwehr eingebüßt haben.

Der Prozess der Lähmung und Passivierung kann schleichend auftreten, eine Zeit lang unbemerkt bleiben, dann aber im Laufe vieler Ehejahre das Lebensgefühl eines Menschen erheblich beeinträchtigen. Der Betroffene ahnt dann nur noch, dass es ihm früher einmal viel besser gegangen ist. Oft sieht er im abrupten Ausbruch aus der Beziehung die einzige Rettung für sich.

9.2.8 Negative Ping-Pong-Prozesse

Alle Abwärtsspiralen beruhen letztlich auf den Interaktionsvorgängen der Beteiligten und nicht primär auf irgendwelchen Triebtendenzen oder originären Bedürfnissen, die sich ausleben möchten. Das Verhalten des einen ist Anlass für den anderen, sich ebenfalls in einer partnerschafts-abträglichen Weise zu benehmen. Auf diese Weise entsteht eine rückgekoppelte Kettenreaktion. Besonders deutlich tritt diese wechselseitige Bedingtheit des gezeigten Verhaltens bei den (von mir so genannten) negativen Ping-Pong-Prozessen auf. Das Paar spielt sich gegenseitig die Bälle zu. Jeder erneute Ballkontakt ist Grund, den angenommenen Ball mit noch größerer Kraft zurückzuschlagen, sodass das »Spiel« irgendwann zwangsläufig entgleisen muss. Es findet also keine Gegensteuerung, d. h. Dämpfung des Systems, statt (z. B.: »Wenn du mich anschreist und immer lauter wirst, versuche ich, dir ruhig und beruhigend zu antworten.«), um den sich aufschaukelnden Vorgang auf einen Sollwert zurückzufahren, sondern das Gegenteil: eine Eskalation.

Ich will an dieser Stelle zwei Funktionsmechanismen vorstellen, die typische Ausdrucksformen eben jener Art von Prozessen sind, wie sie eben beschrieben wurden: die symmetrische und die komplementäre Eskalation.

Die symmetrische Eskalation

Eine symmetrische Eskalation liegt immer dann vor, wenn der Empfänger einer Botschaft genau das Gleiche als Antwort zurückgibt, was er vom anderen erhalten hat, unter Umständen aber um »einige Zacken schärfer!« Gleiches wird also mit Gleichem vergolten mit der Tendenz, oft noch einen Zahn zuzulegen. Es ist so, als ob beide Kontrahenten es ihrer Selbstachtung schuldeten, um keinen Preis der Welt nachzugeben und damit als der Verlierer oder Schwächling dazustehen. Insofern findet ein unausgesprochener Wettbewerb zwischen den beiden statt, und zwar mit dem Ziel, es länger und unbeschädigter aus- und durchzuhalten als der Partner. Jede Gemeinheit des Widersachers stachelt den unbedingten Behauptungswillen des Getroffenen an, seinerseits nur noch effektiver zurückzuschlagen (was z. B. vor und während einer Scheidung oft in unwürdiger Weise demonstriert wird). Überhaupt ist die symmetrische Eskalation mit das traurigste Kapitel menschlichen Verhaltens im ehemaligen Bereich von Partnerschaft und Liebe, weil es den anderen auf die Knie zwingen, seiner Würde und Daseinsberechtigung berauben und im äußersten Fall vernichten will.

Es folgen nun einige typische Beispiele für die Abwärtsspirale »symmetrische Eskalation«:

- Gewalteskalation: Streit und Aggressionen nehmen zu, ein permanenter Ehekrieg zermürbt die Kontrahenten manchmal bis zur völligen Erschöpfung;
- das Vorenthalten von Befriedigung wird zur Dauereinrichtung; es kommt zu einer wechselseitigen Verweigerung lebenswichtiger Bedürfnisse (Sex, Zärtlichkeit, Zuwendung, Aufmerksamkeit, Hilfe, Unterstützung etc.); die Tendenz geht dahin, den anderen auszuhungern;
- jeder glaubt, mit seiner Art der Eheführung, der Ansprüche an den Partner, mit seiner Art des Denkens, Fühlens und Wollens absolut im Recht zu sein; da sein verstockter Kontrahent das nicht einsieht, entwickelt er eine Dauerhaltung trotziger Opposition;
- er und sie operieren mit Schuldgefühlserzeugung: wechselseitige Schuldzuweisungen plus moralische Verteufelungen sollen den anderen ins Unrecht setzen und auf die Anklagebank bringen; Vorwurfshaltung;
- beide unternehmen den heftigen Versuch, die gemeinsamen Kinder auf die eigene Seite zu ziehen und als Verbündete im Kampf gegen den anderen zu benutzen;
- beide verwickeln sich in nicht endende Machtkämpfe;
- beider Selbstbestimmungsanspruch eskaliert: jeder erhebt seine Lebensform zur allgemein gültigen Norm und will sie dem anderen aufzwingen; jeder versucht, den anderen zu erziehen und in die gewünschte Passform zu bringen;
- der Ehekrieg bedient sich der Waffe der gegenseitigen Entwertung; am anderen wird kein gutes Haar mehr gelassen;
- Rückzug und fast vollständiger Abbruch der Kommunikation;
- Vergeltungsschläge nehmen immer heftigere Formen an: Untreue wird mit noch mehr Untreue, Zerstörung von Eigentum mit noch mehr Zerstörung, Bloßstellung in der Öffentlichkeit

und Publikmachen von Verfehlungen mit noch mehr des Gleichen vergolten; wenn Rachetendenzen überhand nehmen, ist die höchste Stufe der Eskalation und Gefährdung erreicht;

– Sich-aus-dem-Weg-Gehen: hier hat man es darauf angelegt, einander zu vermeiden. Der Partner wird zur Unperson, die Berührung mit ihm auf das kleinstmöglichste Maß reduziert. Jede Gelegenheit wird benutzt, dem Dunstkreis des ungeliebten anderen zu entfliehen und zwei parallele Leben zu führen, bis sich nach Jahr und Tag zwei Fremde gegenüberstehen und sich recht leise und für immer voneinander verabschieden.

Die komplementäre Eskalation

Unter komplementärer Eskalation wollen wir einen Prozess verstehen, der bei einem beteiligten Paar »entgegengesetzte Entwicklungslinien« entstehen lässt. In dem Maße, wie der eine z.B. Oberwasser gewinnt, verliert der andere an Kraft und Durchsetzungsvermögen; in dem Maße, wie der eine krank und wehleidig wird, gewinnt der andere an Gesundheit und Vitalität. Die Partner in einer Verbindung streben gewissermaßen den Polen eines konträren Zustandes zu, wobei der eine Pol eher die Qualitäten von progressiv-kraftvoll, der andere die von regressiv-schwächlich besitzt. Zwischen den Akteuren kommt es zu einer komplementären Rollenaufteilung, die in der Regel auch ein starkes Ungleichgewicht in Bezug auf den emotionalen Profit beinhaltet (zu Beginn der Eskalation), den der Einzelne aus der Beziehung entnehmen kann. (Achtung: die komplementäre Eskalation darf nicht mit der so genannten Kollusion verwechselt werden!) Oft entscheiden kleine Unterschiede im Kräfteverhältnis eines streitenden Paares, dass ein bis dahin bestehendes Gleichgewicht kippt. Der sich ein wenig überlegen Fühlende erfährt durch diese Wahrnehmung einen Zuwachs an Selbstbewusstsein. Das macht es ihm möglich, noch ein wenig kraftvoller aufzutreten. Sein Partner dagegen spürt den eigenen »Punkteverlust« und erlebt damit gekoppelt eine Minderung seines Selbstwertgefühls. Er ist nun weniger stark, seine Gegenwehr wird matter. Der andere wittert Morgenluft. Er merkt die nachlassende Widerstandskraft seines Kontrahenten und bekommt Lust, noch entschiedener aufzutrumpfen. Die beiden entwickeln sich auseinander. Es ist wie bei einer Berg- und Talfahrt: Indem die eine Gondel nach unten strebt, zieht sie die andere nach oben. In den meisten, aber nicht in allen Fällen von Rollenpolarisierung muss es nicht zu dieser »Divergenz von Stärke« kommen. Es etablieren sich auch entgegengesetzte Positionen, die gleichrangig sind.

Ich will an dieser Stelle gleich einem möglichen Missverständnis vorbeugen, nämlich dem Eindruck, es könnte im Rahmen der komplementären Eskalation zu einem Sieger und zu einem Verlierer kommen. Der unterschiedliche Gewinn, der den beiden aus der divergenten Entwicklung ihrer Paarverbindung zuteil wird, existiert nur zu Anfang der Abwärtsspirale. Es gehört nämlich zum Wesen einer Zweierbeziehung, dass entweder immer beide gewinnen oder immer beide verlieren. Der äußere Augenschein kann übrigens täuschen und in die Irre führen. Der vermeintlich Stärkere z. B. muss nicht die überlegene Position in der Paarverbindung einnehmen, er kann z. B. durch die Ohnmacht oder Krankheit seines Partners beherrscht oder in Atem gehalten werden. Nur die Innenansicht einer Beziehung sagt etwas über das wahre Kräfteverhältnis aus.

Nach diesen Vorbemerkungen möchte ich nun fünf häufig vorkommende Rollenpolarisierungen vorstellen:

Flüchter und Verfolger

Das Thema »Flüchter und Verfolger« ist in der psychoanalytischen Literatur häufig beschrieben worden, und zwar im Zusammenhang mit beziehungs- und bindungsängstlichen Paaren. Es ging dabei dann darum, dass beide Personen in einer Paarverbindung Nähe- und Bindungsängste haben, diese aber in zwei entgegengesetzten Rollen ausleben. Während der eine die Nähe sucht, begibt sich der andere auf Distanz und umgekehrt.

Ich meine hier einen anderen Sachverhalt: Der Protagonist verspürt Trennungswünsche und geht deshalb auf zunehmende Distanz. Sein Partner erlebt den drohenden Verlust seines Liebesobjekts als einen äußerst angsteinflößenden Vorgang. Er leitet deshalb Gegenmaßnahmen ein, versucht, den anderen zu halten, beginnt zu klammern, drängt auf häufige und ausgedehnte Kontakte, will vermehrt Nähe herstellen und lässt den andern nicht mehr aus den Augen. Der dergestalt Bedrängte tritt die Flucht an, wird dabei aber von seinem Kontrahenten verfolgt. Unternimmt es der Verfolger, mit Vorwürfen und Schuldgefühlserzeugung zu arbeiten oder den zunehmend Spröden mit Geschenken und oralen Überangeboten zu »verwöhnen«, kann diese Situation in ihr beabsichtigtes Gegenteil umschlagen und den Flüchtenden noch stärker forttreiben.

Die Macht-Ohnmachtspirale

Ausgedehnte und substanzzehrende Ehekriegsspiele können die Widerstandskräfte eines Beteiligten erheblich schwächen und seine »subjektiv vermeinte Mächtigkeit gegenüber den Anforderungen und Anfechtungen des Lebenskampfes« (Lersch, 1938) herabsetzen. Er wird ängstlich, hilflos und infantil. Am liebsten möchte er sich in einem Mauseloch verkriechen und nichts hören und nichts sehen. Er überlässt seinem mächtigeren Partner das Feld, schrumpft nach jeder verlorenen Auseinandersetzung wieder ein Stückchen mehr zusammen und wagt am Ende kaum, überhaupt noch »Pieps« zu machen. Die Gleichgewichtsbalance kippt total. Hier hilft nur noch Fortlaufen – wahrscheinlich bei Nacht und Nebel, wenn der starke andere schläft oder nicht zu Hause ist.

Der hypertrophierende Versorgungsanspruch

Person A. lässt sich – im Gefolge permanenter ehelicher Streitigkeiten und nicht lösbarer Probleme – immer mehr hängen, wird depressiv und dabei immer passiver. Sie kümmert sich immer weniger um den gemeinsamen Hausstand und ihre bisherigen Pflichten und Verantwortlichkeiten. Sie möchte – wie ein kleines Kind – versorgt und aller Verpflichtungen ihrer Rolle enthoben werden. Der Partner soll machen, besten oralen Service bieten und durch verdoppelte Anstrengungen das schlingernde Eheschiff sicher durch die wild bewegte See steuern. Die Person büßt ihre Erwachsenen-Reife ein und regrediert auf frühkindliche Erlebnismuster. Das ist für den aktiven Partner – und sei er noch so ein Ausbund an Fleiß – auf die Dauer eine massive Überforderung. Er wird die ihm zugeschanzte Rolle deshalb auch nur für eine begrenzte Zeit durchhalten können und eines Tages kapitulieren.

Die Spaltung in Opfer und Täter

Statt »das Opfer und der Täter« könnte die Überschrift auch »die Gute und der Böse« lauten. Diese Konstellation lässt sich am deutlichsten am Beispiel einer Trinker-Ehe darstellen, am Verhalten eines Alkoholikers und der Reaktion seiner Frau auf seine Sucht. Ein Mann fängt wegen intensiver Partnerschwierigkeiten an zu trinken und gefährdet damit seine berufliche Laufbahn und seine soziale Reputation. Seine Frau versucht gegenzusteuern: sie redet moralisierend auf ihn ein, verstärkt ihre Vorwürfe immer mehr und lässt letztendlich kein gutes Haar mehr an ihm. Sie baut ihren Gatten zu einem Bösewicht auf und vermittelt ihm das Bewusstsein, von Grund auf schlecht zu sein. In dem Maße, wie ihr eigener Heiligenschein wächst, sinkt sein Stern immer mehr. Sie rutscht in die Rolle des armen Opfers, das unter dem rücksichtslosen und unverantwortlichen Verhalten ihres Gatten leiden muss. Er wird zum charakterlosen Täter abgestempelt, den die Keule der moralischen Verurteilung sehr heftig und zu Recht trifft. Wenn sie nicht eine Co-Alkoholikerin ist und just die Situation benötigt, die sie selbst lautstark beklagt (nämlich einen schwachen Taugenichts zu haben, über den sie moralisch triumphieren kann), dann wird diese Beziehung auseinander brechen.

Die altruistische Eskalation

Wie von mir bereits an mehreren Stellen dieses Buches beschrieben, gibt es Menschen, die aus der Sehnsucht nach primärer, nie abgesättigter Mutterliebe heraus sich einen eher spröden Partner suchen, um dessen Zuneigung sie sich pausenlos und aktiv bemühen. Da sie in der Regel auch Früh-Enttäuschte sind und an ihrem eigenen Wert zweifeln, glauben sie, die Liebe ihres Partners nur dann erlangen zu können, wenn sie selber laufend Verzichte leisten und sich ganz auf den anderen und dessen Bedürfnisse einstellen. Sie leiden in der Regel unter Trennungsangst und fürchten nichts so sehr, als eines Tages wieder einsam und verlassen dazu-

stehen und der eigenen Verzweiflung und dem Erlebnis von Sinn-
losigkeit anheimzufallen. Häufig geraten Menschen dieses Charakters an Partner, die krasse Egoisten sind und ihr Liebesobjekt
ausbeuten, ohne selber irgendwelche Dankbarkeits- und Wieder-
gutmachungsregungen zu empfinden. In einer gefährdeten Ehe
kann es bei einem solchen Paar zu einer sich ständig verschärfen-
den Polarisierung der gegensätzlichen Rollen kommen. Der eine
zieht immer ungenierter sein Ego- und Ausbeutungsprogramm
durch, während der andere »immer mehr vom Gleichen« (sprich:
Zuwendung, Verwöhnung) anbietet, bis er vor Selbstaufopferung
zusammenbricht und nicht mehr kann.

Eine ähnliche Konstellation – wie die eben beschriebene – begegnet uns bei Paaren, bei denen der eine von beiden in die Verwahrlosung abdriftet, weil er unter dem Druck des täglichen Beziehungsstresses dekompensiert und seine Steuerungsfähigkeit verliert. Er »schmeißt« unter Umständen seine Arbeit, wird promis-
kuös, macht Schulden, treibt sich herum. Sein Partner versucht
krampfhaft gegenzusteuern und das Ordnungsprinzip zu verstärken. Je mehr der eine entgleist, desto entschiedener wird der andere auf Disziplin, auf »low and order« aus sein.

Die sexuelle Abwärtsspirale

Die Sexualität eines Paares ist in der Regel für Beziehungsprobleme in dem Sinne anfällig, dass mindestens einer von beiden eine
sexuelle Störung entwickelt, z. B. die Orgasmusfähigkeit verliert
oder eine Lusthemmung ausbildet. Männer werden impotent,
Frauen frigide. Im schlimmsten Fall treten Ekelreaktionen auf:
schon die körperliche Berührung durch den anderen führt zu Miss-
empfindungen und Abwehrimpulsen. Der sexuelle Rückzug des
einen kann die sexuelle Begehrlichkeit des anderen verstärken.
Obwohl seine bisherigen sexuellen Bedürfnisse durchschnittlich
ausgeprägt waren oder sogar deutlich unter der Norm lagen, entdeckt er jetzt plötzlich seine Triebhaftigkeit. Dadurch, dass er
Sexualität nicht mehr bekommt, wird sie für ihn nun besonders
kostbar, erstrebenswert, ja unentbehrlich. Der sexuell Gehemmte
wird nun von seinem Partner pausenlos attackiert, auf sein Versagen hingewiesen und an seine sexuellen Geber-Pflichten erinnert.

Aber je mehr der Bedürftige Sex einfordert, umso mehr sperrt sich der andere: bis dahin, dass gar nichts mehr geht.

Die zunehmende Flucht in die Krankenrolle

Seelisch labile oder körperlich anfällige Menschen können unter einer sich desolat-zuspitzenden Ehesituation krank werden und die Last dieser Krankheit ihrem Partner aufbürden. Der andere wird unfreiwillig und ungewollt in die Rolle des Krankenpflegers gedrängt und soll sich unter ausgiebigsten Mitleidsbekundungen nun um den armen Leidenden kümmern. Die Sorge um die angeschlagene Gesundheit des Kranken soll die Gedanken von einer drohenden Trennung ablenken oder ganz eliminieren. Unausgesprochen wird dem Gesünderen auch noch die Schuld für die schlechte Befindlichkeit seines Partners zugeschoben und Wiedergutmachung eingefordert.

Besonders prekär wird die Situation immer dann, wenn der Protagonist depressiv ist und unausgesprochen oder offen mit Selbstmord droht. Dann wird sein Partner zum »Hüter über Leben und Tod« bestellt und muss dafür sorgen, dass sich der andere nicht suizidiert. Das wiederum kann er nur erreichen, indem er ganz auf die Linie des Kranken einschwenkt, dessen Weltsicht und Selbstverständnis teilt und alle Aggressionen gegen ihn unterdrückt. Der Kranke setzt ihn enorm unter Druck und teilt ihm eine unmissverständliche Botschaft mit: »Alles, was mich aufregt, kränkt, mir Angst macht, mich ins Unrecht setzt oder was unseren Status quo gefährdet, ist strengstens zu unterlassen! Wenn du nicht lieb bist, muss ich sterben.« Eine solche Bürde ist unerträglich (wenn man nicht ein Masochist ist) und kann nur über eine begrenzte Zeit verkraftet werden. Der in die Krankenpflegerrolle Gedrängte wird aufbegehren und damit die gesundheitliche Abwärtsspirale seines Partners verstärken. Das bedeutet in der Konsequenz noch mehr Pflege und noch mehr Rücksichtnahme. Aber eines Tages ist die Schraube überdreht. Es kommt unter den Befreiungsschlägen des Gesünderen (»Jetzt ist mir alles scheißegal!«) zum Zusammenbruch der Beziehung.

Apropos Krankheit:

Krank werden können Menschen infolge eines ausgeprägten und lang andauernden Beziehungsstresses unter anderem immer dann, wenn die Pufferkapazität ihrer Seele erschöpft ist oder überschritten wird. Sie können dann die anfallenden Partner-Probleme nicht mehr bewältigen und verfallen deshalb – natürlich meist unbewusst – auf eine Scheinlösung ihrer Konflikte mittels Krankheit. Die am häufigsten gewählten seelischen und/oder psychosomatischen Krankheitsbilder sind: Angstzustände/Phobien, Depressionen, nervöse Erschöpfung; gastro-enterologische Krankheiten, Herzneurose, Kopfschmerzen, Rückenprobleme, Schlaflosigkeit, Sexualstörungen, Sucht (Alkohol-, Fress-, Magersucht) und Suizidalität.

Neurotisierung

Anknüpfend an das vorausgegangene Thema (Krankheit), will ich jetzt eine spezielle Erkrankungsform herausgreifen und noch etwas ausführlicher beleuchten.
Es geht in diesem Zusammenhang um das Phänomen, dass zerbrechende Paarverbindungen eine bislang schlummernde Neurose aktivieren können, weil sich im Gefolge von frustrierenden Auseinandersetzungen das Bild vom Partner ändert. Der Partner offenbart plötzlich Charakterzüge, die er in dieser Weise bisher weder gezeigt noch ausgelebt hat. Oder ihm werden vom Protagonisten Eigenschaften zugeschrieben, die er an seinen primären Bezugspersonen wahrgenommen und hassen gelernt hat. Mit einem Mal wird auf den anderen eine Mutter- und/oder Vaterübertragung vorgenommen. Im gleichen Zuge tauchen dann alle jene destruktiven und leidbringenden Beziehungsmuster auf, die Inhalt frühkindlicher Konflikte waren. Jetzt – und erst jetzt – etabliert sich ein neurotischer Clinch, der eine bereits in Gang gekommene und aus anderen Quellen stammende Abwärtsspirale zusätzlich aufheizt. Die Wiederkehr des Verdrängten führt zum Virulentwerden alter Ängste, kindlicher Schuld- und Schamgefühle, alter Verletzungen und narzisstischer Gefährdungen. Der auf diese Weise in die Enge gedrängte Mensch mobilisiert frühere Verteidigungsstrategien und Abwehrmechanismen oder dekompensiert. Der Partner kann im subjektiven Erleben des Protagonisten Züge der »bösen Mutter« (Vater) annehmen und als eine zunehmend feindselige Instanz angesehen werden, die es darauf abgesehen hat,

»mich kaputtzumachen und zu vernichten!« Er kann zu einem häufig abwesenden Objekt werden, das sich immer mehr entzieht und für die Liebeswünsche des anderen immer unerreichbarer wird.

Er kann die wachsende Gefahr heraufbeschwören, die Beziehung total zu sprengen und sein Liebesobjekt zu verlassen. Das wiederum erzeugt unter Umständen massive Verlustängste beim anderen und kann zu einem quälenden Anklammerungsverhalten führen.

Der Partner kann wie Mutter (Vater) als eine zunehmend einschränkende und kontrollierende Instanz erlebt werden, die es darauf abgesehen hat, den anderen wie in einem Gefängnis einzusperren. Seine Bemächtigungstendenz provoziert bei seinem Opfer sehr häufig gegenteilige Triebkräfte und sich wiederholende Ausbruchsversuche.

Die Neurotisierung einer Person infolge ihrer sich massiv verschlechternden Beziehung kommt relativ häufig vor und bildet oft den Anlass, einen Therapeuten aufzusuchen. Sie tritt aber nur dann auf, wenn der Betreffende bereits seelische Verformungen und ungelöst gebliebene, das heißt unbewusste, aus der Kindheit stammende Konflikte mit in die Paarverbindung einbringt.

Verschärfung der Gegensätze

Wir alle wissen, wie machtvoll es einer Liebe gelingen kann, Gegensätze zu überbrücken. Das störende Anderssein des Partners erscheint im rosigen Licht einer starken Zuneigung als eine spielend hinzunehmende Bagatelle. In dem Maße aber, wie Liebe abnimmt oder ganz erlischt, manifestieren sich die einstmals unterschätzten Gegensätze des Charakters und der Lebensführung wieder sehr deutlich und konfrontieren zwei Menschen miteinander, die sich in ihrer Verschiedenheit kaum wiedererkennen. Überrascht äußern die beiden ihr Unverständnis darüber, wie man überhaupt ein solches Individuum zu seinem Gefährten erwählen konnte. Das Wieder-Lebendigwerden des Eigenseins einer jeden Person und der trotzige Wille, sich um des anderen willen nicht mehr »verbiegen« zu wollen, entfernt die beiden noch weiter voneinander. Man geht immer mehr getrennte Wege.

Zwischen ihrem 40. und 50. Geburtstag geraten viele Menschen in eine Entwicklungskrise. Sie spüren das Nachlassen ihrer Vitalität und sexuellen Antriebsstärke. Häufig kommt es zu einem deutlich wahrnehmbaren Leistungsabfall. Sie fragen sich, ob sie den richtigen Beruf gewählt haben und, wenn ja, ob ihre mehr oder weniger gelungene Karriere ihren Wunschvorstellungen von einst entspricht. Die Hausfrau überlegt in dieser Zeit, ob es richtig war, eine möglich gewesene Berufstätigkeit der Erziehung der Kinder zu opfern. Man zieht eine Lebensbilanz. Darin wird die Sinnfrage gestellt und die manchmal bestürzende Überlegung angeschlossen, »ob das nun alles gewesen sein soll?« Häufig sind die Chancen und Möglichkeiten der eigenen Biografie ausgereizt. Erste Alterserscheinungen werfen ihre Schatten voraus und gemahnen den Menschen daran, dass das eigene Dasein begrenzt ist. Eroberungen auf dem Feld der Liebe erscheinen angesichts der stark verringerten eigenen Attraktivität und mangelnden Courage mehr als suspekt. Plötzlich beginnt der Sinnhorizont zu schrumpfen. In diesem Moment kommen manche auf die Idee, ihren Lebensschwerpunkt vom Beruf und dem Äußerhäuslichen auf die eigenen vier Wände zu verlagern. Sie entdecken ihre – inzwischen sinnentleerte und arg ramponierte – Beziehung wieder und möchten nun ihre vormals anderenorts gestillten Bedürfnisse nach Wertschätzung, Bewunderung und Streicheleinheiten von ihrem Partner befriedigt bekommen. Da sich ihre Paarverbindung aber bereits auf einer Abwärtsspirale befindet, vereinigen sich Bilanz- und Ehekrise zu einem einzigen großen Konfliktpaket. Das gestiegene Anspruchsniveau des einen (»Ich will meinen Lebenssinn nun einzig und allein aus unserer Beziehung schöpfen!«) verschärft die bestehenden Probleme und verringert die Toleranz gegenüber Frustrationen und Lieblosigkeiten. Die Wogen schlagen höher und beschleunigen unter Umständen das Scheitern noch zusätzlich.

Erschöpfung

Die Dauerkrise einer Streitehe verbraucht viel seelische Substanz. Die permanente Kampfbereitschaft der Kontrahenten bedingt ein ständig gesteigertes Erregungsniveau und einen damit verbundenen hohen Energieverschleiß. Die heftig geführten Auseinandersetzungen, aber auch die chronisch bestehenden Konfliktspannungen powern die daran Beteiligten affektiv aus. Die durch einen Dauerbeschuss verursachte Demontage des Selbstwertgefühls (»Du bist nicht in Ordnung! Du bist nicht normal! Du bist ungerecht! Du verstehst mich nicht! Du bist böse! Du bist ein Schwein, der letzte Dreck!«) des jeweils anderen führt zu einer Labilisierung des narzisstischen Regulationssystems. Heftige Selbstzweifel, aber auch Ängste und Depressionen müssen per strammer Haltung abgewehrt werden, um dem Partner nicht den Triumph der sichtbar werdenden Schwäche seines Gegenübers zu bescheren.

Das Schwanken zwischen Hoffnung auf Besserung und Waffenstillstand und verzweifelter Resignation angesichts eines unaufhaltsamen Zerfalls kann zu häufigen Gefühlsumschwüngen führen und den letzten Rest an seelischer Kraft aufzehren. Am Ende eines jahrelangen Ehekrieges sind die Beteiligten ausgebrannt und total erschöpft und zeigen eine ähnliche Symptomatik, wie wir sie vom Bourn-out-Syndrom kennen.

9.3 Negative Gefühlsprozesse

Die vorangegangenen Abschnitte des 9. Kapitels haben die Zerfallsmuster von Zweierbeziehungen gewissermaßen von außen betrachtet und mit Hilfe von relativ abstrakten psychologischen Funktionsmechanismen (z. B. Sensibilisierung, Abstumpfung, Neurotisierung, symmetrische und komplementäre Eskalation usw.) beschrieben. Ich will jetzt dazu übergehen, dasselbe Geschehen aus der Erlebnisperspektive des Individuums, also mehr aus seiner Innensicht, zu beleuchten. Hier werden uns dann in erster Linie psychologische Begriffe begegnen, die Gefühle, Gefühlszustände und überdauernde affektive Befindlichkeiten wiedergeben. Das emotionale Lageschema einer Person in Bezug auf den Stand ihrer Zweierbeziehung kann einmal ihren eigenen emotionalen Zustand bezeichnen oder ihre emotionale Einstellung zu ihrem Partner charakterisieren. Wir wollen uns vor Augen halten, dass negative

Gefühlsprozesse, die das Interaktionsgeschehen eines Paares über Monate und Jahre begleiten, in ihrem Träger bestimmte Haltungen und stationäre Gestimmtheiten hinterlassen. Sie färben sein Lebensgrundgefühl und seine grundsätzliche Gesinnung gegenüber dem Partner und der Beziehung. Es sollen nun neun verschiedene affektive Befindlichkeiten als Endprodukte solcher negativer Gefühlsspiralen vorgestellt werden:

Wütend-feindselig

Als innerseelisches Pendant zur sog. Aggressivierung (siehe 9.2.3) gehört die Haltung zunehmender Feindseligkeit. Der Protagonist empfindet immer häufiger und ausgedehnter heftige Wut auf seinen Partner, hat Rachegefühle und zieht sich eventuell in eine feindselig getönte Distanz zurück oder baut seinen Kontrahenten zu einem Bösewicht auf, dem er in einer Art Verdächtigungsspirale immer neue Gemeinheiten zutraut und unterstellt. Als letzte psychische Notfallreaktion schwenkt er ganz und gar auf die Hasslinie ein, überlegt Vergeltungsschläge und begleitet den anderen mit paranoiden Ängsten. Am Ende eines solchen Aufschaukelungsprozesses können Angriffe »auf Leib und Leben« des Intimfeindes stehen oder die panische Flucht einer Frau in ein Frauenhaus.

Verletzt

Für das Scheitern der Beziehung wird in erster Linie der andere verantwortlich gemacht. Der Protagonist ist maßlos enttäuscht von seinem Partner und fühlt sich um diverse Glücksmöglichkeiten und viele Jahre seines Lebens betrogen. Er kommt sich missachtet und gedemütigt vor, »verarscht« und in seinen vermeintlich berechtigten Erwartungen an eine Partnerschaft nicht ernst genommen. Er fühlt sich unter Umständen auch zutiefst unverstanden und beklagt die Echolosigkeit und mangelnde Antwortbereitschaft seines Liebesobjekts. Seine Beziehung mit dem »falschen, inkompetenten, rohen, egoistischen, schrecklichen und dummen« Subjekt führt bei ihm zu einer Art Dauerkränkung nach dem Motto: »Wie kann mir das Schicksal so etwas antun!«

Verhärtet und verbittert

Bitterkeit ist die häufige Folge einer über viele Jahrzehnte unbefriedigenden Beziehung. Sie kann als innerer Dauerprotest gegen das Unabänderliche angesehen werden. Der Protagonist verhärtet sich emotional und gibt sich nach außen kalt und unnahbar. Er tritt unversöhnlich auf und vermittelt seinem Partner, dass er, der andere, die Vergehen der Vergangenheit nie wieder gutmachen kann. Ein typisches Ausdrucksmerkmal dieser Haltung sind die schmalen, zusammengepressten Lippen.

Aversiv empfindend

Das häufigste Ergebnis von negativ getönten Lernprozessen ist das Aversivwerden der kritischen Reizkonstellation. Der einst geliebte und mit frohem Herzklopfen empfangene Partner kann eines schönen Tages zu solch einem aversiven Reiz werden und schon bei seinem bloßen Erscheinen Missfallen, ja Ekel und Abscheu auslösen. Für manche wird die Endphase einer Ehe zu einem angstdurchsetzten Dauerlauf durch ein Schreckensszenario, weil schon die Gegenwart des anderen diverse Bedrohungsmomente und abstoßende Elemente produziert. Das an Intensität zunehmende Empfinden von negativen Gefühlen gegenüber einem einstmals geschätzten Menschen ist ein fast immer auftretendes Begleitphänomen bei partnerschaftsbezogenen Abwärtsspiralen.

Labilisiert

Wie bereits an anderer Stelle ausführlich dargestellt (Neurotisierung), verkraften manche Menschen das Zerbrechen ihrer Ehe nur sehr schwer. Sie geraten in eine nervöse Ruhelosigkeit, bekommen Schlafstörungen, sind »ganz durcheinander«, desorientiert, aus dem Takt geraten, in einem ständigen Gefühlsaufruhr befangen, depressiv verstimmt, »kurz vor dem Nervenzusammenbruch« oder in einer tiefen Verlorenheit befangen. In dem Maße, wie sich die Beziehung auflöst, lösen sie sich auf. Diese Verunsicherungsphase kann ein Jahr und länger anhalten und treibt manchmal auf einen Selbstmord oder eine Krankenhauseinweisung zu.

Indifferent

Hier ist es zu einem Ausknipsen oder Erkalten der mitmenschlichen Gefühle gegenüber dem eigenen Partner gekommen. Der andere wird immer mehr als ein Fremder erlebt, der einen selbst kaum noch etwas angeht. Die Liebe ist dahin, die erotisch-sexuelle Spannung auch. Die Beziehung, die diesen Namen nicht mehr verdient, mündet in die Monotonie eines gleichgültigen Nebeneinanders. Oft hat einer von beiden die »innere Scheidung« schon längst vollzogen, obwohl er mit seinem Partner noch unter demselben Dach lebt.

Entmutigt

Wenn alle Anstrengungen nichts fruchten, einen verfahrenen Karren aus dem Dreck zu ziehen, breitet sich sehr leicht Hoffnungslosigkeit aus. Der Geschlagene schaut auf seine eheliche Trümmerlandschaft und gibt traurig-resigniert auf. Die beiderseitigen Fähigkeiten zu Konfliktlösung, Versöhnung und Friedensschluss haben nicht ausgereicht, die lang anhaltende Krise zu überstehen und beizulegen. Nun überkommt ihn das Gefühl von Vergeblichkeit und lähmt weitere Bemühungen. Der Glaube an das eigene reparative Talent ist längst erloschen.

Unglücklich und leidend

Das Scheitern einer hoffnungsvoll begonnenen, mit vielen Glücks- und Daseinswünschen bedachten Verbindung zwischen zwei Liebenden kann Trauer und tiefes Leid auslösen. Ein gemeinsam erdachter Lebensentwurf ist am Zerbrechen. Plötzlich erscheinen all die Mühen und Sorgen um den Aufbau einer Familie und der beruflichen Existenz, der geleistete gegenseitige seelische Beistand, das unter Opfern und unendlichen Mühen gebaute und finanzierte Haus – irgendwie sinnlos. Es hätte doch funktionieren und am Ende ein gutes Leben bringen können! Aber es hat nicht funktioniert. Als Ergebnis jahrzehntelanger Kämpfe, Belastungen und Plackereien vor einem Scherbenhaufen zu stehen, das kann sehr unglücklich machen und die Beteiligten vor ein »existenzielles Vakuum« (V. E. Frankl) stellen. Anders sieht die Situation aus, wenn sich einer von beiden als »armes Opfer« erlebt, vor Selbstmitleid fast vergeht und einen nicht-endenden Klagegesang anstimmt. Dann ist der Partner an dem schrecklichen Unglück schuld und wird mit massiven Vorwürfen und einer demonstrativ zur Schau getragenen abgrundtiefen Leidensmine bedacht.

Hungrig wie ein Wolf

Abwärtsspiralen haben häufig einen emotionalen und sexuellen Notstand im Gefolge. Das gegenseitige Sich-Meiden hat die Kontrahenten zu hungrigen Wölfen gemacht. All die uneingelösten Befriedigungswünsche führen zu einem quälenden Mangelzustand oder erzeugen das Gefühl, im Leben bisher »so viel versäumt zu haben«. Besonders jene Menschen, deren Bedürfnisse zwanghafter Natur sind und keinen Aufschub dulden, haben es schwer, in diesem Zustand der Entbehrung auszuharren. Sie benötigen z. B. Geborgenheit und Liebe, Akzeptanz und Fürsorge, Zärtlichkeit und Sexualität so dringend, dass sie deren Fehlen nicht ertragen können. In dem Maße, wie die Verständigungsmöglichkeiten zwischen den Partnern abnehmen, wachsen die Ausbruchstendenzen aus der Ehe.

Unversöhnlich

Hier ist dem Protagonisten die untrügliche Gefühlsgewissheit zuteil geworden, dass der andere an der ganzen Ehemisere die Schuld trägt. Er hat das Bedürfnis, seinen Partner für dessen Fehlverhaltensweisen zu bestrafen. Gleichzeitig stellt er Wiedergutmachungsforderungen auf und unterzieht ihn diverser Bewährungsproben. Er neigt dazu, die positiven Änderungsversuche und Liebesdienste des anderen nicht zu belohnen, sondern erst einmal zu ignorieren. Der andere soll sich monatelang und länger abstrampeln; wenn möglich zu Kreuze kriechen, bereuen und um Vergebung bitten. Der Protagonist überfordert seinen Partner mit dem, was er von ihm verlangt. Immer, wenn sich der andere überwunden hat und über seinen Schatten gesprungen ist, bekommt er angesichts der Größe seines vermeintlichen Vergehens eine unversöhnliche Abfuhr. Es ist, als würde der Selbstgerechte sagen: »Wenn du denkst, nun ist alles wieder gut, dann hast du dich gründlich getäuscht!« Angesichts der Erfolglosigkeit seiner Bemühungen erlischt die Versöhnungs- und Wiedergutmachungsbereitschaft des zu hart Geprüften immer mehr. Er reagiert nun seinerseits enttäuscht und aggressiv und bestätigt damit die negativen Erwartungen des Protagonisten hinsichtlich der Schlechtigkeit seines Partners. Ein verhängnisvoller Aufschaukelungsprozess kommt in Gang.

9.4 Reduzierung oder Verlust persönlicher Fähigkeiten und Ressourcen

Wie eingangs beschrieben, besteht jede Paar-Abwärtsspirale aus mehreren parallel laufenden Prozessen, die jeweils nur einen anderen Aspekt ein und derselben Sache widerspiegeln. Zu diesen Vorgängen gehört auch die graduelle Einbuße ursprünglich vorhandener persönlicher Ressourcen. Es kommt zu einer Reduzierung oder dem Verlust bestimmter Talente und Lebensmöglichkeiten auf dem Hintergrund der Schwächung der gesamten Persönlichkeit durch den chronischen Beziehungskonflikt.

– Am Zerbrechen einer Ehe leidet häufig das Selbstwertgefühl einer beteiligten Person. Sie erlebt das Scheitern ihrer Beziehung als eine persönliche Niederlage und führt sie auf eigenes Versagen infolge fehlender Beziehungsfähigkeiten zurück. Nicht selten aber ist sie durch die Entwertungskampagne ihres Partners so weit geschwächt und orientierungslos, dass sie sich das negative Bild, das der andere von ihr entwirft, zu eigen macht. Nun empfindet sie sich selbst als »Niete« und büßt den größten Teil ihrer Selbstliebe ein.

– Mit dem Kippen der bisherigen Gleichrangigkeitsbalance (»Ich bin weniger wert als mein Partner!«) verliert der betreffende Mensch in der Regel auch viel von seinem einstmaligen Selbstbewusstsein. Seine Lebenstüchtigkeit und Zivilcourage schrumpfen, er traut sich weniger zu als in früheren Zeiten.

– Was fast immer auf der Strecke bleibt, sind die Lebensfreude und die hoffnungsvolle Gewissheit, dass es gut ist, da zu sein und auf dieser Erde zu weilen. Das Leben macht keinen Spaß mehr. Die täglichen Mühen, emotional zu überleben, verdrängen alle lustvollen Gefühle und Möglichkeiten des Daseinsgenusses.

– Kräftezehrende Abwärtsspiralen führen vielfach zu einer so genannten Feldverengung. Die beteiligte Person bekommt Scheuklappen. Sie hat den Scheinwerfer ihrer Aufmerksamkeit fast ausschließlich auf die Grabenkämpfe mit ihrem Partner gerichtet. Das zunehmend schmerzliche Auf und Ab im Ehekrieg füllt sie total aus. Ihre Wahrnehmung engt sich zusehends ein, ihr Aktionsradius wird immer kleiner. Sie hat das Klavierspielen aufgegeben, trifft sich nicht mehr mit ihren Freunden, geht nicht mehr ins Theater. Es kommt zu einem Verlust kultureller und sonstiger Interessen. Ihre ganze Existenz ist in einem Problem verdichtet, ihrer Ehe. Manchmal gesellt sich eine allgemeine Lebensängstlichkeit zu dieser eingeschränkten Weltorientierung und geschrumpften Aktivitäten hinzu. Dann verkriecht sie sich am liebsten irgendwo, wo sie keiner sieht und hört.

– Als letzten Punkt will ich den »Verlust an Erwachsenenreife« anführen. Der Betroffene regrediert unter der unerträglichen Konfliktspannung auf die Entwicklungsstufe eines Kindes oder Jugendlichen und produziert infantile Verhaltensweisen (nimmt den Teddy mit ins Bett), infantile Wünsche (nachts soll das Licht anbleiben) und infantile Gefühle (fühlt sich einsam und allein gelassen in einer bedrohlichen Welt). Der furchteinflößende Partner wird unter Umständen zu »Mami« oder »Papi«, d. h. zum Anklammerungs- und gleichzeitig zum Furchtobjekt. Er sucht Trost beim anderen und weiß gleichzeitig, wie ungeeignet gerade sein Kontrahent dafür ist, seine Aufgeregtheiten und Ängste zu beruhigen.

9.5 Negative Veränderungen im kognitiven Bereich

Die mit einer Abwärtsspirale einhergehenden psychischen Prozesse greifen natürlich auch in die Vorstellungswelt eines Paares ein. Die Betroffenen beurteilen ihren Partner und ihre Beziehung neu und kommen zu einer veränderten, das heißt pessimistischen Sichtweise. Sie müssen für ihre inzwischen etablierten unguten Gefühle gegenüber ihrem Partner eine kognitive Berechtigungsbasis formulieren. Deshalb stellen sie Überlegungen an, in denen sich ihre desolate Ehesituation in Form von stark negativ getönten Urteilen widerspiegelt. Wir finden diese abwertenden Gedankengänge bevorzugt in vier Bereichen:

- Das Bild vom Partner wird demontiert, es gewinnt immer negativere Züge. Der andere wird in zunehmendem Maße selektiv wahrgenommen: seine charakterlichen Stärken werden übersehen oder gering geschätzt; das »Schlechte« dagegen springt ins Auge und steht im Mittelpunkt der Aufmerksamkeit: Der andere erscheint abweisender und feindseliger, als er in Wirklichkeit ist, dominierender, emotional kälter, verständnisloser, gröber, egoistischer. Mit Vorliebe wird auch der Bedeutungsgehalt einer Botschaft verzerrt: man »hört« und »sieht«, was man hören und sehen möchte und was dazu angetan ist, die eigene vorgefasste schlechte Meinung über den anderen zu bestätigen. Manche legen sogar Strichlisten an, in denen sie Minuspunkte bezüglich des schlimmen Verhaltens ihres Partners sammeln. Der andere wird zum Scheusal hochstilisiert.
- Das Bild von der eigenen Zweierbeziehung unterliegt einer schmerzlichen Demontage und bekommt ein immer hässlicheres Gesicht.

Ehemals schwierige Phasen in der gemeinsam durchlebten Partnerschaft (die Zeit nach dem 1. Kind, die vorübergehende Arbeitslosigkeit des Ernährers, das Häuslebauen) werden als Vorboten der gegenwärtigen Misere begriffen und als Beweisstücke dafür angesehen, »dass wir sowieso nie zueinander passten!« Überhaupt wird die Vergangenheit im Licht des heutigen Zustandes betrachtet und nachträglich entwertet. Damit werden oft die wichtigsten Lebensjahrzehnte infrage gestellt und als »verlorene Zeit« deklariert; es zerreißt die Kontinuität des eigenen Daseinsvollzuges und hinterlässt einen Lebenslauf, der nur noch aus Bruchstücken besteht.

– Auch das Selbstbild unterliegt in der Regel bestimmten Veränderungen. Falls man sich selber als einen Versager erlebt, der zum gelingenden Führen einer Beziehung unfähig ist, zerbröckelt die Selbstachtung und hinterlässt Scham und Schuldgefühle.

Falls man aber im Gegenteil dem Partner zum Hauptschuldigen am Zerbrechen der Ehe erklärt und den eigenen Anteil am Misslingen verdrängt, wird man voller Selbstmitleid die Opferrolle kultivieren, die Ungerechtigkeit in der Welt beklagen, sich selbst beweinen und überhaupt kein Auge dafür haben, wie groß die negative Wirkung des eigenen Tuns tatsächlich ist. Manchmal wird auch mit geradezu atemberaubender Selbstverständlichkeit mit zweierlci Maß gemessen: was der eine tut, darf der andere noch lange nicht tun. Die Untreue des anderen z. B. ist ein schandbares Verbrechen, der eigene Fremdgang dagegen der verzeihliche Versuch eines armen, schwachen leidgebeutelten Wesens, woanders ein wenig Trost und eine Schulter zum Anlehnen zu finden.

– Zu den negativen Veränderungen im kognitiven Bereich gehört die Neubewertung alles dessen, was mit »Beziehung, Liebe, Ehe und Mann- und Frau-Status« zu tun hat. Ein Teil der bisherigen Weltorientierung gerät durch das Scheitern der Partnerschaft ins Wanken und muss neu gefasst werden. Jetzt erinnern sich die betroffenen Personen an all die negativ getönten Mythen, Vorurteile und Halbwahrheiten, die sie im Laufe ihrer Kindheit aus den Mündern von Eltern, Großeltern, Tanten und anderen Bezugspersonen gehört haben, und finden sie nun offensichtlich bestätigt. Es stimmt also doch: »dass Männer und Frauen grundsätzlich nicht zusammenpassen; dass Liebe eine Illusion ist, die Ehe eine legalisierte Prostitution; dass Männer Egoisten sind und nur den Sex im Kopf haben; dass Frauen in ihrem Ehemann lediglich den Ernährer für sich und ihre Kinder suchen, ihn ansonsten aber nicht brauchen, usw.!«

Das Kapitel über die Zerfallsmuster von Zweierbeziehungen ist mit dem Bericht über die kognitiven Veränderungen im Rahmen von so genannten Abwärtsspiralen nunmehr abgeschlossen. Ich konnte aus der Fülle der möglichen Erscheinungsformen nur die wichtigsten und bekanntesten auswählen und zur Darstellung bringen.

Abwärtsspiralen sind das letzte und traurigste Kapitel in der Geschichte einer Beziehung. Wenn sie nicht durch schicksalhafte Ereignisse unterbrochen oder im Rahmen einer längerfristigen Ehe- oder Psychotherapie erkannt und unschädlich gemacht werden, treiben sie mit hoher Wahrscheinlichkeit auf das Ende der betreffenden Verbindung zu.

Ausblick

Die medizinische Wissenschaft kennt und beschreibt meines Wissens über 32 000 organische Krankheiten. Wie mag es wohl einer Person ergehen, die sich in einem Zug alle diese Erkrankungen im Überblick lesend vor Augen und zu Gemüte führt? Ich vermute, sie würde erschreckt sein und gleichzeitig den Eindruck bekommen, es gäbe nur leidende und kranke Menschen auf unserer Welt – so als wäre Gesundheit etwas sehr Rares! Ähnliche Gefühle könnten eventuell den Leser vorliegenden Werkes überfallen. Vielleicht schlägt er die Hände über dem Kopf zusammen und gibt sich der Vermutung hin, dass es in unseren Breitengraden überhaupt keine intakten Beziehungen mehr geben könne. Das ist natürlich ein Trugschluss. Ich möchte an dieser Stelle noch einmal auf das Anliegen meines Werkes hinweisen. Es beschreibt kranke Zweierbeziehungen oder besser formuliert: seelisch kranke Menschen, die eine Paarverbindung eingegangen sind. Insofern ist es von vorneherein darauf angelegt, ausgesprochen konflikthafte, von der Norm abweichende Beziehungen darzustellen, die auf dem Hintergrund erheblicher oder sogar schwerer seelischer Beeinträchtigungen ihrer Akteure gelebt werden.

Die hier geschilderten »Fälle« stellen also keine normalpsychologischen Entgleisungen dar wie sie bei der Mehrzahl der Menschen mit landläufigen Partnerproblemen beobachtet werden können. Sie haben Krankheitswert, da ihre Pathologie den Pegel einer durchschnittlichen Schwankungsbreite bezüglich Intensität und Qualität überschreitet.

Das hier vorliegende Werk über schwer beeinträchtigte Zweierbeziehungen beschreibt eine Vielfalt von möglichen Störungsmustern in Ehe und Partnerschaft. Menschliche, insbesondere intime, Beziehungen sind ein »unendlich weites Feld« mit unzähligen Verwicklungsmöglichkeiten und Konflikten.

Die basalen Beziehungsmuster eines Menschen – erworben im Umgang mit den primären Personen seiner Kindheit – seine zentralen Beziehungswünsche, sein ganz individuelles Beziehungsdilemma, die Summe seiner gemachten Beziehungs- und Bindungserfahrungen: all das konstituiert seine Persönlichkeit in ihrer Wesensart und bestimmt damit die Art und Weise seiner Kommunikation und Interaktion in der Paarverbindung. Die Beziehungsprobleme in einer Partnerschaft reflektieren also genau die emotionalen Schwachstellen und neurotischen Verformungen einer Person. Deshalb können wir mit Fug und Recht formulieren: Die gestörte Beziehungsfähigkeit ist das Kernstück jeder Neurose und jeder Persönlichkeitsstörung, die so genannten Symptome (Depression, Phobie, psychosomatische Erkrankungen etc.) stellen nur den gescheiterten Versuch dar, das kippende seelische Gleichgewicht wieder zu stabilisieren.

Jedem wird es deshalb einleuchten, dass die verformten zentralen Strukturen einer Persönlichkeit – die zu einer scheiternden Zweierbeziehung führen – nicht einfach durch Eheberatung, Paar- oder Kurztherapie behoben werden können. Wer das behauptet oder vorgibt zu können, ist unredlich. In dem Moment, wo ein ausgedehntes Eheproblem auf dem Hintergrund einer erheblichen oder schweren neurotischen und/oder Borderline-Störung erwächst, kann es nur auf dem Weg einer längerfristigen Psychotherapie beseitigt werden. Man muss fairerweise sogar mitteilen, dass neurotisch determinierte Beziehungskonflikte in ihrem Bestand besonders zählebig sind. Selbst wenn eine neurotische Symptomatik mit Hilfe einer Therapie längst abgebaut ist: die verzerrten Interaktions- und Kommunikationsmuster existieren oft weiterhin, wenn auch in abgeschwächter Ausprägung. Eine intakte Beziehungsfähigkeit herzustellen bei Personen, die vorher an einer Neurose oder Borderline-Störung litten, erfordert nicht selten einen längeren Behandlungszeitraum.

Die Psychoanalyse im erweiterten Sinn stellt mehrere Therapieformen zur Verfügung, um neurotische Symptomatik abzubauen und um eine entgleiste oder zu schwach entwickelte Beziehungsfähigkeit zu behandeln. Das psychoanalytische Standardverfahren mit seinen zwei bis drei Einzelsitzungen pro Woche trägt den Problemen der gestörten Zweierbeziehung in besonderer Weise Rechnung. Es ist in seiner einzigartigen Vorgehensweise zentral auf das Beziehungsgeschehen zwischen Klient und Therapeut zugeschnitten und wie keine andere Methode in der Lage, das zwischenmenschliche Wahrnehmen, Kommunizieren, Fühlen, Begehren und Verhalten zum bevorzugten Gegenstand des Erlebens und Betrachtens zu machen. Der Klient geht mit seinem Analytiker automatisch eine bedeutsame Beziehung ein und aktiviert in dieser Verbindung ungewollt die verformten Bereiche seiner Persönlichkeit. Er überträgt alte, in der Kindheit gemachte Beziehungserfahrungen auf den Therapeuten. Es kommt zu einer Wiederinszenierung seiner zentralen Konflikte, aber auch seiner untauglichen Lösungsstrategien für alle seine Lebensprobleme.

Er hat immer wieder Erlebnisse von Schuld und Scham. Er fühlt sich gekränkt, zurückgesetzt und nicht geliebt. Er misstraut dem fundamentalen Wohlwollen seines Analytikers, und obwohl er nichts dringender als Nähe und Abhängigkeit wünscht, zieht er sich zum Beispiel aus Angst vor der Selbstaufgabe in eine autonome Position zurück. Der Klient reaktiviert seine Enttäuschungswut in der Analyse, verspürt heftige Aggressionen, verfällt in die Haltung des Trotzes oder des resignierten Schweigens. Er tritt mit Riesenansprüchen auf, wird von Impulsen der Gier überfallen, fühlt sich nicht verstanden, entwickelt unrealistische Größenphantasien; offenbart ein völlig falsches Bild von den anderen Menschen; formuliert zentrale Beziehungswünsche, die zwangsläufig zum Scheitern verurteilt sind; er nimmt den Analytiker mittels einer Schwarz-Weiß-Schablone wahr und neigt dazu, ihn abwechselnd zu idealisieren oder abzuwerten. Es kommt zu häufigen Missverständnissen und unrealistisch überzogenen Erwartungen, zu Liebesproben, Rivalitäten, konflikthaften Auseinandersetzungen, aber auch zu Phasen tiefen Einverständnisses und arglosem Sichfallenlassen.

Der Analytiker schwingt empathisch mit, klärt, konfrontiert und teilt dem Klienten vermutete Zusammenhänge und verborgene Motive mit. Das vom Klienten produzierte Material wird immer wieder durchgearbeitet, in unzähligen Variationen aufs Neue beschaut und schließlich integriert. Allmählich entsteht eine neue Beziehungsfähigkeit, weil sich der Therapeut als eine Art Sparringspartner zur Verfügung stellt, sich dabei als unzerstörbar erweist, ein gesünderes Beziehungsmodell vorlebt und die deformierten zwischenmenschlichen Verhaltens- und Erlebens-Muster des Klienten aufdeckt und abzubauen hilft. All dies geschieht im geschützten Raum der Analyse, wo nicht gehandelt werden darf und wo es zu keiner realen Bedürfnisbefriedigung kommt (Grundregel der Abstinenz).

Die schwer gestörte Zweierbeziehung eines Menschen kann aber nicht nur in der Übertragung auf den Analytiker bearbeitet und zur Nachreifung gelangen. Es gibt noch einen zweiten Zugangsweg zu dieser Problematik. Sehr häufig geschieht es nämlich, dass der Klient während seiner Analyse in einer sehr desolaten Beziehung steckt, die vom Scheitern bedroht ist oder auseinanderbricht. Oder er geht eine neue Paarverbindung ein und konstelliert im Wiederholungszwang all jene Störungsmuster, die schon vordem mehrere oder viele Beziehungen haben scheitern lassen. Der Analytiker kann dann wie unter einem Mikroskop die Entstehungsbedingungen und die Verlaufsgestalt einer tragischen Paardynamik beobachten und sie dem Klienten vor Augen führen; und ihn parallel dazu seine lebensgeschichtlichen Umstände erleben lassen, die zu der heutigen Situation führten.

In all jenen Fällen, wo eine weniger ausgedehnte neurotische Frühstörung vorliegt, kann eine Gruppentherapie weiterhelfen. Hier können sich die Beziehungsprobleme des Klienten durch die Interaktion mit anderen Gruppenmitgliedern noch einmal dramatisch manifestieren, für ihn besonders deutlich sichtbar werden und ihm die Chance eröffnen, sie durchzuarbeiten und zu überwinden.

Es ist für mich am Ende eines solchen, oft mühseligen Weges zu zweit oder in der Gruppe ein erhebendes Gefühl zu sehen, dass es meinem Patienten gelungen ist, seinen neurotischen Ballast abzuwerfen und voll liebesfähig geworden zu sein. Häufig sind es Menschen im Alter zwischen 35 und 50 Jahren, die eine ganze Kette von sehr enttäuschenden und deshalb schmerzenden (aber letztlich selbstfabrizierten) Beziehungserfahrungen hinter sich haben und nun zum ersten Mal die Morgenröte einer echten Chance auf eine normale Zweierbeziehung (mit ihren Höhen und Tiefen) am Horizont heraufkommen sehen. Ich wünsche ihnen dann immer aus vollem Herzen, dass ihnen das Schicksal hold sein möge, einen Partner zu finden, mit dem sie ihre neu gewonnenen Möglichkeiten leben können.

Vorliegendes Werk beschreibt und erklärt einen großen Teil, aber nicht das ganze Panorama aller möglichen Beziehungsstörungen. Späteren Ausführungen muss es überlassen bleiben, folgende – noch fehlende – Themenbereiche darzustellen: Die Psychologie der zwischenmenschlichen Bedürfnisse; die zentralen Beziehungswünsche; die Mythen, Irrtümer und Halbwahrheiten in Bezug auf Partnerschaft und Liebe; häufig wechselnde Partnerschaften; sexuelle Untreue/Promiskuität; die Angst vor der Nähe; die Leidenschaft für aussichtslose Fälle (die Wahl des unerreichbaren Partners) und das umfangreiche Gebiet der partnerbezogenen Konflikte und Konfliktlagen.

Literatur

Argyle M. und M. Hinderson (1986): Die Anatomie menschlicher Beziehungen, Paderborn: Junfermann

Bandura A. u. R. Walters (1963): Social Lerning and Personality Development, New York: Holt, Rinehart and Winston

Bandura A. (1969): Principles of behavior modification, New York: Holt, Rinehart and Winston

Bateson G., D. D. Jackson, J. Haley und J. Weakland (1956): »Toward a Theorie of Schizophrenia«, Behavioral Science 1, 251

Bateson G. (1981): Ökologie des Geistes, Frankfurt a. M.: Suhrkamp

Boszormenyi-Nagy I. (1965): Intensive Family Therapie, New York

Boszormenyi-Nagy I. (1973): Unsichtbare Bindungen, Stuttgart: Klett-Cotta, 6. Aufl. 1998

Dicks H. V. (1936): Objekt Relations Theorie and Marital Studies, Brit. J. Med. Psychol. 36

Dreikurs R. (1982): Die Ehe – eine Herausforderung, Stuttgart: Klett-Cotta

Dührssen A. (1960): Psychotherapie bei Kindern und Jugendlichen. Göttingen: Verlag für med. Psychologie

Fisher H. (1993): Anatomie der Liebe, München: Droemer-Knaur

Freud S. (Gesamtausgabe): Imago Publishing Co. Ltd., London, Objekt-Wahl: Band 5 (1904–05) S. 100, S. 123–131, Wiederfindung: Band 5 (1904–05) S. 123, Wiederholungszwang: Band 10 (1913–17) S. 130

Fromm E. (1956): Die Kunst des Liebens, Berlin: Ullstein

Grammer K. (1995): Signale der Liebe, Die biologischen Gesetze der Partnerschaft, München: dtv

Haley J. (1963): Gemeinsamer Nenner Interaktion, München: Pfeiffer bei Klett-Cotta

Heigl F. (1964): Fortschritte der Psychoanalyse I, Göttingen: Hogrefe

Kanfer F. H. und J. S. Phillips (1970): Lerning Foundations of Behavior Therapie, New York, London: Wiley

Kernberg O. F. (1976): Objektbeziehungen und Praxis der Psychoanalyse, Stuttgart: Klett-Cotta (1981)

Kreische R. (1994): Paare in Krisen, Reinbek: Rowohlt

Lazarus A. A. (1968): Variations in Desensitization Therapie Psychotherapy: Theorie, Research and Practice, 5

Lederer W. J. und D. D. Jackson (1972): Ehe als Lernprozess, München: Pfeiffer bei Klett-Cotta

Lemaire J. G. (1980): Leben als Paar, Olten

Leman K. (1994): Geschwisterkonstellation, Verlag MVG

Luszyk D. (1996): Partnerwahlstrategien, individuell oder evolutionär bedingt? Poster präsentiert auf dem 40. Kongress der DGP's München

Prodöhl D. (1979): Gelingen und Scheitern ehelicher Partnerschaft, Göttingen: Hogrefe

Reiter L. (1983): Gestörte Paarbeziehungen, Verl. f. med. Psychologie im Verlag Vandenhoeck u. Ruprecht

Richter H. E. (1963): Eltern, Kind und Neurose, Stuttgart: Ernst Klett

Stierlin H. (1974): Eltern und Kinder, Frankfurt a. M.: Suhrkamp

Walster E., M. K. Utne, J. Traupmann (1977) Equity-Therapie u. intime soziale Beziehungen, in: Mikula O., W. Stroebe: Sympathie, Freundschaft und Ehe, Bern, Stuttgart, Wien, Huber S. 193–220

Thibaut J. and Kelly H. H. (1959): The Social Psychology of Groups, New York: Wiley

Watzlawick P. (1967), J. H. Beavin, D. D. Jackson (1967): Menschliche Kommunikation, Bern, Stuttgart, Wien (1971): Huber

Willi J. (1975): Die Zweierbeziehung, Reinbek: Rowohlt

Dietmar Stiemerling:
Gestörte Zweierbeziehung
Der Hunger nach Verständnis und der Schmerz des
Nichtverstandenseins
1986. 230 Seiten, broschiert, ISBN 3-608-89611-2
Leben lernen 61
Warum das sich gegenseitige Verstehen in einer Partnerschaft so
oft mißlingt, welche emotionalen Fallstricke ein harmonisches
Miteinander verhindern, zeigt der Autor an vielen Beispielen aus
seiner Praxis.

Dietmar Stiemerling:
10 Wege aus der Depression
Tiefenpsychologische Erklärungsmodelle und
Behandlungskonzepte der neurotischen Depression
1995. 194 Seiten, broschiert, ISBN 3-608-89649-X
Leben lernen 100
Aus seiner langjährigen Erfahrung mit depressiven Patienten
entwickelte der Autor zehn Erklärungsmodelle und Therapieansätze
aus dem Bereich der neurotischen Depression, also Formen der
Depression, die durch Schädigung in der Kindheit hervorgerufen
wurden. Beschrieben werden jeweils die tiefenpsychologischen
Grundkonflikte, Störungen und Mangelzustände, die den
»Regulationsmechanismus Depression« auslösen.

pfeiffer
bei Klett-Cotta